JN086257

大学院文化科学研究科

道徳教育の理念と実践

西野真由美

人間発達科学プログラム

（新訂）道徳教育の理念と実践（'20）

©2020　西野真由美

装丁・ブックデザイン：畑中　猛

s-39

まえがき

　我が国の学校教育において，道徳教育ほど論争の歴史を持つ領域はないでしょう。近代学校の黎明期，明治の新政府が直面した，新しい時代の学校教育をどう創っていくかという問いは，学校における道徳教育は何を拠り所として，どう教えるべきかという問いに直結していました。戦後の学校教育は，「道徳の時間」の特設をめぐって激しいイデオロギー論争を惹起しながら，新しい時代にふさわしい道徳教育の在り方を模索してきました。

　その「道徳の時間」特設から半世紀余りを経た2015年3月，学習指導要領の一部改正により，「特別の教科　道徳」が成立しました。この審議過程でも，グローバル化など社会の大きな変化のなかで，そして，いじめ問題など子どもたちを取り巻く様々な問題のなかで，学校の道徳教育に何ができるか，道徳の授業は何を目指すべきなのかをめぐって，社会を巻き込んだ議論が展開しました。

　新たな時代を迎えた道徳教育は，答えが一つではない道徳的な課題を一人ひとりの子どもが自分自身の問題と捉え，向き合う「考え，議論する道徳」への転換を目指す，という理念を掲げて出発しました。答えが一つでない問いに向き合う力は，これまでの道徳教育では十分に育てることができませんでした。むしろ，苦手であったとさえいえるでしょう。だからこそ，「転換」が求められているのですが，それをどう実現していくかという道筋は，まだ不透明です。

　私たちが生きている世界自体が，不安定（Volatility）で，不確実（Uncertainty），複雑（Complexity）で，不透明（Ambiguity）な，先の見えないVUCAの時代であると言われます。そのなかで，日本政府は，Society5.0という新しい社会像を提起しました。

　Society5.0とは，政府が2016年に閣議決定した第5期科学技術基本計画で提起された，我が国が目指すべき未来社会の姿です。その社会が目指すのは，AI（人工知能）と共存し，人間が人間の強みを発揮するこ

とで，「経済発展と社会的課題の解決を両立する，人間中心の社会」と定義されています。

　このSociety5.0を実現する取組の一つとして，文部科学省は，新たな学校像を学校ver.3.0として提起しています。「Society5.0に向けた人材育成〜社会が変わる，学びが変わる〜」（2018年）によれば，これまでの学校教育で主流だった，教師が教える知識を身に付ける「勉強」から，「主体的・対話的で深い学び」（2017年告示版学習指導要領）の視点を導入することで，主体的な「学習」への転換が図られ，さらに，その先の学校ver.3.0では，能動的な学び手となって必要な学びを自ら創造する学習者とそれを支援する学校像が描かれています。

　Society5.0も学校ver.3.0も，単なる未来予測ではありません。不透明な時代に進むべき未来を積極的に提起することで，社会の議論を惹起し，共に未来を創造する機運を醸成しようとしているといえるでしょう。

　新たな社会像の下で，学校も，またその役割も変わっていきます。そのなかで，道徳教育はどうあるべきなのでしょうか。この問いは，私たちの熟慮と熟議を求めています。

　どの時代にも，道徳教育をどうすべきかをめぐって，様々な論争や議論がありました。そして，どの時代も，論争のなかでそれぞれの選択をしてきました。道徳教育をめぐる問いは，未来を生きる子どもたちのためにどのような道徳教育を創るかという，現在の選択に関わる理念的かつ実践的な問いなのです。

　本科目では，過去から現在，そして未来に続く，道徳教育をめぐる様々な問いや論争に注目しましょう。道徳や道徳教育の理念に立ち返って，様々な論争や議論を体験しながら，道徳教育の未来を理念的・実践的に考えるための本質的な問いを見出していきましょう。

2019年10月

西野真由美

目 次

1 | 道徳教育への問い

西野　真由美

　道徳教育とは何だろう。道徳は教えられるものなのだろうか。教えられるとしても，学校で教えるものなのだろうか。学校で何を教えるべきなのだろう。講義を始めるにあたって，まず，道徳や道徳教育をめぐる様々な問いに注目してみよう。それらの問いを通して，学校における道徳教育の意義や課題を検討し，道徳教育の理念と実践を考えていこう。

はじめに

　「学校でどんな道徳教育を受けましたか」。

　そう尋ねられたら，あなたはどう答えるだろう。

　小中学校で受けた道徳授業を思い出す人もいるだろう。もちろん，道徳教育は道徳授業だけを指すのではない。学校の教育活動全体に関わっている。あなたは学校教育を通して，道徳について何を学んだだろう。

　国語や理科，音楽など他の教科なら，何を学ぶかおよそのイメージを持てるだろう。では，道徳を学ぶとはどういうことか。何を教えれば道徳を教えたことになるか。道徳を教えることで，道徳的な人間が育つのだろうか。そもそも道徳的な人間とはどんな人なのだろう。

　道徳教育とは何を教えることなのか。あらためて問い直してみると，答えるのが難しいことに気付く。学校における道徳教育の在り方を考えるためには，道徳とは何か，道徳教育は何を目指す教育なのかが明らかでなければならないはずだ。だがそれは，道徳教育にとって本質的な問いであると同時に，様々な論争や議論を生んできた難問でもある。

　本章では，まず「道徳とは何か」という問いを手掛かりに，道徳教育が何を教えるものなのかを考えよう。

1. 道徳とは何か

（1）道徳の多義性

　まず，「道徳」という語を辞書で確認してみよう。ある辞書には，次のような定義がある。

　　　人のふみ行うべき道。ある社会で，その成員の社会に対する，あるいは成員相互間の行為の善悪を判断する基準として，一般に承認されている規範の総体。法律のような外面的強制や適法性を伴うものでなく，個人の内面的な原理。今日では，自然や文化財や技術品など，事物に対する人間の在るべき態度もこれに含まれる。（『広辞苑』第7版）

　この定義だけでも，多様な意味が込められている。

　たとえば，「人のふみ行うべき道」という定義は，「人」という生物全体に関わる普遍的なものを想定しているのに対し，それに続く「ある社会で」「承認されている規範」という定義は，道徳が時代や社会によって異なる可能性があることを示唆している。さらに，その社会で「一般に承認されている規範」という定義が，社会常識やマナーのように，個人の外にあって社会で共有されている「きまりごと」を指すようにみえるのに対し，「個人の内面的な原理」という定義は，道徳が個人の心のなかに存在するかのような印象を与える。

　道徳という語に込められたこの多様な広がりは，そのまま道徳教育はどうあるべきかという問いにつながっている。

　道徳を社会で承認されている規範と捉えるなら，道徳教育とは，社会常識やマナー，その社会で大切にされている価値観を教えることだとなるだろう。しかし，ある社会で通用している常識や規範が，そのまま「人のふみ行うべき道」であるといえるだろうか。奴隷制や決闘による裁判など，現代では否定されている過去の社会常識はいくらでも挙げられる。

　いや，時代や社会が変わっても，信頼や友情，正義のように，「人として」行うべき「道」がある。そう考えるなら，道徳教育とは，正しい，善いとされる徳を教えることになるだろう。

　一方，価値観が多様化した現代では，何が善いか，何が正しいかは，個人の価値観によって違うと考える人も少なくない。道徳が「個人の内面的原理」であるなら，社会が「よい」と承認しているからという理由で，それを個人に押しつけてよいのだろうか。「こうあるべきだ」と教えようとする道徳教育こそ，外的な強制になってしまうのではないか。

　そもそも，「人のふみ行うべき道」とあるが，なぜ「人」に限定されているのだろう。道徳は人間だけのものなのだろうか。人間存在だけが持っている，人間にとって普遍的な特徴というものがあるのだろうか。

　動物の世界にも，彼らの行動を規制する規範のようなものが存在するようにみえることがある。また，実際に，人間と同様に「道徳的な」振る舞いが見られることもある。集団を守るために自己犠牲的に振る舞うハチ，生涯同じ相手と添い遂げる鳥，上下関係を守る猿。道徳は本当に人間だけの特徴なのだろうか。もし，これら動物の行動を「道徳的行為」と呼ばないのなら，それはなぜだろう。人間の行動を人間らしい道徳的な行為にしているものは何だろうか。

（2）自由と理性

　18世紀ドイツの道徳哲学者，カント（Immanuel Kant, 1724-1804）は，他の動物と異なる人間の特徴をこう描写した。「人間は，なにかに取り組むとき，動物のようにひたすら本能に従って行動するわけではないが，しかしまた理性的な世界市民のように，あらかじめ取り決められた計画に従って，全体的に行動するものではない」（Kant, 1977, p.34［邦訳 p.24］翻訳は筆者による）。

　カントは，動物の行動を〈本能〉で説明し，人間は，本能だけに従うわけではない，と言う。人間には，本能のままの行動を自ら規制しようとする〈理性〉があり，行為を選択する〈自由〉があるからである。しかし，その自由は，同時に，人間があらかじめ取り決めた計画や約束を忠実に実行できるわけではないということも意味している。人間は，理性と本能との間で，自らの行為を決定する意志の自由を持つが，逆にいえば，「どうあるべきか」をめぐって，本能と理性の間で迷い，悩み，誤

ることもある有限な存在であるということである。

　カントは，その自由な人間が，自らの理性に基づいて善を志向し，行為を決定する意志の自律を道徳性と捉えた。それは，人間が他の動物同様に生まれ持った本能とは異なる，人間としての〈あるべき〉姿であり，学びによって獲得されなければならないものであった。

　カントにとって，道徳は，自然界の法則のように，〈私〉という主体が生まれる前から存在している客観的な理法ではなく，また，ありのままの〈私〉でもない。カントは，この世界に生きる〈私〉の内にあって，〈よさ〉を求め続ける意志を道徳性として捉えたのである。

　道徳を社会で承認されている規範として捉えるか，個人の内面的原理と捉えるか。その内面的原理を，カントの「善を求める意志」のように人間にとって普遍的なものとみるか，それとも，内面的原理は個人の価値観によって異なるとみるか。それぞれの捉え方によって，思い描く道徳教育は異なってくるだろう。相反するように見える道徳の定義を前に，私たちは道徳教育の根拠をどこに求めたらよいのだろうか。

（3）語源を手掛かりに

　ここで，道徳という語の語源に立ち返って考えてみよう。

　道徳を意味するヨーロッパ語（moral, morality［英］，Moral［独］，morale［仏］など）の語源は，ラテン語の"mos"の複数形"mores"である。"mos"は，土地の習俗や習慣，風習，さらには生活の流儀，規則などを意味するが，複数形（mores）になると，「人の性格」を意味する。ギリシア語でこれに相当する語は"ethos"で，「倫理」の語源である。"ethos"は，元々は「住み慣れた場所」を意味し，転じて，その土地の風俗や習慣を意味するようになった。そして，この語も，人について用いられると，その人の性格や特徴，人柄を指す。

　このように，西欧語の「道徳」には，慣習や生活の流儀と人の性格や人柄という二つの意味があるが，両者は，人がある場所で生きることで育まれていくという点で共通である。人間の性格形成は，生まれ育った土地や共同体の影響を少なからず受けること，そして，その土地の習俗

や慣習はそこで生きる人々が創り継承していくものであるということからすれば，この二つは，相互に関わりあっていることがわかる。

では，日本語の「道徳」はどうだろう。

「道徳」という語は，中国の古典『道徳経』（老子）にある。ただし，この語は，「道」と「徳」という二つの別の語を並べたものである。中国では，「道」は，元来，人の住む場所，進むべき場所を意味し，そこから，「道義」や「道理」など，物事の原理や理法などを意味するようになったとされる。他方，「徳」は個人が獲得する能力であり，客観的で抽象的な道理である「道」を〈よさ〉として身に付けることを意味する。

日本語の「道徳」は，明治初期に，西洋の moral の翻訳語として創られた造語である。当初は，「人道」や「修身」も使用されたが，明治10年頃には，道と徳を合わせた「道徳」の語が定着している。

洋の東西において，「道徳」という語が，人間の外なるものと内なるもの，そして，共同体と個人という二つの異なる存在を結びつけて成立したのは偶然だろうか。道徳という語は，この異なる存在の関わりあいのなかで，私はどう生きるか，社会をどう創るか，という問いに向き合ってきた人間の営みを表しているのではないか。

カントが描いた人間の内なる道徳性も，現実の世界を超越した個人的なものではない。人間を動物でも神のように理性的存在でもない，と指摘したとき，カントが見ていたのは，人間が一方では普遍的な理念や理想を抱きつつ，もう一方では文化や伝統に彩られた現実のこの世界で生きていくという二重性を負った存在であるということだった。それゆえに，道徳は，今，私はこの世界でどう生きるか，この世界をどう創っていくかという実践的な問いにつながっているのである。

今日の私たちも，道徳のなかに，社会で承認された規範という共同体の原理と，その場所で生きつつも，その場所性を越える自由を持った人間の内面的な原理という，二つの異なる，しかし同時に，互いに関わらざるをえないもののつながりを見ている。道徳教育では，そのいずれか一方ではなく，両方を視野に入れた理念と実践が要請されるといえよう。

2. 道徳教育は何をめざすのか −よく生きることと幸福−

　西洋における倫理学・道徳哲学の始祖は，ギリシアの哲学者ソクラテス（前469-399）であるとされる。だが，古代ギリシアは，ソクラテス以前にも多くの哲学者を輩出している。なぜソクラテスなのだろうか。

　古代のギリシア哲学の主たる関心は，「万物の根源は何か」という問いに象徴されるように，専ら自然界に向けられていた。ところが，ソクラテスは，人間の生自体に目を向け，「よく生きるとはどういうことか」と問うた。この問いは，単に理論的・科学的な問題ではない。善き生がどういうことかを知ることは，自分もそうありたいという願いにつながり，実践へと通じる。「よく生きる」ことへの問いは，「私はいかに生きるべきか」という自らの生き方に関わる実践的な問いなのである。

　ソクラテスは，獄中で自らの死を前にして，親友にこう語ったという。「大切にしなければならないのは，ただ生きるということではなくて，よく生きるということなのだ」（『クリトン』48B）と。ソクラテスにとって，人間の最大の善とは，徳について語り合うことであった。「吟味のない生活には生き甲斐がない」（『ソクラテスの弁明』38A）と言い切ったソクラテス，そして師のその選択を目にしたプラトン（前427-347）にとって，「よく生きる」ことは，幸福な生そのものであった。

　しかし本当にそうだろうか。同じギリシアの哲学者アリストテレス（前384-322）の答えは違う。あらゆる徳を備えた人であっても，めぐり合わせによって悲惨な状況に置かれてしまうなら，その人を幸福だと言うのはおかしい。よく生きることと幸福をどうつなぐかこそ，人生の大きな問いであり，教育の目標である，とアリストテレスは主張した。

　カントは，ソクラテスともアリストテレスとも異なる道を進んだ。「幸福を望まない人間はいない」と幸福への欲求が人間性の事実であることを認めつつ，「よく生きる」ことだけを純粋に，幸福と切り離して追求すべきだと考えたのである。カントにおける道徳性とは，幸福への自然な欲求を乗り越えて，善を追求し，なすべきこと（義務）を遂行する意志に他ならない。もちろん，幸福と徳の一致は望ましい。だがそれは有

限な人間の及ぶ世界ではない。カントはその願いを宗教に委ねた。

　カントを含め，近代以降の道徳哲学は，道徳の問題を主として他者や社会との関わりで捉え，自己実現のような自己の幸福の追求は主題とはならなかった。カントの義務論には，自己の能力の発展という自己自身に対する義務が含まれているとはいえ，それはあくまでも「義務」であって，自分の幸福につながるかどうかは問題ではない。

　他方，義務論と並ぶ道徳哲学のもう一つの立場である功利主義では，各人の幸福追求を前提としつつ，それぞれ異なる幸福への追求をどう公平に判断するかが道徳の問題と位置付けられる。道徳は各人に，私欲を離れ「公平な観察者」の立場に立つことを求める。ここでも，自己の幸福を実現するための賢慮（prudence）は，道徳性とは区別される。

　いずれの立場も，幸福の追求を人間の自然な欲求とみなしたうえで，義務論ではそれを理性によって制御することが，功利主義では「公平な観察者」の視点で判断することが，道徳性だと捉えられてきたのである。

　このように，自己への配慮と他者への配慮を分離する近代以降の道徳哲学は，自己と他者の利益を対立するものと捉え，幸福を「快（欲求の満足）」と捉えて，「よく生きること（善）」への問いと切り離してしまう。このような道徳の見方を批判したのが20世紀以降の徳倫理学（Virtue Ethics）である。徳倫理学は，徳と幸福を共に道徳の問題として捉えた古代ギリシアのアリストテレスに注目する。自己の幸福追求と対立するものとして道徳を捉えると，自他の利益を共に実現する可能性を閉ざすことになる。アリストテレスにとって，幸福とは単なる欲求の満足ではなく，充実した生を送ることであり，道徳は，自他の幸福を共に実現する社会の協働を実現するものでなければならないとされる。

　実際，私たちの日常生活において，道徳性と幸福の追求は必ずしも相反するわけではない。悩みを抱えている友人から相談されたとき，「自分が本当にやりたいことをすべきだ」と助言することはないだろうか。この時の「すべき」（義務）には，充実した人生を送ることの大切さが込められている。他者への義務や利他心だけでなく，自分自身の幸福の実現への義務を道徳性として位置付けることで，道徳の問題は，利己心

対義務の対立だけでなく，自他の幸福をどう実現するかという問いを視野に入れることができるようになる。

　どんなに有徳な人であっても，幸福に生きられるとは限らない。その事実から出発したイギリスの哲学者バーナード・ウィリアムズ（Bernard Williams, 1929-2003）は，人間の幸福が傷つきやすく，それでも幸福を求めようとする弱さを持っているからこそ，徳は，世界への信頼を必要とするとした（Williams, 1981）。人間が有限で，誤りやすく，傷つきやすいからこそ，「私はいかに生きるべきか」という問いは，個人の生き方だけの問題ではなくなる。よく生きることが幸福につながるような信頼できる世界を私たちはどう創っていくか。道徳への問いは，個人と社会をどうつなぐかという問いにつながっているのである。

　「よりよく生きること」を追求した道徳哲学者たちは，幸福の追求自体を否定したわけではない。彼らが問題としたのは，幸福の持つパラドックスである。それは，自分の幸福自体を追求しようとしても幸福が得られるとは限らないことである。誤りやすく傷つきやすい有限な人間が，時に鋭く対立することもある自己利益と他者への配慮の間で，何を選択し，どう行為するか。その選択や決断の途上で，「いかに生きるべきか」という道徳への問いが生まれる。道徳性が，自己が置かれた世界における様々な配慮や関わりのなかでの行為選択や意志決定を支える力であると捉えるなら，自己の幸福の追求と他者や社会との関わりにおける義務が架橋される可能性が見えてくるだろう。道徳教育に求められているのは，人間の自然な幸福の追求を，よりよく生きること，そしてよりよい社会を創ることへつなげていく可能性を拓くことなのである。

3. 道徳教育は何を教えるのか —価値と選択—

（1）徳の相対性

　道徳教育は，「よく生きること」を学ぶ教育であり，「よく生きること」のなかで，自己と社会の幸福をつなぐ人間や社会の在り方が問われていることを確認した。では，そのために何を教えればよいのだろうか。

　歴史的に，人間の〈よさ〉と考えられてきたのが〈徳〉である。古代

ギリシアにおいて，〈徳（アレテー）〉は，人間だけでなく，事物全般に用いられ，その事物が持っている能力や優れた点を意味していた。ここでも，では，「人間に固有の〈よさ〉とは何か」，というソクラテスの問いが，徳への探求に道を開いたのである。

　馬のよさが走ることにあるように，人間のよさを共通に取り出す事ができるなら，それらの優れた特徴を教えることが道徳教育の内容となるだろう。しかし，何が身に付けるべき徳なのかを確定しようとすると，ただちに大きな問題に突き当たってしまう。それは，徳が時代や地域によって異なること，すなわち徳の相対性である。

　たとえば，西洋では，ソクラテスに続くプラトンが，四元徳（智恵・勇気・節制・正義）を説いた。中世にはそれにキリスト教育の三元徳（信仰・希望・愛）を加えた七元徳が提唱された。アメリカ建国の父ベンジャミン・フランクリン（Benjamin Franklin, 1706-1790）が提唱した十三徳には，規律，勤勉，純潔，謙虚など近代市民社会に対応した徳が挙げられている。東洋には，中国の五倫（親・義・別・序・信）五常（仁・義・礼・智・信）がある。

　これらを並べてみると，共通性もあるが，時代の特徴を表すものや宗教に固有の徳もある。歴史を概観すると，何が徳かは，時代や文化の制約を受けてきたことがわかるだろう。

（2）自己決定と共同体

　近代以降になると，もう一つの潮流が鮮明になる。価値観の多様化が解決しがたい対立として浮上するなか，徳も個人の価値観として捉えられるようになったのである。「善き生とは何か」を決定し，それを実現するのは個人の選択の問題であるとみなすリベラリズムの登場である。

　もし，「善き生」が，個人がそれぞれ選択し，自己決定していく問題であるとすれば，各人が好き勝手に自分の〈善〉を決定するのでよいのだろうか。もちろん，自分の人生をいかに生きるべきかという問いに，唯一の正解などあろうはずもない。だが，その考え方が，しばしば相対主義と批判されるのは，ある問題について，人により千差万別の判断や

選択がなされ，それらがすべて許されるとなると，人々の協働する社会が成立しなくなる，と懸念されるからである。

善を個人の自己決定の問題とする立場を強く批判するのがコミュニタリアニズムである。コミュニタリアニズムは，個人の選択自体が共同体の文化の影響を受けるものであり，共同体の善を学ぶこと抜きに個人の自由な選択はありえない，と主張する。コミュニタリアニズムは，徳の相対性を認めつつ，それぞれの共同体の伝統のなかで育まれた徳を共有することを教育の課題だとするのである。

共同体の善は，その文化のなかで歴史的に継承されてきたということ自体が善さの根拠，ひいてはそれを学ぶ根拠となる。しかしその反面，それらが必ずしも合理的な理由の不明な慣習を含んでおり，まさしく，その社会で生きることによって獲得されるものであるために，異なる文化で育った者には理解できない，ということが起こりうる。そうすると，互いに通約不可能で統合できないため，対立を解消できなくなる。

他方，徳倫理学では，徳の普遍性を強調する。なるほど，時代や社会によって徳の表現は異なる。しかし，友情や信頼といった徳は，どの文化においても〈善〉とみなされ，継承されてきたではないか。徳倫理学は，現代においてあらためて徳の普遍性に注目し，普遍的な価値を教えることが教育の課題とならなければならない，と主張する。

第1節でみたように，カントは，道徳性を権威や慣習に従うことではなく，自分の意志で選択した原理に自ら従うこと―自律―と捉えた。だが，その自律は，自分で恣意的にルールを決定することではなく，理性に従って自己の行為を規制するルール（格率）を必要とする。従って，カントの道徳教育には，自律への訓練の一部として，徳の学習が含まれる。何が正しい徳かを学び，その徳を自分自身の人生の規律として確立する訓練がカントの考える道徳教育なのである。カントの道徳教育では，その学びのプロセスに共同体の善が前提されているといえよう。

カントの「道徳的自律」を継承しつつ，リベラリズムの立場に立つラズ（Joseph Raz, 1939- ）は，価値多様化時代における道徳性として「人格的自律」を提起する。人格的自律とは，自分の生を選択する自由に関

する原理である。それは，カントの道徳的自律を「いかに生きるか」に関する選択原理に読み替えたものである。この人格的自律には，すべての個人が自律的な生活を送るための機会を公平に確保する社会を創造することへの責任が含まれる（Raz, 1982）。

　ラズは，選択の自由を基調としつつ，しかし，その選択自体が，社会が善とするものを学び，それらを参照して自らの選択を吟味して為されなければならないとすることによって，コミュニタリアニズムとリベラリズムの統合を試みたといえよう。だがそこでも，どのような価値を共同体の善として教えるのかという道徳教育の問題は残る。

　「いかに生きるべきか」という問いを前にするとき，私たちが出会うのは，自己実現や幸福の追求という自己利益と共同体のなかで他者とつながって生きる私との間に生まれる様々な葛藤である。どちらか一方だけが道徳的な生き方なのではない。この両者の葛藤のなかで，そのつど着地点を求めながら，自らの生き方と価値観が形成されていく。その選択の連続が個人の善き生を形成していくという意味において，徳と選択とは分かちがたく結びついているといえよう。

　「私はどう生きるべきか」という問いは，私自身の答えを必要とする。選択をするのは私自身であり，自分の代わりに選択してくれる人はいない。その選択の重みと責任は，よりよい選択とは何かという，人間としての私の生き方を吟味する問いへと通じている。その問いの前では，どんな価値観でも平等に善であるわけではない。有限な人間の判断は，常に誤る可能性にさらされている。だから，その判断は，ソクラテスがかつて語ったように，「吟味すること」へと開かれている必要がある。

　ソクラテスはこの吟味を様々な人々との対話を通して実践した。自己の価値観や選択を対話や議論を通して吟味しながら，自分自身の価値観や生き方を見出していく。現代における道徳教育に求められているのは，この吟味へと開かれた対話の実現ではないだろうか。

4. 多文化共生時代の道徳教育はどうあるべきか

　価値観の多様化した現代においても，個人の生の選択はその個人が生

きる社会のなかでなされる。西洋とは異なる歴史と文化を持つ日本がどのような道徳観を育んできたのかを知ることは，グローバル社会における日本の道徳教育を構想するうえで重要な一歩となるだろう。

（1）日本人の道徳観

和辻哲郎（1889-1960）は，孤立した個人から出発する西洋の倫理学を批判し，倫理の問題は人間関係として理解しなければならないとして，人間の共同の根底にある道理を明らかにする倫理学を構築した。ここでは和辻をはじめとする日本の思想や文化の研究に学びつつ，日本文化にみられる道徳の特徴を次の三つのキーワードで確認しよう。

①間柄の倫理

「和を以て貴しとなす」という言葉に象徴されるように，日本文化には人と人との関係を重視する傾向があるとしばしば指摘される。日本語では，主語を明示しないことがある一方，敬語のように相手との関係を表す表現が充実しているのもその現れといえよう。

和辻は，このように人間関係を基調とする日本文化を「間柄の倫理」と名付けた。日本では，相手が誰であるか，自分とどんな関係にあるかという関係性によって，期待される言葉遣いや振る舞いの仕方が変わる。これは，人々の間柄，つまり関係性が，その場に求められる振る舞いを規定しているということである。

どのような場にあろうとも変わらない自己という個人から出発するのではなく，関係こそが倫理が成立する場であるという和辻の指摘は，日本人の道徳観の独自性への目を開くものであった。ところが現代では，共同体が先か個人が先かという問題は，西洋におけるコミュニタリアニズムとリベラリズムの対立にみられるように，日本の独自の問題ではなくなっている。それは，共同体のなかで生きる人間の在り方として，現代を生きる私たちに共通の問いとなっているといえよう。

②心情の純粋性

日本人の生き方の最も基本的な性格を，相良（1984）は，「心情の純粋性，無私性の追求」であると指摘した。現代では，「誠実」という語

で表されるこの心のありようは，古代には，「清き明き心（清明心）」と呼ばれ，中世では「正直の心」，近世以降は「誠」と表現された。もちろん，それらは全く同じ心持ちではなく，時代のなかで変化してきただろう。しかし，心情の純粋性に価値を置く点は共通である。

古代の日本人が理想とした「清明心」は，異心なき心であるとされるが，単に清らかですがすがしいというだけでなく，古代の人々が神と位置付けた自然に対して私心や隠し立てのない心であり，神聖さが含意されている。たとえば，「清める」とは，罪穢れを清めることを意味していることからわかるように，「清き明き心」とは，聖なる自然と一体となって穢れの払われた心である。心の純粋さは，自然と一体となることとして理解されていたのである。

③「おのずから」としての自然

九鬼周造（1888–1941）は，日本文化の三つの主要な契機として，「自然」「意気」「諦念」を挙げた。このうち「自然」とは，外界にある自然の事物ではなく，「おのずから」である。九鬼（1937/2016）によれば，「おのずから」とは，「生きる力の意気という動的な迫力」と「諦念という静的な知見」とを同時に内包した物事のありようを指す。

「自然」という語が Nature の訳語として日本に定着したのは，明治30年代である。九鬼によれば，それ以前の日本人にとって，自然は，客観的対象としての事物ではなく，内在する力によって自ら生成していく世界と捉えられていたという。

日本人にとって，自然は外界の事物であるだけでなく，人間自身の生き方でもある。たとえば，近世の儒学者山鹿素行（1622–1685）は，自然をやむをえざる誠と捉え，自然への随順を誠に生きることとみなした。明治の哲学者西田幾多郎（1870–1945）にとって，善とは最も厳粛な内的欲求に生きることであり，それは同時に，宇宙の統一作用に従って生きることでもあった。自然と一体的に生きることが道徳と捉えられていたのである。

さて，ここまで見てきた特徴は，日本が外来思想を受容していく過程

にも息づいている。たとえば，中国の朱子学を学び，日本に儒教思想を普及した江戸時代の儒学者伊藤仁斎（1627-1705）の思想をみてみよう。仁斎は，人間を人間関係として把握し，この人間関係を〈道〉と捉えた。理を重視する朱子学とは異なり，仁斎が強調したのは仁義である。仁斎は，知的な理解や客観的に善悪を判断する能力ではなく，無私な心情を重視し，自らの心情への誠実さを生き方の根本とみなした。そこには，関係のなかで生まれる自然な心情の生成に価値を置く日本の伝統が垣間見える。

　しかし同時に，日本文化が，様々な異文化との接触のなかで育まれてきたことも歴史的な事実である。大陸からの仏教の伝来以降，日本は異質な文化と出会い，それらを受容してきたが，それらをそのまま受け入れたのではなく，新たな価値を付与し，自国の文化として創造してきた。とりわけ明治以降の日本は，西洋文化との絶えざる接触と緊張のなかで，思想や文化を吸収しつつ，その過程で日本の伝統を生かして独自の文化を形成してきた。伝統を否定することなく多様な異文化を積極的に受容し，新たな価値を創造してきたことは，日本文化の大きな特徴といえよう。日本人の道徳観には，この重層的な多様性が隠れているのである。

　間柄・心情・自然は，それぞれ日本における道徳観を表すものといえよう。しかし，それらは古代から固定的に継承されてきたわけではない。その時代の様々な文化創造のなかで，そのつど形を変えながら受け継がれてきたのである。現代を生きる私たちに問われているのは，新たな社会に向けて，この伝統を受け継ぎつつ，どう変革していくかである。

（2）価値多元社会を生きる

　多様な価値観の人々が共に生き，協働する現代社会において，「善き人生を送りたい」と私たちが願うとき，何が大切になるだろうか。

　多文化主義を標榜するカナダの哲学者キムリッカ（Will Kymlicka, 1962- ）は，市民的徳をどこで身に付けるかについて，家庭，社会，学校それぞれの意義と問題点を示した後にこう指摘している。「唯一の『市民的徳性の苗床』として依拠しうるような単一の制度があるわけではな

く，市民は重なり合う一連の諸制度から重なり合う一連の徳を学習するということは明らかであるように思われる」（Kymlicka, 2002, p.310 ［邦訳 p.451]）。キムリッカは，現代における道徳教育の意義と役割は，子どもたちが自分の育った文化や様々な世界観について十分な経験と情報を得て批判的・反省的に対峙し，自らの人生の価値を様々な人々と共に追求していく力を育むことにある，と言うのである。

　私たちが価値多元化社会に生きているということは，私たちが生きる社会の規範を私たちの共同で創造し，変革する権利を持ち，新たな社会を担う力を教育によって育てることができる，という可能性を示している。キムリッカは，このような社会において私たちが善き生を送るためには，二つの条件がある，と言う。一つは，自分の人生を内側から生きる，すなわち，何が人生に価値を与えるかについての自分の信念に従って生きるという条件，もう一つは，文化が提供する情報，実例，論拠に照らして，自分の信念を疑ったり，吟味したり自由にできるという条件である。

　変化の激しいグローバル社会を生き，未来を切り開いていく子どもたちをどう育てるか。この問いに，私たちはまだ明確な答えを見出していない。ただ一つ言えることは，道徳教育は，何か一つの教科，一つの制度で実現できるものではなく，人間の善き生と同様に，論争や議論に開かれた吟味を重ねて，多様な実践の可能性を探っていくことが求められているということである。

　人間は，自分の人生を生きる自由を持ち，選択の自由を持つ。現代社会では，何を大切にし，どんな人生を送るかは，個人の信念の問題である。しかし，その信念は，自分が属する社会や集団のなかで育まれたものである。有限な人間の一人として，善き生の在り方を吟味し，よりよい社会をどう創るかを他者と共に探求していくことが，自己と社会の幸福を実現する道なのではないだろうか。答えが一つではない道徳をめぐる様々な問いを受け止め，悩みながら，共に道徳教育の在り方を考えていこう。

🎸 研究課題

1. あなたが学校で受けた道徳教育を振り返ってみよう。印象に残って
   いることや課題だと思うことをまとめてみよう。
2. 日本人の道徳観が表れていると思う身近な例を探してみよう。
3. 道徳教育への疑問や考えてみたい〈問い〉を挙げてみよう。

参考文献

道徳哲学や倫理思想の原典に触れて，道徳とは何かを考えてみよう。

プラトン (1964).『ソクラテスの弁明・クリトン』久保努 (訳) 岩波書店.

アリストテレス (2015).『ニコマコス倫理学　上・下』渡辺邦夫・立花幸司 (訳)
光文社.

カント (2012).『道徳形而上学の基礎付け』中山元 (訳) 光文社.

和辻哲郎 (1934).『人間の学としての倫理学』岩波書店.

引用文献

Kant, I. (1977). Idee zu einer allgeminen Geschichte in weltbürger Absicht. In
Werkausgabe XI (pp.11–50). Suhrkamp.［篠田英雄 (訳) (1950).「世界公民的見
地における一般史の構想」『啓蒙とは何か』(pp.21–50) 岩波書店］.

九鬼周三 (1937/2016).「日本的性格」『人間と実存』岩波書店.

Kymlicka. W.（2002）. *Contemporary political philosophy: An introduction*. Oxford:
Oxford Univ. Press.［千葉眞・岡崎晴輝 (訳者代表)『新版現代政治理論』日本経
済評論社］.

新村出 (編) (2018).『広辞苑』(第7版) 岩波書店.

プラトン (1975). 今林万里子・田中美知太郎・松永雄二 (訳)『プラトン全集 I』
岩波書店. (引用は，書名とステファヌス版の頁番号・段落記号を示した).

Raz, J. (1986). *The morality of freedom*. Oxford: Clarendon Press.

相良亨 (1984).『日本人の心』東京大学出版.

Williams, B. A. O. (1981). *Moral luck*. Cambridge: Cambridge University Press.

2 | 学びと道徳教育

西野　真由美

　学校における道徳教育の在り方を考えるためには，「学びとはどのような営みか」，「子どもはいかに学んでいくか」を理解することが求められる。本章では，社会の急激な変化や学習科学の進展のなかで，学校教育にも伝統的な学習観からの転換が求められていることを確認し，道徳を教える，学ぶ，とはどういうことかを考えよう。

はじめに

　「道徳は教えられるか」。この問いは，道徳教育をめぐる問題のなかでも，最も大きな問いといえるだろう。その答えによっては，道徳教育の存立根拠そのものが揺らぐからである。

　そもそも道徳は，人から教わって学ぶものなのだろうか。学校で学ぶ他の教科のように，学ぶことで道徳的な人間が育つ，といえるだろうか。

　それらはまさに，西洋の道徳哲学における最初の問いでもあった。古代ギリシアの哲学者ソクラテスが登場する対話編の一つ，『メノン』には，「徳について」という副題が付けられている。その冒頭に登場するメノンは，ソクラテスにこう問いかける。

　「人間の徳性というものは，果たしてひとに教えることのできるものであるか。それとも，それは教えられることはできずに，修練によって身に付けられるものであるか。それともまた，訓練しても学んでも得られるものではなくて，人間に徳が備わるのは，生まれつきの素質，ないしはほかの何らかの仕方によるものなのか」（プラトン『メノン』70A［邦訳 p.9]）。

　ソクラテスは，この問いにすぐに答えようとはしなかった。そして，

この問いに答えるには，まず「徳とは何か」が明らかでなければならないとして対話を重ねるが，その対話は，「学ぶとはどういうことか」という問いへ展開していく。私たちもソクラテスに倣って，〈学ぶ〉という営みに向き合ってみよう。

20世紀の中盤以降，教育界は，学習に対する伝統的な見方を変える二つの大きな転換を経験する。一つは，生涯学習という理念の提唱であり，もう一つは「人はいかに学ぶか」に関する理論の成熟である。

両者に共通しているのは，〈学ぶ〉という営みを学校という特定の場所・時間で完結させず，「生きること」の全体に位置付けていることである。生涯学習は，学びを人生という時系列全体を貫く営みと捉え，学習科学は，生活世界における様々な関わりのなかに学びを位置付ける。

ではそのなかで，道徳教育における学びはどう捉えられるのだろうか。

1. 生涯学習社会における学び −学ぶことと生きること−

（1）生涯学習社会の到来

19世紀初頭，ヨーロッパ諸国に公教育としての学校教育を成立させたのは，産業革命がもたらした社会構造全体の大きな変化であった。当時の学校には，産業社会や近代国家が求める知識・技能や態度を子どもに伝授し，有能な労働力を育成する役割が期待されていた。その反面，学校は，子どもたちを労働から保護し，学習の権利と機会を保障する機能も果たしていた。この二つの役割を担う学校教育の下で，子どもたちは，社会から隔絶した場で学び，社会が要請する知識・技能や態度を身に付けて社会に巣立っていった。学びは，学校という時間的空間的に限られた場で行われる営みであり，学校では学習，社会では仕事，と両者の役割分担が成立していたといえよう。

20世紀以降の社会の変化は，このような学校と社会の関係，そして学校の役割への大きな見直しを迫ることとなった。学校と社会を「学び」でつなぐ生涯学習社会の到来である。

生涯学習社会とは，人が生涯に渡って学び続ける社会である。それは，個人の生涯としてみれば，学校と社会の垣根を取り払って，学校卒業後

も学び続けることを意味する。これを社会の側からみると，学びと仕事の分業という旧来の枠組みを越えて，学校と社会の連携・協働，さらには融合も視野に，多様な学びの機会の充実が要請されることになる。

　我が国の教育政策において，生涯学習の理念が初めて強調されたのは，臨時教育審議会（1984［昭和59］～1987［62］年）においてである。同審議会の答申（1987［昭和62］年 8 月）は，「生涯学習体系への移行」を教育改革の理念に掲げ，その下に初等中等・高等教育の意義と役割を方向づけた。この生涯学習の理念は，教育基本法（2006［平成18］年改正）に盛り込まれ，「国民一人一人が，自己の人格を磨き，豊かな人生を送ることができるよう，その生涯にわたって，あらゆる機会に，あらゆる場所において学習することができ，その成果を適切に生かすことのできる社会の実現が図られなければならない」（第 3 条）と示されている。

　「生涯学習」という理念は，学校卒業後も学び続けるという時間的な拡張だけを意味するわけではない。生涯にわたる学習という視点が，学校における学び自体に変革を求めるものなのである。

　「生涯学習」（life-long learning）に通じる「生涯教育（life-long education）」の理念は，1965年，ユネスコが開催した第 3 回成人教育推進国際諮問委員会において提唱された。その先導的役割を果たしたラングラン（Paul Lengrand, 1910-2003）の理論は，『生涯教育入門』（1970）としてユネスコから出版された。その後，ユネスコは，『未来の学習』（1972），『学習：秘められた宝』（1996）などの報告書を通して，生涯学習社会の実現と学校における学びの変革を求めてきた。では，生涯学習社会は，学校における学びをどう変えるのだろうか。

（2）生涯学習の四つの柱

　ラングラン（1970）は，学習の意義を「自己自身になること」，すなわち，様々な経験を通した自己実現と捉える。生涯学習社会とは，この自己実現に向けた学びが生涯に渡って続くものであるという理念を共有し，その学びの充実を目指す社会である。

　この理念を継承した『学習：秘められた宝』は，生涯を通じた学習

の実現に向け，四つの柱のうえに教育を再構築するよう求める。四つの柱とは，「知ることを学ぶ」(learning to know)，「なすことを学ぶ」(learning to do)，「共に生きることを学ぶ」(learning to live together)，そして，これら三つの柱から導き出される柱である，"learning to be（自己自身となることを学ぶ：邦訳では「人間として生きることを学ぶ」)" である（UNESCO, 1996）。

　生涯学習という視点は，能力の育成や経済的発展といった特定の目的に資する手段という教育に対する見方を越えて，「全き人間への発展過程，端的に言えば，自己自身となることを学ぶ」(UNESCO, 1996, p.86 ［邦訳 p.67］翻訳は筆者による）こととして教育を再定義する。誕生した時から生涯の終わりまで続く個人の発達は，「自己を知ることから始まり，他者との関係に開かれていく対話的な過程」であり，その旅程の全体が，人格の成熟過程なのである（ibid, p.95 ［邦訳 p.75］)。それは，学校で学びを終え，社会に巣立つ，といった伝統的な学校教育のイメージを大きく変えるものであった。

　ユネスコが提起した四つの柱は，学びとは人が「人間らしく生きる」ことを学ぶことであると示している。生涯学習社会の学校教育には，自らの内なる力を発揮し，多様な人々が共に生きる社会を創造していく，未来を創る学びの実現が求められているのである。

　我が国では，この生涯学習の考え方を踏襲し，学習指導要領の理念が「生きる力」として提起されている。「生涯学習社会を見据えつつ，学校ですべての教育を完結するという考え方を採らずに，自ら学び，自ら考える力などの『生きる力』という生涯学習の基礎的な資質の育成を重視する」（中央教育審議会，1996）と示されているように，「生きる力」は生涯学習社会を見据えた理念なのである。

（3）変化の時代における学び

　社会が常に変化を繰り返してきたことは歴史を振り返れば明らかであるが，20世紀以降，特に強く意識されるようになったのは，その加速度的な変化である。ラングランは，変化の激しい時代が人々の生活に与え

る影響について次のように述べた。「過ぎ去った諸世紀には，人々は，自分の一生涯期間に当面する主要な諸問題について，先だつ諸世代の遺産の中に，広く受け入れられる解決策を見いだしていた」が，「今やすべてが問題的である」（ラングラン，1970，p.22［邦訳 pp.25-6］）と。変化の激しい社会とは，定まった答えの見えない社会である。子どもたちは，かつて常識であった解決策に頼ることはできず，新たな答えを自ら見出していかなければならない社会を生きることになる。

　ユネスコは，知識がたえず修正され，更新される時代においては，知識の蓄積よりも，自ら知識を獲得する方法の習得（学ぶことを学ぶ）が鍵を握るとの認識に立つ。そのうえで，学校教育には，自己形成や多様な人々との共生への意欲を育む学びの実現を求めたのである。

　ユネスコの問題提起とほぼ同時期の1970年代，各国の産業界からも伝統的な学校教育に対する危惧の声が大きくなっていた。学校で習得した知識・技能と仕事で要請される能力との間の大きな乖離は，産業界にとって切実な問題となっていたからである。この声は，学校教育で育成すべきキー・コンピテンシーを提起した OECD の DeSeCo（Definition and Selection of Competencies）プロジェクトに結実した。

　ユネスコや OECD など，国を超えた学際的な取組によって，生涯に渡って知識や技能を更新していくことが求められる「変化の時代」における学校教育の役割は，学び続ける意欲や学んだことを多様な状況に創造的に活用する能力の育成にあるという認識が急速に広がっていった。

　生涯学習の理念は，学びを人間が「自己自身になる」ことを求める生涯続く営みとして再定義しつつ，同時に，その営みが社会の変化のなかで刷新されていかなければならないことを明らかにした。学校教育は，変化の激しい社会のなかで，生涯にわたる自己実現を支えるための基盤として何を教えるか，という課題に向き合わなければならないのである。

2．人はいかに学ぶか

（1）学習論の転換

　本節では，20世紀における学習科学の重要な展開を確認しよう。

　「人はいかに学ぶか」に関する理論は，学習科学や認知科学の進展に伴い，1970年代半ばに画期的な転換を経験した。大きく捉えて言えば，20世紀前半に支配的であった行動主義心理学から，認識論や認知科学に立脚した構成主義への転換である。

　20世紀初頭に誕生した学習科学において，最初に主流となったのは，行動主義と呼ばれるアプローチであった。その創始者であるワトソン（John Broadus Watson, 1878-1958），それに続くスキナー（Burrhus Frederic Skinner, 1904-1990）らは，個人の才能や好み，性格，適性といった要素を学習から排除し，刺激による条件付けによってどのような行動の学習も可能であるとした。（Watson 1924/1998, Skinner 1971）。

　この学派は，イギリスの哲学者ロック（John Locke, 1632-1704）の「タブラ・ラサ（tabula rasa：何も書かれていない石版）」に倣って，学習者を「白紙」と捉え，そこに新しく文字を刻むように知識を伝達することを学習と捉えた。

　なお，ロック自身は，『教育に関する考察』（1693）において，教育の三領域である知・徳・体のなかでも，まず「体育」（習慣形成）から書き起こし，精神形成としての教育論を展開した。その教育観が，行動主義のそれとは異なることを確認しておこう。ロックは，早期からの習慣形成としつけを重視したが，子どもの生来の気質や傾向を無視せず，むしろそれらに相応しい教育の必要を強調している。また，ロックが教育の柱としたのは，賞罰で子どもを従わせることではなく，学習意欲を引き出すことであり，子どもを理性的な存在とみなし，「子どもと理性的に話し合う」（Locke, 1693/1989, §81）ことであった。

　行動主義の学習観は，学習における反復訓練の意義を明らかにし，生まれや素質に制約されない学習可能性を示した点に意義があった。しかし，学習者自身の捉え方において，大きく二つの問題がある。

　一つは，「白紙」に象徴されるように，学習者が既に持っている知識の影響を排除していることである。実際の子どもは，生活体験から様々な知識を獲得している。そこで形成された素朴概念は，時に学習理解を助け，また逆に「思い込み」となって学習の障壁にもなりうる。

　二つ目は，学習者自身に内在する学習意欲を問題にしなかったことである。行動主義では，学習者を知識の受動的な受け手とみなし，「アメとムチ」のように，報酬を与えることで学習が促されると捉える。この想定には説得力があるが，必ずしも現実を捉えているとはいえない。ご褒美と関係なく，自分が興味を持ち，やりがいを感じることに熱心に取り組んだ経験を誰でも持っているだろう。学習者の内面から生まれる内発的動機づけは，報酬以上の効果をもたらしうるのである。

　行動主義の一面的な学習者像を転換したのが，20世紀中盤以降に本格的に展開された構成主義である。

　構成主義では，学習を正しい知識の伝達と捉えるのではなく，学習者である子どもが主体的に活動して獲得していくプロセスと捉える。そこでは，学習者は，反復や訓練によって知識や技能を受容する存在ではなく，自ら学ぶ意欲をもつ有能な存在である。学習者自身がそれまでの自らの経験をもとに関心や疑問を持ち，それらを問いとして回りの世界に働きかけて探究し，新たな知識を獲得して自らの見方や考え方を成長させていく，そんな主体的な探究者として捉えられているのである。

　このような学びのプロセスは，それ自体が他者や事物など，回りの世界との関わりのなかで生まれ，展開する対話的な過程である。その他者の存在を強調するのが社会的構成主義である。社会的構成主義は，学習の文化的・社会的文脈を重視し，子どもが自らの回りの世界における他者との相互作用のなかで知識を構成していく姿を学習と捉える。学びは，本来，主体的で対話的，協働的なプロセスであり，このプロセスを学校の学びでいかに実現するかが学習にとって本質的な問題となる。

　ロシアの心理学者ヴィゴツキー（Lev Semenovich Vygotsky, 1896–1934）は，子どもの知的な能力は他者との関わりあいのなかから発達するとして，学習にとって鍵となる「ZPD：最近接発達領域（zone of proximal development）」という考え方を提起した。ZPDとは，子どもの現在の発達水準と明日（将来）の発達水準の間にある領域である。ヴィゴツキーの大きな発見は，学びには，一人ではできなくても大人や仲間の援助によってできるような移行段階があることを見出し，この移行の

過程を創り出すことが発達につながる，と明らかにしたことである。

　この理論によれば，子どもの学びの成長は，適切な支援（足場掛け）とふさわしい学習環境によって促される。教師が高みから子どもを引き上げるのではなく，子どもが自分で登っていけるように，「足場」を作り，下から少しだけ支える，というイメージである。そこから，知識を授けるという伝統的な教師像とは異なる，子どもの主体的な学びをデザインする教師の役割が見えてくる。学習論の中心的な問いは，教師がいかに効果的に知識を伝達するかから，子どもの学びをいかに成立させるかへと転換することになる。

　「白紙」説を展開したロック自身が，教育における子どもの学ぶ意志を最重視したように，生きることで出会うすべての体験が学びとなりうるとしても，それらが受動的に目の前を通り過ぎていくだけでは学びは生起しない。興味や関心を持ち，自ら考え，体験を意味づけていくことで，学びが成立する。では，その意欲はどこから生まれるのだろうか。

　構成主義や社会構成主義の学習理論は，学習者が本来持っている学習意欲を引き出す意義を明らかにするとともに，従来，認知面だけで捉えられてきた学習の社会的・情動的側面に光を当てた。子どもの学びは，単に個人の知的能力だけでなく，対話的で協働的な多様な関わりのもとで生まれる意欲や感情との相互作用のなかで育まれる。子ども自身が自然に持っている学習意欲は，教室の学びに子どもの生活とのつながりや社会への広がりという本来の学びの環境を生みだすことで引き出されるのである。この本来的な学びの環境をどう実現していくかが，学校教育の課題となるといえよう。

　まとめに代えて，OECD が『学習の本質』（2010）で紹介している学習の 7 つの原理を紹介しよう。本書は，OECD の「イノベーティブな学習環境」プロジェクトが，学習に関する諸科学の進展を基に，学習環境のデザインに求められる共通の基盤を導き出したものである。7 つの原理は，同書の成果を学校の日常的な実践に生かす目的でまとめられた『学習の本質：実践用ガイド』（2012）に次のように示されている。

　1．学習者を中心とする

　　２．学習の社会性を重視する

　　３．感情が学習にとって重要である

　　４．個人差を認識する

　　５．すべての生徒を伸ばす

　　６．学習のアセスメントを活用する

　　７．水平的な関係をつくる

　学習とは，自ら学ぶ主体的な行為であり，多様な他者と関わる社会的な営みである。今，学校に求められているのは，一人ひとりの学びを生きることにつなぎ，環境や社会という，子ども自身の回りの世界との「水平的な」つながりを実現する学びなのである。

（2）人の学びの強みとは何か

　20世紀の学習科学は，人間の学びを実験室での動物の学習と比較するところから出発し，その後，乳幼児の学びを直接観察するなかで，人の学びに関する知見を深めていった。さらに，今日では，AI（人工知能）の学びとの比較が人間の学びの独自性と強みを浮き彫りにしつつある。

　2015年，グーグル社が開発した囲碁のコンピュータソフト「アルファ碁」がプロ棋士に初勝利し，世界の注目を集めた。囲碁は，局面と可能な着手の多さから，チェスや将棋に比べてコンピュータソフト開発が格段に困難とされてきた。その AI を勝利へ導いたのは，ディープラーニング（深層学習）と呼ばれる新技術である。

　囲碁で言えば，AI は，ある局面で可能な手を網羅的に検討するのではなく，棋譜データを大量に集積し，優れた一手の特徴を学習して名人の大局観と並ぶ判断を獲得した。これは人間が経験から学ぶ過程を模した学習手法である。人間の学びを人間を越えるスピードと精度で遂行できるため，AI は人間の仕事を代替可能と予測されているのである。

　では，AI とは異なる人間の学びの強みは何だろうか。

　現段階では，AI は，ビジョンや意欲を持つことはない。人間に与えられた課題を遂行しているだけである。人間の学びには，上の『学習の本質』でも示されたように，認知に加え，意欲と感情の相互作用が大き

く働いている。目的意識やわかる喜びが人間の学びに価値観を与え，新たな価値を創造する力となっていく。AIと共存する未来社会では，人間がこの強みである創造性を発揮することが強く求められるのである。

新たな価値を生みだす創造性というと，社会のリーダーや科学者など一部の人のものと思われるかもしれない。しかし，変化の激しい社会のなかで，様々な困難や葛藤，想定外の状況に向き合い，自分の人生を切り拓いていく一人ひとりの選択は，それ自体が価値の創造である。学ぶことが生きることとつながっていることこそ，人間の学びの強みであろう。生涯にわたって自己自身になること，すなわち，人格の完成を目指す学びを続ける力を育てることが，AI時代に求められる学びといえるだろう。

3．道徳教育における学びとは

ここからは，生涯学習社会に求められる，人間らしい学びの姿を踏まえ，道徳を学ぶとはどういうことか，学校における道徳教育に何が求められているのかを考えよう。

（1）生得説と環境説を越えて

道徳性をめぐっては，生得性と環境のいずれが重要か，いわゆる「生まれ（nature）か育ち（nurture）か」の論争が繰り返されてきた。

古典的な生得説は，「神の似姿としての人間」や孟子の性善説にみられるように，子どもには生まれつき道徳性が宿っていると考える。生得説に立てば，道徳教育の役割は，子ども自身が生まれながらに持っている道徳性を引き出し，開花させることにある，とされるだろう。

他方，環境説では，人間が自己利益を追求する利己的な存在であることが強調され，利己心を制御する道徳教育の意義が重視される。古代ギリシアでは，アリストテレスが「人柄に関する徳（アレテー）は習慣の結果として生まれる」（アリストテレス，『ニコマコス倫理学』1103a16［邦訳 p.55]）として習慣を重視した。生得観念を否定したロックは，徳を天賦の資質としつつも，自己愛による誤りやすさを克服するための習

慣形成を教育の課題とした。

　この問題に完全な決着はついていないが，今日では，極端な生得説や環境説はほとんど支持されていない。道徳性の獲得において，文化や学習の影響が大きいことは，時代や文化によって価値観が異なることからも理解されよう。他方で，20世紀以降に飛躍的な進展を遂げた社会生物学や脳科学の成果によって，人間の道徳性には，文化を越えて普遍的な生物学的な基盤があることや道徳的行動が遺伝的に人間に組み込まれていることが実証的に示されるようになっている。たとえば，近年の脳科学研究では，社会性や思いやりには，前頭前野など脳の特定の部位が関係しているという知見が得られている。

　一連の研究成果から，生まれと育ちは二者択一ではなく，両者の関係が重要だとする見方が優勢である。たとえば生物学者のE．O．ウィルソン（Edward Osborne Wilson, 1929- ）は，利他的行動がアリやミツバチなど社会的生物と呼ばれる昆虫にも見られることから，人間の利他的行動を進化論的視点で解明する社会生物学を提唱したが，その際，「生得性」についてこう説明している。「生得性というのは，ある特性がどんな環境下でも必ず発達することを指しているのではなく，特定の環境条件のもとで，その特性が測定可能な確率で発達してくることを指している」（Wilson, 1997, p.100 ［邦訳 p.186]）。

　徳の獲得における習慣の意義を強調したアリストテレスも，習慣が徳の生得性を前提としていることをこう分析している。「徳は，本性的に生まれてくるわけでもなく，さりとてまた本性に背いて生ずるのでもなく，かえってわれわれは本性的にこれらの卓越性を受け入れるべくできている」（アリストテレス，1103a26-28 ［邦訳 p.57]）。

　こうしてみると，人間の道徳性は，生得的な要因と環境要因のいずれかに属するのではなく，両者の関わりあいのなかで育まれる，と考えるのが妥当だろう。

　このことは，人間の言語の習得と比較してみるとわかりやすい。

　人間の発話能力には生物学的な基盤があり，生得的なものである。しかし，人がどの言語を話すかは生まれた時代や文化によって規定される。

さらに，読み書きに関する能力（リテラシー）は，文化依存的であるだけでなく，一定の学習過程を必要とする。また，生得的能力である発話についても，その発達には，一定時期までに言語が実際に話されている環境で育つことが必要とみられている。言語リテラシーは，人間にとって生得的な能力であるが，その獲得と発達には，学習が必要であり，この能力がどう発達するかも学習に掛かっているのである。

道徳性も言語能力と同様に，生まれつき人間に備わっている資質・能力を学習によって発達させていくと考えられる。さらに，重要なことは，道徳性には，いわゆる社会常識のようにその社会で生きていることによって「自然に身に付く」（これもまた学習の一つであるが）知識や振る舞いも含まれるが，ある状況のなかで「どう行為すべきか」を考え，判断し，実行する思考・判断や実践に関わる能力も含まれることである。その際求められる状況の認識は，色や形の認識のように直観的なものではない。

たとえば，道徳性に関わりの深い視点取得の能力を例にみてみよう。

視点取得とは，「相手の立場に立ってみなさい」などと言われるように，他者の立場や思いを想像したり，逆に「他人は自分のこの行為をどう思うだろう」と自分を第三者の視点で見つめたりすることをいう。

これを道徳的視点とみなしたのがアダム・スミス（Adam Smith, 1726-1790）やヒューム（David Hume, 1711-1776）らのスコットランド啓蒙思想家である。

アダム・スミスは，人間の生得的な道徳感情（他者への共感）を道徳の源泉と捉えたうえで，この自然な感情を補整する原理として，「公平な観察者」の視点の必要を説く。人間には，他者の痛みに共感する思いやりや慈愛の心があるが，自分の利害を優先しようとする自愛の衝動は強い。スミスは，その自愛に対抗し自他の利益を公平に判断するには，もっと強い動機が必要であるとして，それを理性や良心，自分の内にある「内部の人」（観察者）と呼んだ（Smith, 1853/1969）。

乳幼児の研究によって，人間には，他者が自分とは異なる願望，意図，信念，心的状態を持っていることを理解する能力があることがわかって

きた。他人の心を類推する機能は，「心の理論（Theory of Mind）」と呼ばれ，心理学研究によって，四歳頃に出現するとみられている。この「心の理論」の発達には，前頭前皮質の成熟が必要であることも指摘されている。

　私たちは視点取得と想像力を働かせて，他者の状況に我が身を起き，他者の心情を理解しようし，また，他者の体験を自分の事のように受け止め，その体験から学ぶことができる。道徳性の基盤となるこの能力は，私たちに生得的に与えられており，成長に従って発現してくるが，その能力をどのように発展させていくかは，その先の教育の問題である。

　ある状況を別の人がどう見ているか，どう感じているかは，色や形を見るように自然に見えるようになるわけではない。視点取得は，他者の立場に立って見ることを多様な経験を通して学ぶことで育つ。同時に，その学びの基となる視点取得の能力は，人間に生得的に備わっている。道徳性の発現と成長は，人間に本来備わっている資質・能力が多様な関わりのなかで学ぶことを通して実現するのである。

　道徳性に関わる様々な資質・能力は，他の動物にもみられる。しかし，人間の道徳性の生物学的な基盤は，他の動物とは大きく異なる多様性と可塑性を持っている。たとえば，社会的生物とされる動物には，仲間への共感や利他的行動が見られるが，動物の社会性が同一の種や群れなど自分の所属する集団にほぼ限定されるのに対し，人間の利他性は，所属集団や種の境界を越えて，多様な他者へと広がりうる。人間の道徳性は，文化を越えて生得的・普遍的とみなしうる特徴を有しつつ，教育によって多様性と可塑性を実現してきた。道徳性は教育のなかで，新たな価値や文化を創造する力となる可能性を拓きうるのである。

（2）自己実現に向けた学び

　私たちは，道徳性を学ぶ力を持って生まれ，環境や文化の制約のなかで特定の道徳観を学習していくと同時に，そうした制約を超えて新たな道徳を創造する力を育むことができる。その学びは，人間の生涯にわたって続く「生きること」そのものである。

　道徳教育に求められるのは，子どもが道徳性の萌芽を持って生まれ，多様な関わりのなかで自ら道徳性を育てようとする存在であることを理解し，その子ども自身の学びを支援することである。それは，家庭で，いや学校で，社会で，などと時と場所を限定して行われるものではない。それぞれの場においてふさわしい学びが実現されるべきなのである。

　では，その生涯続く学びのなかで，学校の役割は何だろうか。

　子どもは，環境との様々な関わりの体験を通して学ぶ。学校はその様々な場の一つである。学校という場の特徴は，無意図的で自然な生活空間と意図的・計画的な学びの場とが共存していることである。同年齢集団という限界はあるが，家庭とは異なる多様な仲間との出会いのなかで，自分とは異なる見方や考え方に出会い，協働しながら様々な目標を実現していく実践の場であり，それらの体験を振り返って考える省察の場でもある。学校における様々な学びや体験を通して，子どもが自らの生き方や人間としての在り方を考え，その省察を生きるという実践へつなぐ場となることが，学校に求められる道徳教育の役割ではなかろうか。

　子どもたちが将来生きるであろう社会では，答えが一つに定まっていない様々な問いに向き合うことが求められるだろう。だが，そもそも，生きることに唯一の正解はない。人が自己自身になるための学び（learning to be）に定まった答えはないのである。その答えは，人から教えてもらうものではなく，子どもが自分で見出していかなければならない。この子ども自身の生涯続く学びを支える力を育むことが，今日の学校における道徳教育の課題なのである。

ⓘ 研究課題

1．生涯学習という理念が重視されるようになった背景をまとめよう。
2．OECD の『学習の本質』を手掛かりに，学校における道徳教育の「学び」に何が求められるかを整理してみよう。
3．生涯学習社会の到来と学習観の転換を踏まえ，学校における道徳教育の役割や意義を考えてみよう。

参考文献

デューイ（2004）．『経験と教育』講談社学術文庫．
　原著は，1928年刊。教室という閉じた空間での学習という伝統的な教授方法を乗り越える学びの可能性が描かれている。
稲垣佳世子・波多野誼余夫（1989）．『人はいかに学ぶか』中公新書．
　学習を環境との相互交渉として捉えた学習論の先駆的著作。
今井むつみ（2016）．『学びとは何か』岩波新書．
　学習科学の知見をもとに「生きた知識」を育てる学びを解明する。
平田聡（2013）．『仲間とかかわる心の進化』岩波書店．
　人間の社会的知性の起源をチンパンジーの行動研究を通して探る。
金井良太（2013）．『脳に刻まれたモラルの起源』岩波書店．
　脳科学の成果を踏まえ，道徳感情や利他的行動の起源を探究する。

引用文献

アリストテレス（1971）．『ニコマコス倫理学』高田三郎（訳）岩波書店．（引用は，ベッカー版の頁番号・段落記号を示した）．
中央教育審議会（1996）．『21世紀を展望した我が国の教育の在り方について（第一次答申）』．
Faure E., et al. (1972). *Learning to be : The world of education today and tomorrow*. Paris : Unesco.［国立教育研究所内「フォール報告書検討委員会」（訳）（1975）．『未来の学習』第一法規出版］．
Lengrand, P. (1970). *An Introduction to lifelong education*. Unesco.［波多野完治（訳）

(1984).『生涯教育入門　第一部』全日本社会教育連合会].

Locke, J. (1693/1989). Yolton, J. W., & Yolton, J. S. (eds.), *Some thoughts concerning education*. Oxford : Clarendon Press.［北本正章（訳）(2011).『子どもの教育』原書房].

OECD CERI (2010). *The nature of learning : Using research to inspire practice*. OECD.［立田慶裕・平政安政（監訳）(2013).『学習の本質—研究の活用から実践へ』明石書店].

OECD CERI. (2012). *The nature of learning : Practitioner's guide*. OECD Publishing.［立田慶裕・平政安政（監訳）(2013).「『学習の本質』実践用ガイド」,『学習の本質—研究の活用から実践へ』(pp.389-405).明石書店].

プラトン (1994).『メノン』藤沢令夫（訳）岩波書店.

臨時教育審議会 (1987).『教育改革に関する第 4 次答申（最終答申)』.

Skinner, B. F. (1971). *Beyond freedom and dignity*. New York : Knopf.［山形浩生（訳）(2013).『自由と尊厳を超えて』春風社].

Smith, A. (1853/1969). *The Theory of moral sentiments*. Indianapolis : Liberty Classics.［水田洋（訳）(2003).『道徳感情論（上）（下）』岩波書店].

UNESCO. (1996). *Learning : The treasure within : Report to UNESCO of the international Commission on Educations for the Twenty-first Century*.［天城勲（監訳）(1997).『学習：秘められた宝—ユネスコ「21世紀教育国際委員会」報告書』ぎょうせい].

ヴィゴツキー (2003).『「発達の最近接領域」の理論—教授・学習過程における子どもの発達』土井捷三・神谷栄司（訳）三学出版.

Watson, J. B. (1925/1998). *Behaviorism*. New Brunswick, NJ. : Transaction Publishers.［安田一郎（訳）(1980).『行動主義の心理学』河出書房新社].

Wilson, E. O. (1978/2004). *On human nature*. Cambridge, MA : Harvard University Press.［岸由二（訳）(1997).『人間の本性について』筑摩書房].

3 | 道徳教育理論の展開

西野　真由美

　欧米では，19世紀後半以降，実証的な学問への要請の高まりのなかで，宗教に由来する形而上学的な教育論を越えて，事実の観察や実証に基づく道徳教育論が志向されるようになる。本章では，社会学や心理学のアプローチに学び，現代の道徳教育理論につながる問いを検討しよう。

はじめに

　1920年代，コロンビア大学の研究者が，当時，アメリカの学校に普及していた品性教育（Character Education）の効果をめぐって，大規模な調査を実施した。調査にあたったハーツホーン（Hugh Hartshorne, 1885-1967）とメイ（Mark A. May, 1891-1977）は，全米約1万人の子どもを対象に嘘やごまかしに関する実験や観察，質問紙調査を行った。その結果，品性教育の有無と実生活での行為に相関はみられず，子どもの置かれた状況や所属集団の影響が大きいことがわかった。この分析を踏まえ，この研究は，道徳的理想や規律を教えるだけの現行の品性教育は，どれほど心情に訴えるものであっても実際の正しい行動には結びつかないと示唆した（Columbia University et al., 1928-1930）。

　欧米では，19世紀後半以降，科学的・実証的な学問への要請が高まり，心理学や社会学など，新たな学問が誕生する。学校における道徳教育にも，その意義や有効性を検証する研究が求められるようになっていく。本章では，20世紀初頭から本格的となる科学的・実証的な道徳教育論の展開を〈自律〉と〈発達〉という視点を手がかりに追ってみよう。

1. デュルケムの道徳教育論 −公教育の役割は何か−

（1）宗教教育からの独立

　明治時代の日本は，新たな学校制度の発足にあたって，フランスの教育課程を範として修身科を設置したとされる。当時，ヨーロッパ諸国の多くがキリスト教による宗教教育を実施していたのに対し，フランスは，第三共和政（1870–1940）の下で，宗教に拠らない道徳教育を実現しようとしていた。学校カリキュラムにおける非宗教の原理は，1882年に成立して以来，ライシテ（世俗的：laïcité）と呼ばれ，フランスの学校教育の伝統として今日まで継承されている。

　この世俗的な（宗教から独立した）道徳教育を理論的に整備したのが，フランスの社会学者デュルケム（Émile Durkheim, 1858–1917）である。

　近代教育学が人間の普遍的理想像から個人の人格形成としての道徳教育を論じてきたのに対し，社会学者であるデュルケムは，社会のありのままの姿の観察に基づいて，学校が担うべき道徳教育の役割を導き出した。社会の現実から出発し，教育の目的を若い世代の社会化と位置付けたデュルケムの道徳教育論は，価値を教え込む保守的な道徳教育論とみなされることがある。しかし，デュルケム自身は，ドレフュス事件（ドレフュス大尉が国家によりスパイ嫌疑を掛けられた冤罪事件。エミール・ゾラによる弁護が有名）において，国家による個人への人権 蹂躙 を鋭く批判したことでも知られる。国家による公教育に対する厳しい目を持っていたからこそ，学校の道徳教育は何をどう教えるべきかという問いが，デュルケムの道徳教育論を貫く問題意識となったといえよう。

　そのデュルケムの道徳教育論を理解するためには，彼が生きた当時のフランス社会について知っておく必要がある。そこで，19世紀フランスの第三共和政において，なぜ宗教から独立した道徳教育が成立したのか，その歴史的・思想的背景を確認しておこう。

　第三共和政以前のフランスは，キリスト教のカトリックを国教とし，学校では宗教教育を実施していた。他方で，フランス革命後の公教育では，教会権力からの独立を志向しつつ，宗教に代わって社会統合を可能

にする道徳教育の可能性が模索されてきた。

　第三共和政成立直後，公立小学校では，道徳は「道徳・宗教教育」として，宗教（カトリック）と一体的に教えられ，神への義務と信仰が道徳の根拠とみなされてきた。その体制を一変したのが1882年に成立したフェリー法である。これによって学校の非宗教化が確立，道徳は，独立した教科として教えられることとなった。それは同時に，道徳が根拠としてきた神への信仰という強固な後ろ盾を失うことでもあった。

　宗教に拠らない社会統合に向け，第三共和政は，人間の尊厳と共和国の信奉する諸価値を基盤とする道徳教育の確立を企図した。デュルケムの道徳教育論は，その理論的支柱となるべく構想されたのである。

（2）市民社会への橋渡しとしての道徳教育

　デュルケムは，1902年にパリ大学文学部（ソルボンヌ）において道徳教育に関する最初の講義を行った。その内容は彼の死後，『道徳教育論』（1925）として刊行されている。本書に拠りながら，デュルケムが描いた道徳教育をみていこう。

　まずデュルケムは，歴史上，道徳も教育も多様であった事実に注目する。だがそれは，個人が恣意的に道徳を選んでよいという相対主義には直結しない。なぜなら，現実に個人が属する社会には，その社会に固有な慣習や思想があり，固有の道徳的枠組みが機能しているからである。道徳教育の目的は，この現に社会にある道徳観念や慣行，伝統などを子どものなかに形成する〈社会化〉であるとされる。

　では，道徳教育とは，旧世代の道徳観念や価値観を子どもに教え込むことなのか。いや，そうではない，とデュルケムは強調する。なぜなら，今まさにその社会が転換期にあるからである。そのなかにあって，学校における道徳教育は，神への義務に基づく旧来の道徳から，理性に基づく合理的な道徳の体系への転換を求められている。これに応える新しい枠組みを構築しなければならない。

　そのためにデュルケムが最も傾注した問いは，宗教が持つ社会の統合力を世俗的な道徳がいかにして実現しうるか，であった。公教育から単

に宗教を排除するだけでは社会は統合力を失ってしまう。宗教に代わって道徳が社会統合の力を持つためには，宗教と一体的に捉えられていたがゆえに隠されていた道徳自身が持つ力を明らかにし，その力を育む学校教育を実現しなければならない。では，その力とは何だろうか。

デュルケムは，様々な社会で妥当している道徳を観察，分析し，道徳性を構成する三要素を見出した。それは，「規律の精神」，「社会集団への愛着」そして，「意志の自律性」である。

第一の要素である「規律の精神」は，道徳が義務に関わっており，一般に道徳的行為が「一定の規準に従って行動すること」と理解されていることから導き出される。様々な道徳的規則は，自己の外部にあるだけでなく，自己に対して行為を命ずる力を持つ「権威」の概念を含む。道徳の根本機能は，規則性の感覚と権威の感覚を包括する規律の精神によって，人間の行為に一定の規則性を与えることにある。

規律の精神は，学校における道徳教育の役割を鮮明にする。なぜなら，デュルケムによれば，家庭における道徳教育は，愛情に基づく教育であるため，道徳的心情を目覚めさせることはできても，個人の主観や利害を越えた非個人的（インパーソナル）な規則に従う義務の観念を教えられないからである。学校の規律は，正しく機能させるなら，愛情に支えられた家庭の道徳と市民生活のより厳しい道徳とを架橋する役割を果たしうる。学校は子どもが市民社会の道徳を初めて学ぶ場なのである。

第二の要素「社会集団への愛着」における「社会集団」とは，個人の外部にあって，個人の人格を涵養する思想，感情，習慣等の体系である。人間が道徳的存在であるためには，自己以外の他者に結びつかねばならない。集団や社会とつながり，連帯感を意識することから道徳が始まるのである。ただし，デュルケムにおける「社会集団への愛着」は，具体的には，社会のなかで理想を実現しようとする人々への愛着であり，その理想に対する愛着でもある。ここでの「愛着」が，単に今ある現実の社会の肯定ではなく，その社会の人々の理想の実現へ向かっていることに注目しよう。

以上の二つの要素が現実に社会に妥当してきた道徳の要素なのに対

し，新しい社会に要請されつつあるのが第三の要素「意志の自律性」である。単に規則を尊び，集団に愛着を持つだけでは道徳的行為として充分ではない。現代では，なぜそう行為するのか，行為の理由を明確に意識することが求められるようになっている。そう分析したデュルケムは，自律の精神は，「真の道徳教育のためには，今後絶対に欠くことのできない条件」（Durkheim, 1925/1963, p.102［邦訳 p.215］）であると言う。

　規則の根拠や存在理由を知ることで，受動的な服従は主体的な能動性へ転化する。自律とは「道徳を理解する知性」であり，それを育成することこそ，現代の学校における道徳教育に課せられた役割である。つまり，「道徳を教えるとは，道徳を説論し，注入することではなく，これを説き明かすことなのである」（同上，p.101［邦訳 p.215］）。

　しかし，問題はある。それは，道徳の性質を探求し，その存在理由を究明する道徳の科学がいまだ未完成なことである。デュルケムは現状では自律性を育成する道徳教育がきわめて困難であると認めつつ，しかし，この意志の自律性こそ，宗教とは異なる世俗的道徳に固有の特性であるとして，意志の自律を育む道徳授業の実現を将来的課題として残した。

　以上の分析に基づき，デュルケムは，小学校における道徳教育カリキュラムと教授法を具体的に構想した。道徳教育は「学校生活のあらゆる機会にわたって洩れなくもりこまれねばならない」と考えたデュルケムは，学校の規律を通した規則の学習と教科教育による道徳教育を重視した。さらに，教授法に発達の視点を取り入れ，初等教育では，規律を学習する他律の道徳教育から始め，中等教育における道徳教育では，教科教育を通した「探究の精神」の育成へ重点を移すよう求めた。

　デュルケムは，学校生活を通した道徳教育，教科教育による道徳教育，そして，自律の精神を養う道徳の授業，とそれぞれの特質を生かした道徳教育を構想した。そのうえで，デュルケムは，道徳を社会のなかで共有，継承され，やがて変革されていくものと捉えた。伝統を共有しつつ，将来の変革を担う若い世代の育成を道徳教育の使命とみなし，真に自律的な道徳性を育む道徳教育の完成を未来に託したのである。

2. ピアジェの発達心理学 –権威の道徳から協同の道徳へ–

　デュルケムの道徳教育論では，子どもの発達は，規律から探究へという教授上の重点として意識されていたものの，中心的な問いとはならなかった。20世紀における道徳性の発達心理学の発展へ道を開いたのは，スイスの心理学者，ジャン・ピアジェ（Jean Piaget, 1896–1980）である。

　ピアジェは，社会の側から道徳を捉えたデュルケムを批判したが，次の二点において彼の理論を発展的に継承している。一つは，デュルケムの社会学的視点を自身の心理学的アプローチに反映し，心を内面だけのプロセスではなく，環境，すなわち，他者や社会との関わりのなかで生まれるプロセスと捉えた点である。もう一つは，道徳性の本質は規則への尊敬にあるというデュルケムの分析を共有したうえで，具体的な状況で「何が正しいか」を判断する主体の思考に注目したことである。

　ピアジェとデュルケムを分かつのは，道徳性の本質を解明する方法論である。デュルケムが現実の社会における道徳の機能を観察して道徳の働きを分析したのに対し，ピアジェは，子どもが仲間と共に遊ぶ姿，特に，遊びのなかで生じる様々な課題を解決する様子を観察した（Piaget, 1932）。

　この観察を通して，ピアジェは，子どもが課題解決に用いる推論の仕方が年代によって異なることを発見，その変化をある思考の枠組み（シェマ）から別の枠組みへの質的な移行とみなし，それぞれの枠組みを発達段階（ステージ）と捉えた。

　ピアジェによれば，子どもの思考の発達は，感覚運動的操作段階（0〜2歳），前操作段階（2〜6歳），具体的操作段階（6〜11歳），形式的操作段階（11歳以降），という四つの段階で捉えられる（**表3-1**）。それは，具体的な事物を直接見たり触ったりして認知する段階から，眼前にない事物を想像する段階，さらに抽象的な概念を認識する段階への移行である。

　この認知（思考）の発達が，他者や社会との相互作用のなかで起こるというピアジェの発見は，道徳性の発達に大きな手掛かりを与える。認

表 3 - 1　規則の意識の発達

	段　　階	年　　齢	特　　徴
1	感覚的・個人的段階	2 歳頃まで	自分の願望のままに遊ぶ
2	自己中心的段階	2 〜 5 歳	模倣はするがそれぞれ独自に遊ぶ
3	初期協同段階	7 〜 8 歳以後	勝つことを意識し規則に関心をもつ
4	規則の制定化段階	11〜12歳	規則を尊重してゲームを行う

＊Piaget（1932/2013）に基づき筆者作成

知の発達自体が，自己中心的な世界観からの脱却を意味するからである。これを踏まえ，ピアジェは，思考の発達が道徳性の獲得につながる，と指摘する。

　デュルケムでは，他者との相互作用としてもっぱら大人との関わりが想定され，子どもは外から与えられた規則を内面化し承認する存在であった。ピアジェは，同年代の子ども同士の関わりに注目することで，子どもが協同で規則を生み出すプロセスを見出した。ピアジェはこれを大人の規則に従う「拘束の道徳」から，「自律の道徳」への発達と捉えた。

　ピアジェが観察した遊び（マーブル・ゲーム）を使って具体的にみてみよう。ピアジェによれば，3 〜 5 歳の子どもの遊び方は自己中心的で，他者と協力してプレーするのは難しい。ところが，7 〜 8 歳頃になると，ルールに沿って試合をし，試合に勝つために協力できるようになる。この年代の子どもは，ルールの大切さを理解し，それらを変えようとすることはほとんどない。

　大きな変化は11〜12歳頃に見られる。子どもはルールの存在理由を理解し，なぜ守るべきかも理解しているが，同時に，ルールは絶対ではなく，変えた方がよい場合もあると理解できる。こうして，子どもは，遊びのなかで必要に応じてルールを修正できるようになる。

　これらの観察を通して，ピアジェは，規則を尊重する意識について，二つの異なる型を見いだした。一つは，初期協同段階においてみられる，規則を絶対的なもの，神聖で侵すべからざるものとする見方で，与えら

れた規則の修正を違反と考え，頑なに守ろうとする。ところが，成長するにつれて，規則を相互の同意に基づくものと捉え，同意を得ることで修正が許される，とみなすようになる。

さらに，ピアジェは，過失，盗み，嘘など，道徳に関わる様々な問題を取りあげ，子どもに「例話」を示して判断を問う臨床法という手法で判断の理由や根拠の変化を調べた。たとえば，「単なる過失でコップを10個割った子ども」と「戸棚の奥のお菓子をこっそり食べようとしてコップを1個割った子ども」を比較して，「どちらの子どもが悪いか。なぜそう思うか」と尋ねる。その結果，子どもの判断は，動機を考慮せず物理的な結果で善悪を判断するタイプと動機を評価する判断に分かれた。ピアジェは前者を「客観的責任概念」，後者を「主観的責任概念」と呼び，子どもの成長に伴って，後者の判断が優勢になる，と分析した。

ピアジェによれば，10歳以下の子どもが，客観的責任の規準を非常に厳格に用いるのは，大人への尊敬という一方的な関係の下で与えられた規則に拘束されているからである。それに対し，「主観的責任概念」に基づいた判断は，仲間とともに規則を創る体験から生まれてくるがゆえに，規則に対してより柔軟な見方を取ることができる。

この発達のプロセスを，ピアジェが思考の発達で示した，見えるものから見えないものへ，具体物から抽象へという発達と重ねてみよう。すると，道徳性の発達は，単純な結果説から動機説への転換ではなく，自己中心的な見方では見えなかったものが，他者の立場や視点に身を置いて考えることで見えるようになるという能力の発達として捉えることができる。ピアジェは，「何が正しいか」という道徳的判断が，認知能力の発達に伴って発達していくことを明らかにしたのである。

では，このような発達はどのようにして起こるのだろうか。

ピアジェは発達を促す要因を二つ指摘する。一つは，子どもが既に獲得している思考の枠組みでは解決できない出来事に出会った時に認知的葛藤が生まれ，既有の枠組みを見直すことで，より高い認知的枠組みの獲得につながることである。もう一つは仲間同士の協同による相互尊重と連帯の体験である。

　自律の道徳への発達は，身体面の発達と異なり，環境の影響が大きい。ピアジェは，葛藤を仲間と協同で解決する自治的体験を充実した教育こそが自律を育てる「未来の教育」（Piaget, 1972）であると訴えた。

3. コールバーグの道徳性認知発達論

　コールバーグ（Lawrence Kohlberg, 1927-1987）は，ピアジェの発達心理学を継承するとともに，他律から自律へというシェマを細分化し，六段階から成る道徳性認知発達論として提起した。この発達段階には，アメリカの哲学・教育学者デューイ（John Dewey, 1859-1952）をはじめ，同時代の哲学者であるロールズ（John Bordley Rawls, 1921-2002），R. M. ヘア（Richard Mervyn Hare, 1919-2002）やハーバーマス（Jürgen Habermas, 1929- ）らの道徳哲学が反映されている。

　コールバーグが登場する1950年代当時のアメリカの学校教育では，伝統的な品性教育が引き続き行われる一方で，ハーツホーンとメイによる研究によってその効果を疑問視する声も大きくなっていた。そこで，品性教育に代わる道徳教育として，主体的な価値選択能力の育成を目標とする価値明確化理論（values clarification）が注目を集めるようになる。

　コールバークは，品性教育における価値の教え込みを注入（indoctrination）と批判しつつ，価値明確化理論が価値相対主義を"絶対化"してしまう危険性も指摘する。両者の問題を克服する道として，コールバーグは，個人の自律を道徳性の普遍的な目標と位置付けるとともに，ディスカッションを通して発達を促す道徳教育を提唱する。

（1）何が発達するのか

　コールバーグは，ハーツホーンとメイらの研究を引きながら，子どもがある状況でごまかしをするのは不正直という性格特性からではない，と分析する。（Kohlberg, 1971）。そうであれば，道徳性を具体的な徳目で定義し，それらの「徳目袋（bag of virtues）」を身に付けさせようとする品性教育は道徳教育として機能しえないことになる。

　「嘘をついてはいけない」のような単なる徳の知識は，年少の子ども

でも知っていて，生涯ほとんど変化しない。では，人が正しい行為を選択するようになるとき，その人のなかで何が発達しているのだろう。

コールバーグによれば，発達するのは，ある問題状況において道徳的に判断をする際，その人が問題をどう認知するかの枠組みである。その枠組みの質的変化は，ピアジェが指摘したように，自己の既有の枠組みのなかでの矛盾との出会い，つまり，それまでの見方・考え方では解決できない問題に出会った時，解決を求めて新たな枠組みを再構成しようとする思考によって生じる。道徳性の発達とは，葛藤のある道徳的問題における判断が，矛盾や葛藤の解決を目指してより高次な判断へと組み替えられていくことである。ここでいう「より高次な」とは，自己の利害だけで判断する思考から，他者の立場を理解し，より公正な解決をめざす思考への発達，すなわち，「正義」の観念の発達である。

たとえば，友人Aが私に，「空気が読めない友人Bを無視しよう」と誘ってきたとしよう。友人Aの提案に賛成するか，それとも無視はよくないとAに忠告するか。私は葛藤状況（ジレンマ）に陥るだろう。だが，このジレンマは，「私がBだったらどう感じるか」，「もし，みんなが，気に入らない友人を無視するようになったら，この学級はどうなるだろう」など，他者の立場に立ったり，集団や社会の視点で考えたりすることで，よりよい行為の選択につながる可能性がある。このように，ジレンマの解決に向け，自己利益という見えやすいものから，より見えにくい他者や社会の視点，最終的には理念的，原理的な視点に立って判断できるようになることが，コールバーグの考えた道徳性の発達である。

コールバーグは，道徳性の発達を二種の道徳的価値が葛藤する仮説的場面（モラルジレンマ）における意志決定の理由を調査することで，発達を複数の段階に細分化した。それは，当初，三水準六段階として提起されたが，様々な批判への応答を通して修正が施されていった。**表3-2**には，後の研究で加えられた「移行期」を含めた発達段階を示す。

移行期とは，コールバーグが大学生の調査で発見した発達の一過程である。青年期の一時期には，第3〜4段階から，第2段階への退行のような現象が見られる。彼らの判断は，「後悔しない選択をすべき」とい

表 3 - 2 コールバーグの道徳性認知発達論

水準	段　　　階		何が正しい行為か
前慣習 的水準	第 1 段階	他律的道徳性	罰の回避・権威への服従
	第 2 段階	個人主義・道具主義的道徳性	各人のニーズを満たす
慣習的 水準	第 3 段階	対人規範による道徳性	人を助け，期待に応える
	第 4 段階	社会システムの道徳性	義務を遂行し，秩序を維持する
移行期	倫理的なエゴイズム・相対主義		
脱慣習 的水準	第 5 段階	人権と社会福祉の道徳性	自由意志に基づく契約や合意
	第 6 段階	普遍化可能な道徳性	人格を尊重する倫理的原理

Kohlberg（1984）を元に作成

う，普遍的な道徳原理に懐疑的で相対主義的なものだが，社会はどうあるべきかという第 2 段階にはない視点が生まれている。追跡調査をすると，これらの回答者は後に上位の水準へと移行したという。そこで，コールバーグはこれを段階ではなく，脱慣習的水準につながる移行期と位置付けた。

（2）モラル・ディスカッションによる道徳教育

　コールバーグが発達の上位に位置付けた判断の理由に注目してみると，他者の立場に立って考える，社会全体の視点で考える，などのように，〈役割取得〉が発達の鍵となっていることがわかる。そして，この発達を促す直接的な要因は，葛藤を解決したいという意欲である。

　この二つを手がかりに，コールバーグは，葛藤について話し合うモラル・ディスカッションによって道徳的判断力を育てる授業を構想した。

　コールバーグはこう言う。「葛藤場面が若者を夢中にさせるのは，子ども自身の道徳的思考を妨げてしまうことの多い大人の正しい解答が，必ずしも明確な形で手短に存在しないからです。子どもが道徳問題について教師の話すことに耳を傾けるのは，子どもが問題状況に対して正しい解答がわからないということを本当に感じたときだけです。学校の教科書に出てくるよくできた短い物語では，善玉が常に勝利を収め，出て

くる人物がみな実にりっぱな人間なのですが，こうした道徳性の発達の促進には，ほとんど価値があるとは思えません。ただ真の，難しい道徳的葛藤を提示する場合にのみ，そのような効果をあげることができるのです。」(Kohlberg, 1971, p.73［邦訳 p.128］)

　一般的傾向として，子どもは自分の判断よりも一つ上の段階の判断までは，その判断の理由を理解することが可能であり，しかもその判断には，自分の判断の葛藤や矛盾を解決する可能性があることに気付きうる。そこで，発達段階の近い子ども同士を組み合わせて討論させると，下位の段階の子どもの判断の発達を促す効果がある。コールバーグはこれを活用し，ジレンマをめぐる討論から発達を促す道徳授業を構想した。

　モラルジレンマを活用した学習過程は，コールバーグやその後継者らによって様々な型が開発されているが，およそ次のように整理できる。

---

　a）問題（モラルジレンマ）の提示
　　道徳的葛藤（ある価値と別の価値の対立）を含むオープンエンドの教材を提示し，解決すべき問題として受けとめられるようにする。
　b）各自の考えの仮決定
　　主人公がとるべき行動（選択）とその理由を各自で考え，決定する。
　c）小グループによる議論
　　互いの考えを出し合って比較し，よりよい解決を目指して話し合う。
　d）学級内での議論
　　各グループの議論の結果を発表し，教師も交えて議論を深める。
　e）議論のまとめ（個人の意志決定）
　　各自で，議論を振り返りながら，もう一度自分の考えを決定する。

　コールバーグは，道徳性の発達段階の究明とその発達を促す授業研究に生涯に渡って取り組んだが，1970年代に一つの転機が訪れる。アメリカ社会で青少年の問題行動への批判が高まるなか，仮説の物語を活用した授業による道徳教育に限界を感じるようになったのである。

　こうして晩年のコールバーグの関心は，学級における授業づくりを越

えて，それが行われる学校という環境の改革に向かう。それがジャスト・コミュニティ（正義の共同体）と呼ばれるプロジェクトである。ジャスト・コミュニティでは，生徒と教師が協同でミーティングを行い，学校を運営し，学校内で生じた様々な問題について議論による解決を目指した。さらに，多様な体験学習を通した社会的役割取得プログラムも導入され，学習を支える学校文化を創造する包括的な道徳教育カリキュラムが開発されていった。

4．二つの道徳性 −ケアの倫理と正義の倫理−

普遍的な理性を志向したカントを受け継ぐ道徳哲学を背景に，調査に基づいて道徳性の発達を描き出したコールバーグの発達段階論は，新たな道徳教育の可能性を拓くものとして，その後の道徳教育論に多大な影響を与えていくことになる。しかし同時に，その衝撃は，多方面からの様々な批判も惹起した。代表的なのは，次の三つである。

第一に，コールバーグの道徳性が，認知だけに焦点をあて，情緒面を考慮していないという批判である。この批判は，その後の道徳性の研究に，思いやりや共感など道徳的心情の発達という新たな視座を与えることとなる。

第二に，第六段階の実在性をめぐる批判である。コールバーグは初期の論文では第六段階を実際に成人に認められる発達段階と位置付けていた。しかし，コールバーグの提起した第六段階は，宗教者や偉人に見られるような高い道徳性を要請する。果たしてどれだけの人間がこの段階に到達できるのか。第六段階を疑問視するこうした声に対し，コールバーグは第六段階の存在意義を強調し続けたが，最晩年には，第六段階を「理念的な到達点」とし，発達段階論に根本的な修正を施した。

第三の批判は，「発達」という枠組みそのものに関わっている。そもそも，なぜ，高次の段階の方が優れた判断と言えるのだろうか。コールバーグは，カントの義務論やロールズの正義の観念を参照して発達段階を整理したが，それは人間の普遍的な道徳性を描き出しているだろうか。

この問題に最も鋭く切り込んだのが，コールバーグの下で学び，協同

研究者の一人となったギリガン（Carol Gilligan, 1937- ）である。

　コールバーグが発達段階論を導き出す手掛かりとした仮説の物語の一つに「ハインツのジレンマ」がある。この物語で，ハインツは，余命三か月の妻の命を救うために自分では購入できない高額の薬を盗むべきか否かを悩んでいる。被験者は，「ハインツは薬を盗むべきか」と問われ，その判断の理由を尋ねられる。ギリガンは，この面接検査において，女性の発達段階が低く評価されてしまうことに注目した。

　ギリガンは，共に11歳の男女の子ども（ジェイクとエイミー）の判断を事例として比較しながら，両者が人間関係への理解や自己意識の違いから，「同じジレンマ状況のなかに二つの非常に異なった道徳的問題を見ている」（Gilligan, 1993, p.25［邦訳 p.39］）ことを浮き彫りにする。

　ジェイクがこのジレンマを，コールバーグの構想した枠組み通りに財産と生命という価値の葛藤と捉え，生命を優先すべき（薬を盗むべき）という自身の選択を正当化するのに対し，エイミーは二者択一の判断を下せない。薬を盗んで捕まることで妻の病気が悪化する可能性を考え，「薬屋とよく話し合って，薬を買うお金をつくる別の方法をみつけるべき」だと言う。ジェイクが論理的思考によって自分で問題を解決する力を発達させつつあるのに対し，エイミーは，悩みながらも，問題に関係する人々との対話を重ねてジレンマを解決しようとする。

　「彼は彼女にはみえていない何を見ているのか」。「彼女は彼にはみえていない何をみているのか」。こう問うことで，ギリガンは，二人の子どもが，それぞれ違った方法ではあるけれど，それぞれが問題を道徳的に理解し，葛藤のなかで何を選択するかについて，異なる道徳的な見方・考え方を示していると指摘したのである。

　女性を被験者とした面接調査を重ねた結果，ギリガンは，女性は道徳的問題を思いやりや責任の問題として考える傾向があることを見出した。この結果をもとに，ギリガンは，女性の道徳性は，コールバーグが発達段階を提起した研究で主な被験者とした男性とは異なる仕方で発達する，として，「正義の倫理」とは異なる「ケアの倫理」の発達段階を提唱した。

　ギリガンは，「ケアの倫理」を女性に特有の道徳性とみなしたが，その後の研究では，ギリガンが指摘するような性差は見られないとする報告もある。また，逆に，性差だけでなく，社会や文化による差異を指摘する研究（山岸，1985）もみられる。コールバーグが描いた道徳性の発達段階論は，次世代の多様な発達研究へと引き継がれていくことになる。

🎙 研究課題

1．デュルケムが構想した学校における道徳教育を『道徳教育論』第二部を読んでまとめよう。
2．コールバーグの道徳性の発達段階の特徴を参考文献も参照してまとめよう。
3．デュルケム，ピアジェ，コールバーグが道徳性の発達の上位に位置付けた〈自律〉について，共通点と違いを考えてみよう。

参考文献

麻生誠・原田彰・宮島喬（1978）．『デュルケム道徳教育論入門』有斐閣.
　デュルケムの伝記と思想，『道徳教育論』を紹介，その現代的意義の検討も示唆的である。
コールバーグ（1987）．『道徳性の発達と道徳教育』岩佐信道（訳）麗澤大学出版部.
　コールバーグの来日時（1985年）の講演・講義が収録されており，最晩年の理論を知ることができる。
J．ライマー，D．P．パオリット，R．H．ハーシュ（2004）．『道徳性を発達させる授業のコツ　ピアジェとコールバーグの到達点』荒木紀幸（監訳）北大路書房.
　ピアジェ，コールバーグ理論の詳細な解説に加え，これらの理論を授業にどう生かすかが具体的に示されている。

引用文献

Columbia University., Hartshorne, H., May, M. A., Maller, J. B., Shuttleworth, F. K., Institute of Social and Religious Research., & Character Education Inquiry. (1928-1930). *Studies in the nature of character : Vols.1-3.* New York : Macmillan Co.

Durkheim, E. (1925/1963). *L'éducation morale.* Paris : Presses Universitaires de France.［麻生誠・山村健（訳）(2010).『道徳教育論』講談社］.

Gilligan, C. (1982/1993). *In a different voice.* Cambridge, MA : Harvard University press.［岩男寿美子（監訳）(1986).『もうひとつの声　男女の道徳観のちがいと女性のアイデンティティ』川島書店］.

Kohlberg, L. (1971). Stages of moral education as a basis for moral education. In C. Beck, B. S. Crittenden, & E. V. Sullivan (Eds.), *Moral education : Interdisciplinary approaches* (pp.23-92). Toronto : University of Toronto Press.［岩佐信道（訳）(1987).「道徳教育の基盤としての道徳性の発達段階」『道徳性の発達と道徳教育』(pp.59-143). 麗澤大学出版部］.

Kohlberg, L (1984). *The psychology of moral development (Essays on moral development : Vol.2).* San Francisco : Harper and Row.

Piaget, J. (1972). *Où va l'éducation?.* Paris : Denoël/Gonthier.［秋枝茂夫（訳）(1982).『教育の未来』法政大学出版局］.

Piaget, J. (1932/2013). *Le Jugement moral chez l'enfant.* Paris : Presses Universitaires de France.［大伴茂（訳）(1956).『ピアジェ臨床児童心理学Ⅲ　児童道徳判断の発達』同文書院］.

山岸明子 (1985).「コールバーグ理論のその後の発展」永野重史（編）『道徳性の発達と教育』(pp.194-222). 新曜社.

4 | 道徳感情の発達と行動理論に基づく道徳教育

渡辺　弥生

　本章では，道徳教育を考える時に大切な人間の感情と行動について，心理学からのエビデンスを紹介し，それをもとにした具体的な授業の在り方について考えてみたい。人は，現実に直面する問題について，必ずしも合理的に判断できず多くの過ちをおかす可能性があるのはなぜだろうか。そうした人間の心の弱さを知りつつ，いかにより崇高に生きるべきかを考えてみよう。

はじめに

　礼儀やマナーの基本となり社会生活に大きな働きをする機能の背景には道徳的感情の役割が大きい。たとえば，席を譲りたかったのに言い出せなかったときの後悔や，同じ災害に遭遇したのに自分だけ被害が少なかったときの罪悪感（サバイバーギルト），大人気ない態度をとってしまったときの羞恥心などがまさに道徳的感情である。私たちには，喜び，怒り，悲しみといった基本的な感情だけではなく，内省した結果生じる二次的な気持ちが存在している。後悔，罪悪感，羞恥心だけではなく，感謝，同情，恨み，妬み，ルサンチンマン（主に弱者が強者に対して持つ「憤り・怨恨・憎悪・非難」の感情），シャーデンフロイデ（他人の不幸は蜜の味，など）など広範囲の感情を持つ。こうした道徳に関わる感情は，道徳的判断の基準や道徳的行動に大きな影響力を持つと考えられる。

　発達心理学の領域では，道徳性を三つの大きな理論の流れから捉えてきた。一つは罪悪感などの情緒や感情に焦点を当てたフロイト（Sigmund Freud, 1856-1939）の「精神分析理論」，二つ目は，行動に注目するバンデューラ（Albert Bandura）の「社会的学習理論」，そして善悪の規

範など認知面に焦点を当てたピアジェ（Jean Piaget）やコールバーグ（Lawrence Kohlberg），セルマン（Robert Selman）らの「認知発達理論」である。車中でお年寄りが辛そうに立っているときに，「かわいそう」という気持ちを抱けるかどうか，立っている高齢の方に席を譲るべきだという判断ができるかどうか，「どうぞこちらへ」と席を立つ行動をとることができるかどうか，といった三つの側面から考えられるわけである。この観点が互いに関連し合って成熟すると，実際に思いやりのある向社会的行動のできる人が育つと考えられる。

　また，こうした三つの側面と深く関係する道徳的感情に共感性がある。困窮している人をわがことのように共感できるか否かは，援助の手を実際に差し伸べる行動を喚起する前提として必要である。こうした共感性がどのように発達するかについては，多くの研究が重ねられているがここでは興味深い研究を紹介しよう。

1. ホフマン（Martin L. Hoffman）の共感性の理論

（1）共感性（empathy）の発達

　共感性の最も基本的な形は，生まれたときから既に存在すると考えられている。新生児は，他の赤ちゃんが泣き出すと自分も泣きだすが，これは人類という「種」に組み込まれた行動として考えられている。新生児の段階から「痛みを示す特定の音へ選択的反応を示す」というシンプルな種類の共感性を持ち，同じ大きさの音でも，人の泣き声ではない場合には泣かず，ある特定の音や視覚的なパターンに反応できるのである。0歳では，自他の分化がまだできないことから，他者に起きたことが自分に起きたことのように行動することが多い。たとえば，生後11ヶ月ぐらいになると，他の子どもが転んで泣くのを見ると，今にも泣き出しそうな表情をし，指を口の中に入れ，自分の母親の膝に顔を埋めるといった，自分が転んだ時にとる行動をする。

　次の段階になると，「対象の永続性（object permanence）」の獲得ができ，自分とは異なる存在として他人を意識し始める。共感的な苦しみの感情を自分とは切り離してとらえるようになり，苦しんでいるのは自

分ではないことを知るようになる。生後18ヶ月になると，泣いている子に，自分の母親を連れてくるなど，適切な対応ではないものの，共感的な感情を持って反応できるようになる。これが2，3歳になると，他者の感情は他者の持つ欲求や物事の解釈に基づいていることに気づくようになる。したがって，他人が感じていることについての手がかりを元に反応するようになる。この頃になると，「ダメ」といった失望，怒り，悲しみの源になる感情を抱くとともに，他人に共感しつつも，泣きながら走り去ると行った同情されたくないような気持ちも漠然と抱くようになる。

　学童期になると，自分も他人にもそれぞれの異なる経験の積み重ねが存在することを想像できるようになり，物事への感じ方も，それぞれの経験と関連づけて捉えられるようになる。しかも，時間的な概念の獲得により，児童期後半になると一時的な感情と慢性的な感情という時間に対するメタ的な認知も可能になる。自分と知っている他人というだけではなく，人の苦しみや悲しみという不特定多数の人々の持つ「心象」としての理解も可能になる。

　さらに成長すると他人の状況に「同情」できる理解レベルに達し，他人の慢性的な病や経済的困窮，家族内の難しい状況に同情を抱くことができるようになる。同情は共感とは少し異なって論じられる場合が多く，感情の状態を共有していなくても，別の人の気持ちと自分の気持ちを同一視することが可能なレベルを意味する。

（2）親近性のバイアスが行動に及ぼす影響

　同情はときに公正な判断を歪ませる。べき論について正しい考えを持つに至った人でも誤った行動を犯してしまうことが度々あるが，この背景には，感情による影響が大きい。人は，家族や親友，自分と似た境遇であったり考え方が同じだったりする人に偏った評価をしがちであることが研究によって明らかにされている。なじみがあり近しい人には，遠い存在の人に対してよりも深く同情し，多くの援助をする傾向にあり，「親近性のバイアス（familiarity bias）」と呼ばれている。これは物理的

な距離も同様で，そのときに近くにいる人に同情する「今ここでのバイアス（here-and now bias）」もあり，「遠くの親戚より近くの他人」は正に心理学的に裏付けられる事実である。

したがって，実際に道徳的な問題を解決するにあたっては，こうしたバイアスを持つことを理解し，不公平な解決にならないように意識的に気をつける態度の形成が重要である。親密感バイアスが正義の道徳判断にネガティブに影響してしまう傾向を常に意識するとともに，ある判断から生じる不平等について深く考え抜くことが大切である。他人の自由と両立する最大限の自由，社会の一番恵まれない人の利益について想起する力が必要である。共感性が成熟していれば，恵まれない人に対して，経済的利益の一部を分かち与え，こうした状態にした社会のシステムに対して怒りを覚えることが期待される。裕福でありすぎると罪悪感を持ち，もしかしたら誰かを犠牲にして，自分の裕福さがあるのではないかと想像することができるようになる。

（3）罪悪感（guilt）の発達

他人の苦しみの原因が自分に関連していることを手がかりから知る時，人は，他人の苦しみは自分のせいだという自己非難の原因帰属をするようになる。初めは，他人の痛みや苦しみを引き起こす手がかりが，自身にあるかのような気持ちを抱くにとどまる。その後しだいに，自他が異なる存在であると理解できるようになると，他人の苦しみに対して共感している状況において，その原因が自分にあると気がついた場合には，共感が罪悪感に変わると考えられる。さらに，他人の心という内的な状態についての心象を持つことができるようになると，他人が抱えるその苦しみが，自分の何らかの言動から引き起こされているということを考えるに至り，罪悪感を強く感じるようになる。他人の人格やアイデンティティについて理解できる水準に及ぶと，他人の抱える苦しみへの共感が深まるとともに，自身が影響していることへの責任感を強く持つようになると考えられる。こうした対人関係の罪悪感だけではなく，他人よりも自分が恵まれた立場にあると自覚した時に抱く感情は，これと

は区別して「実存的罪悪感（existential guilt)」と呼んでいる。これは，災害に遭遇した時に自分だけ生き残った時のようなサバイバーギルトにつながると考えられる。このような感情は，自分の持てるものを他者と分かち合うという行動を喚起することにつながり，人間としてあるべき姿と言えるかもしれない。

2. 罪悪感を弱めてしまうメカニズム

（1）感情と行動

　いじめは良くないという規範意識を持っていても，いじめという悪い行動をとってしまう原因の一つには，「悔しい」「嫉妬」「一目置かれたい」など，感情の部分の弱さが考えられる。同時に，規範意識に比べて，慈悲，感謝，罪悪感，恥，崇高さ，といった人としてもつべき道徳的感情が育っていないという実態が窺える。赤信号なのに急いで渡ってしまったときの罪悪感，うっかり忘れたものを届けてくれた人がいることを知ったときの感謝の気持ち，過ちを犯したのに許されたことを知ったときにわく懺悔や後悔など，ただ「悲しい」とか「怒った」という基本的な感情以上の気持ちはどうすれば育つのだろうか。こうした道徳的感情は，ただ感じるだけではなく，次は望ましくない行動を慎もうと思う動機づけにつながり，さらに規範意識を強くするなど，認識や行動に大きな影響を及ぼす働きがあり重要である。感謝や慈悲の気持ちは，将来自分も道徳的な行動ができる人間になりたいと願い，実際の行動を変えていくことをも可能にする。

（2）自己調整機能を弱めるメカニズム

　人は自分に非があると考えるのを回避しようとし，自分の落ち度を最小限に考えようとするところがある。責任を直視できない背景には何があるのだろうか。私たちは，頭ではやるべきことがわかっていても，ズルズルと好ましくない行動をしてしまうところがある。「早起きすべき」「夜更かしはいけない」というレベルでも，言うは易く行うは難しである。そのような行動をしてしまうメカニズムをバンデューラは，例をあ

げてわかりやすく説明している。

　正しいことは褒められ，誤った行動をした時には叱られるといった強化によって善悪の行動が獲得されることは，スキナー（Burrhus Frederic Skinner）のオペラント条件づけなどによって説明されるが，人の偉大さは，他人の行動を観察して学ぶことができることにある。これは観察学習とよばれている。友達がキチンと片づけをしているのを見て，自分も片づけをするように，人の行動に注意を向けて，何をしているかを記憶に保持し，実際に自分の身体を通して同じ行動を再現し，そのうえで「えらいね」とほめられるなど正の強化を受けたとき，この行動は最初は他人の行動であったのにもかかわらず，自分の行動レパートリーのなかに加えられるようになる。他人の行動をモデルにして学習するこのようなしくみを説明した理論は社会的学習理論とよばれ，モデリングという言葉で説明されたりする。認知の部分がより強化されて，後には社会的認知理論とも呼ばれている。

　このように獲得された道徳的な行動を自身で実行し，ほめられるといった社会的な強化を受けると，人は自己強化し，また満足感を得ることができる。こうして自分の行動レパートリーに新しい行動が獲得されていくのである。ところが，ときにこの道徳的な自己調整機能がうまく活性化しない場合がある。**図 4 - 1** のように，自己調整過程において四つの不活性化のメカニズムがある。一つは，「行為の再解釈にかかわるメカニズム」で，そのなかには道徳的正当化，婉曲な名称づけ，緩和的比較の三つがあげられる。二つ目は，「行為と結果の因果作用の曖昧化にかかわるメカニズム」で，責任の転嫁や責任の拡散の二つがあり，三つ目は「結果の無視にかかわるメカニズム」で，結果を軽視したり無視したり歪曲したりすることがある。最後に「被害者の価値付けにかかわるメカニズム」について，非人間化，罪の転嫁の二つが考えられている。

　以下にそれぞれについて説明する。

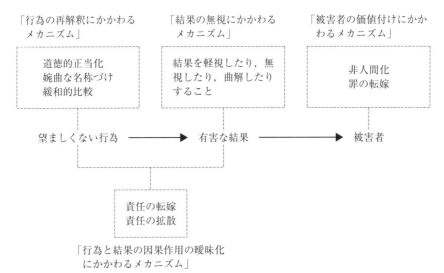

図 4 - 1　自己調整過程における内的コントロールの不活性化（Bandura, 1986；渡辺，2019より加筆）

（ａ）言動を正当化する「行為の再解釈」

　たとえば，戦争時の指導者は「さあ，戦争をしよう」とか「人を殺めにいこう」といった表現は用いずに，たいてい「平和のため」「未来のため」といった煽り方をする。残忍な殺傷行動から目をそらせ，自分たちが正義なのだと言って罪悪感を減らそうとすると考えられる。つまり，ある行為を再解釈して正当化することで，これが道徳的で正義なのだと錯覚させているのである。これは「道徳的正当化」と呼ばれる。

　「婉曲な名称づけ」とは，卑近な例で言えば，援助交際（不純な異性関係）とか適性規模化（実はただの解雇）などがこの範疇に入る。直接的な言葉を使わず婉曲に表現することで，悪いイメージを払拭して自身を戒める機能を麻痺させている。また，「緩和的比較」とは，比較対象を都合よく選んで自分を正当化することである。たとえば政治家が，近隣諸国や歴史上の圧政者の名前をひきあいに出して自分を正当化するようなことである。あるいは，テストの点数が悪かった子が叱られると，「○○くんは，もっと悪い点だよ」と自分より低い点の友達を引き合いに出したりするなどがこれに当たる。

（b）因果関係の曖昧化

　自分が行ったことを他の人の命令や指示によるものと主張して，自分の責任を免れようとする行動が「責任の転嫁」である。責任を転嫁する行動は，大人においては無意識に行っている場合も少なくない。たとえば，仕事に限らず家庭でも，子どもの問題を自分の教育のまずさにしたくない気持ちから，この子の性格がもともと悪いせい，と考えてしまう親がいる。企業や政界で時折話題になる問題も，責任のなすりつけ合いが大半である。「責任の拡散」も，日常生活でよく見られる行動である。端的には，「赤信号みんなで渡れば怖くない」といった表現で表される心情と関連する。人は，ルールを破る多くの人を見ると罪悪感が薄らぎ，自分も同じような行動をとりがちである。路上に倒れている人の援助行動においても，周囲に誰もいない場合は援助行動を行う確率は高いが，人がたくさんいる場所の方が，誰かが助けるだろうという気持ちがわき，結果的に援助行動が抑制されることが知られている。

（c）結果の無視や歪曲

　自分が行動した結果として良くないことが起きた場合，自分の行動との関わりを歪曲し，最小化して考えるのもよくあることである。このとき結果との間に時間的・空間的に距離があるほど，その行為を忘却しやすく，責任感も弱くなると考えられる。便宜供与した政治家が，具体的な計画や実行を秘書などに任せるなど計画者と実行者の間に何人かはさまると，トップの人間は実際に行動していないことから，罪の意識が薄くなるのである。ギャングの親分も，部下に不正を指示した上司も，自分が手を下していないならば，罪悪感はかなり弱いと想像される。

（d）対等でなければ道徳心は揺らぐ

　他人の気持ちや境遇に共感したり同情したりするかどうかは，相手との類似性を認知できるかどうかによって影響されると考えられている。逆に見れば，その状況において相手を自分と同じような気持ちや価値観をもつ存在として位置付けていない場合には，非道な行動をしてしまう可能性が示唆される。これは「非人間化」と呼ばれ，戦争の時などに生じることである。また，「罪の転嫁」をめぐる問題がある。たとえば，レ

イプ事件を起こした犯人が，自分が悪いのにもかかわらず相手が薄着だったからとか，ミニスカートをはいていたからとか言い訳するようなことがある。これは，自分の罪を直視できず，別の事情に非難の理由を帰属させてしまうからである。

3. 道徳的判断や行動への感情の影響

（1）モラル・ジレンマに絡む感情

　道徳判断といった道徳に関わる認知的な側面の発達研究では，道徳的に相反する，板ばさみに陥るような「モラル・ジレンマ・ストーリー」が用いられている。コールバーグのハインツのジレンマの他に，近年有名なストーリーとして，「トロッコ・ジレンマ」と「歩道橋ジレンマ」がある。暴走したトロッコが線路上を進んでいる。そのまま進むと線路上にいる5名の作業員全員に衝突してしまうが，この5名を助けるためには転換機を押してトロッコの進路を変える必要がある。しかし，その別の線路には1人の作業員が作業をしているというストーリーである。5名の作業員を助けるために転換機を押して，1人の作業員を犠牲にすることが適切かどうかを判断させるこの課題が「トロッコ・ジレンマ」であり，「歩道橋ジレンマ」は，その作業員とトロッコの状況を歩道橋の上から眺めている人がいるという状況である。暴走したトロッコが，このまま進めば線路上にいる5名の作業員に衝突する。この5名を助けるためには，歩道橋にいる見知らぬ人を突き落して，線路を塞ぎ，トロッコの暴走を食い止める必要があるといった設定である。作業員たちを助けるために，見知らぬ人を突き落すことは適切なのかどうか，といった課題が与えられる。

　心理実験の結果，トロッコ・ジレンマでは5人を救うために転換機を押して進路を変更することが適切だと判断を下すものが大半であるのが，歩道橋ジレンマでは見知らぬ人を突き落とすのは不適切であると考える人が大半になることが明らかになっている。いずれも5名を救うか1名を救うかという人数の点では同じあるが，結果は正反対になる。つまり僅かな状況設定の変化によって判断に迷いが出てくるという興味深

い違いを示している（Hauser, M., Cushman, F., Young, L., Jin, K., & Mihail, J., 2007）。

　この判断の違いはどこからくるかといえば，研究の協力者がトロッコのストーリーを第三者的な視点から捉えたのに対し，歩道橋の話は，かなり個人的な事態だと感じたからではないか，と解釈できる。道徳ジレンマの課題のうち，歩道橋のほうは，見知らぬ人を突き落とすという「非道な行為を意図的に犯す」というストーリーとして捉えられ，ネガティブな感情が大きく喚起され，不適切だと判断される。これは，個人的な問題として受け止められることになり責任感が強まるからと想像される。他方，トロッコの話は，どちらかといえば傍観者的に最大多数の幸福を考える，功利主義の問題として捉えられるのではないかと考察されている。実際，モラル・ジレンマストーリーを活用した授業を見学に行くと，子どもたちが直面するジレンマがどのようなものかを共有することができとても興味深い。大人がこしらえた話は，時に子どもたちをジレンマ状況に立たせることができないこともあれば，予想外の展開になることがある。大人が予測できない別のジレンマを知ることもある。先に述べたように，些細と思われる状況設定の違いが，短絡的な解決に終始し，自分のこととして真剣に考えない方へと背中を押すことにもなりリスクを生むのである。したがって，事前に，あらゆる展開を想像しておくことや子どもたちが自分のことのように考えることができ，誤った展開にならないように慎重をきすことが大切である。

（2）嫌悪感と道徳的行動

　こうした認知的な思考から判断が異なるという考えとは異なり，人は，様々な状況に直面する時，必ずしも熟慮したり，理性的に判断したりしているわけではなく，嫌悪感等といった，かなり直感に近い感情の影響を受けているという主張もある。たとえば，「国旗を破いてトイレ掃除に使う」「車にはねられた犬の死体を調理して食べる」など，多くが嫌悪感をいだくシナリオを提示して，道徳的な判断を求めた研究がある（Haidt, J., Koller, SH., & Dias, MG., 1993）。参加者は，それらの行為をす

べて不道徳だと判断したが，それではどうして不道徳だと思うのか尋ね
るとその理由をうまく説明できない人が大半であり，「悪いものは悪い」
という態度になりがちであったという。

　これは，知性や理性こそ人間の道徳性の本質であると考えてきた従来
の道徳心理学に対立する理論として注目されている。この理論を提唱す
るハイト（Jonathan Heidt）は，人間の道徳的感情の源泉は六つあると
述べている。

　①　危害／親切（苦痛を拒否したり，残虐行為に反応する）

　②　公正／欺瞞（不公平を批判し，平等性に反応する）

　③　自由／抑圧（人の支配に反応する）

　④　忠誠／背信（共同体の裏切りに反応する）

　⑤　権威／転覆（権威や，それを拒否する者に反応する）

　⑥　神聖／堕落（宗教的な神聖さに反応する）

　こうしたハイトの主張に反対する立場として，デーモン（William Da-
mon）ら（2015）の指摘がある。デーモンは，コールバーグの正義の発
達段階の研究を受けて，幼児児童の公正観の自己を否定的に評価する感
情（恥や罪悪感），他者を否定的に評価する感情（正義の怒り），自己や
他者の道徳的な質を理解する感情（誇り，崇める，感謝，鼓舞），他者
の苦しみを思いやる感情（同情，共感的嫌悪），他者の幸せを喜ぶ感情
（共感的喜び）等の感情の存在を指摘している。道徳的感情は，一見，直
感で判断されるように思えることがあるが，それは進化の長いプロセス
を通して人間という種に組み込まれ，ほぼ普遍的になったからだと解釈
している。長い進化のプロセスを経ているからこそ，世界中のどこに住
む人々でも暴力的なことには即座に嫌悪と恐怖をいだき，寛大さや親切
を目の当たりにすれば温かい感情がわき，人が傷ついているのを見れば
痛みを感じるようになったのだと主張する。こうした道徳的感情を十分
に機能させるには，もともとの未熟な状態から成長させる必要があり，
成長するにつれて，感情と理解が互いに関わり合いながら発達していく
ものと考えられている。

　ハイトは，感情というものを「道徳性という殿堂で主人の役割をもっ

ているが，道徳的推論は高僧を装った召使いのようである」という指摘
をしているが，これに対してデーモンは，「感情と認知を明確に違う二
つの独立した領域に分けて考え，感情が認知よりも重要と考えてしまっ
ている」と批判している。感情と認知はそれぞれ独立しているというよ
りは，むしろ密接に絡み合う関係であると考え，道徳的ジレンマ（トロッ
コや歩道橋）や，嫌悪感をいだかせるハイトの質問内容が現実的にあり
得ないので，そのような場面を無理に設定して道徳性を検討することに
ついても批判をしている。そのうえで，実在の偉人（たとえば，南アフ
リカのマンデラ元大統領）などリアリティのある話のなかで，人生にお
いて道徳性がいかに培われていくのかを探求する必要があると述べてい
る。

　コールバーグのハインツのジレンマを成人対象に話し合いを行った場
合でも，やはり助けるべき対象が，家族であるか知り合いであるかとい
う点に注意がいく。実際に，交番に貼られた人相書きがよく知る人物で
あった場合，とりわけ家族であるなら，大半の人は授業のジレンマストー
リーをもとにした解決とは異なる解決を考えてしまい，判断に難しさや
時間を要すのはたやすく想像できる。こうした関係性を重視するとコー
ルバーグの発達段階では低い段階に判定されてしまうが，ホフマンの指
摘したバイアスや，強く喚起される感情を無視することは難しく，こう
したリアリティを単純に低いレベルの道徳判断として片づけてしまうの
はどうだろうか。人の生き方の難しさと捉えて，一人の人生においてあ
るべき姿とは何かを互いに考え抜くような支援や教育が工夫されるべき
であろう。

（3）感謝と幸福度

　感謝は一般にポジティブ感情として考えられているが，日本では，喜
びの感情だけでなく，多くの場合「すまない」「申し訳ない」などのネ
ガティブな「負債の感情」を含んでいると考えられる。その背景の一つ
に，仏教的な世界観がある。説法でよく話される「無常」という言葉が
あるが，森羅万象あらゆるものは常に変化するという概念である。いま

手にしているもの，自分の存在，他者の存在など，すべてを当たり前のように思っているけれども当たり前ではない，と考える。感謝やお礼を表す「ありがたい」は，この無常を受けた概念である。つまり，「有り難い＝有ることが難しい」ということで，他人から何かしてもらうことは，滅多にないことからありがたいということであり，ひいては人間に生まれたこと自体もありがたいと考える。さらに，人間であり続けることは難しい一方で，喜ばしいことでもあると捉え，私たちは一人きりでは生きていけないことから，多くの人のおかげで生きているという「申し訳ない」「おかげさまで」という気持ちが，感謝の感情に含まれるようになったと考えられている。

　感謝についてはいろいろな研究があるが，一口に感謝といっても，現状への感謝，負債感，返礼，他者の恩恵を感じ入る，などの要因が考えられ，感謝の気持ちを抱きやすい人ほど，周囲に受け入れられていると感じており，課題や目的をもって学校生活を送っていることが明らかになっている。他方，感謝の，ポジティブ面でなくネガティブな側面（負債の感情）を抱きやすい学生は，周囲となじめず自尊心が低下していることが示唆されている。こうした研究をもとに，感謝の感情を育む教育をした場合に，ウェルビーイング（個人や人間関係，社会が良好な状態にあること）がどうなるか調べた研究がいくつかある。たとえば，「感謝の訪問」という研究（Seligman, Steen, Park, & Peterson, 2005）では，日々の生活で感謝していながらも，お礼を告げられていない相手に，感謝の手紙をもって訪問するというものである。この研究によれば，ウェルビーイングが上がり，抑うつ傾向が低くなると報告されている。また，「感謝事筆記法」という研究では，週1回，1週間をふりかえって自分が感謝したことを五つ書くという実践を10週間行ったところ，ウェルビーイングが向上したばかりか，睡眠時間の向上，身体的不調の改善，他者への支援感情が高まるなどの効果が見られている（Emmons & McCullough, 2003）。人間関係が希薄化するということは，感謝の気持ちを得る経験も減少することにつながる。核家族化や，近隣などとの関係が希薄になりつつある。かっては大抵の人が出した年賀状や暑中見舞

いという習慣は，お世話になった人の顔を思い浮かべたり，その一年間をしみじみと振り返ることにつながるものであったが，いまどきは簡略化され SNS の一斉メッセージですませてしまったりしがちである。自分の生命のありがたさへの意識や，お世話になった方への感謝の気持ちが，現代日本人に少なくなっているのだとしたら，こうした媒体自体の存在悪という問題ではなく，むしろ立ち止まって振り返る機会の減少が影響していることが原因かもしれない。自分の命や「今ここ」で元気に存在することへの感謝の気持ちを抱く体験の積み重ねがないと，いきあたりばったりの生き方を繰り返すことになりがちである。

4．ネット社会での道徳性を磨く予防教育・開発教育

（1）道徳理論から人の素晴らしさと愚かさを学ぶこと

　人間が犯す様々な問題や犯罪を防ぎ，人として健やかで互いに幸せに共存していくためには，いったいどうすればよいのだろうか。本章で提案できるのは，まずこうした人間の道徳性についての理論を学ぶことである。人がどのような原因の影響をうけて道徳的な行動をふるまえなくなるかを知ることは，不道徳な状況に陥らないための努力を促すメリットがある。無知であるがゆえにふるまってしまう行動ほど，被害が甚大になることはない。自分の過ちを認めることや，過ちをおかさないようにふるまおうとする自己制御の機能があってこそ，解決にたどり着くことができるのである。

（2）日常生活で多様な経験を積む

　ネット社会を考えたときに，バーチャルでなく日常生活で多様な人と関わることの大切さである。自分と同じようにわがままなレベルにある同級生や，それを諭してくれる目上の人や，時にもっとわがままで助けが必要な人たちと関わる経験がある程度必要ではないだろうか。様々な欲求を持った人たちと，時には理不尽な関わりや，怒り，悲しみ，ありがたさ，苦しみという程よい人生経験を与えてくれる場は，実は遊びのなかにあると考えられる。大人が構造化した授業や習い事は，あえて悪

い言い方をすれば企まれたプロットであり，目標がシンプルすぎて，複雑な世のなかをよりよく生き抜く複数の力を学ぶには限界がある。授業や教育で伝えられることが心底腑に落ちるためには，それ以前に，ある程度のリアルな生活体験が必要なのである。数学などの抽象的な思考においても，それ以前に具体的な体験の積み重ねが必要であると考えられている。生活のなかで修復しうる程度の痛手を負う経験があれば，授業で持ち出される話題を通して，他人の幸せが自分の幸せにもつながるという極めてシンプルな相互性や関連性について悟る機会になる。公平な考え方を身につける貴重な学びの場になり，本やビデオなどの教材で，様々な人たちの生き様を疑似体験でき，人の生き方を俯瞰させることにつながる。アナロジーを活用して，一つの具体的な経験から抽象的な概念に気づかせることも可能となる。

（3）効果のある教育実践に取り組むこと

　子ども達にこうした知識を学ばせ，日常生活の様々な場面で適切に状況を理解し，その場にふさわしい行動を行わせるのには，やはり教育が必要である。子どもたちののびしろを開花させ（unlock potential），危機への免疫力を育てる予防教育の一つとして，ソーシャルエモーショナルラーニング（Social and Emotional Learning）がある（渡辺，2015）。感情リテラシーやソーシャルスキルを幼児期から小学校低学年ごろにおいて獲得することが，児童期以降の学力や，社会に出てからの適応力に影響することが縦断的研究で明らかにされている。非認知能力の概念とも繋がり世界規模でのこのコンピテンスの育成が期待されている。

（4）自尊心の維持

　人を激昂させる理由を知るために，拘置所に収容されている囚人へのインタビュー調査が知られているが，犯罪行為を犯した原因として，バカにされたことを言及する人が大半だという。人として存在することへの尊厳を傷つけられた時，誰もが自分を喪失してしまうことを，深く肝に銘じるべきであろう。怒りはいわば人に見せている感情であり，その

背景には，惨めさ，悲しさ，切なさ，哀れさなど生きるために必要な感情がうごめいている。互いに敬意を払い，感謝の気持ちを感じあえる幸せをつかむ方向に舵をきれるように，道徳的な力を培う教育こそが，今こそ求められる。

🎸 研究課題

1．詐欺や虐待など犯罪を犯すものは共感性が低いと考えられるがなぜか。文献を読んで自分の考えをまとめてみよう。
2．普段の自分の生活のなかで自己調整機能が弱められるメカニズムに該当する具体的行動を考え，阻止する方法について考察しよう。
3．道徳的感情として考えられる感情をピックアップし，どのようにすれば育まれるか具体的なアイデアを考えてみよう。

参考文献

Gibbs, J. C. (2013). Moral Development and Reality : Beyond the Theories of Kohlberg, Hoffman, and Haidt（英語）Oxford University Press.

菊池章夫（2018）.『もっと／思いやりを科学する　向社会的行動研究の半世紀』川島書店.

日本道徳性心理学研究会（編）（1992）.『道徳性心理学　道徳教育のための心理学』北大路書房.

渡辺弥生（2013）.「7章　社会的学習理論の考え方」日本発達心理学会編『発達心理学と隣接領域の理論・方法論』新曜社.

引用文献

Bandura, A. (1986). *Social foundations of thought and actions*： A social cognitive theory. Englewood Cliffs, N. J.：Prentice-Hall.

Damon, W. & Colby, A, (2015). The power of ideals：The real story of moral choice. Oxford University Press.

Emmons, R. A. & McCullough, M. E. (2003). Counting blessings versus burdens：An experimental investigation of gratitude and subjective well-being in daily life. *Journal of Personality and Social Psychology*, 84, 377−389.

Haidt, J., Koller, S. H., & Dias, M. G. (1993) Affect, culture, and morality, or is it wrong to eat your dog? *Journal of Personality and Social Psychology*. 65(4)：613−28.

Hauser, M., Cushman, F., Young, L., Jin, K., & Mihail, J. (2007). A dissociation between moral judgements and justifications, *Mind & Language*, 22, 1−21.

Hoffman, M. L. (2000). Empathy and Moral Development Implications for caring and justice. Cambridge University Press.

Seligman, M. E. P., Steen, T. A., Park, N. & Peterson, C. (2005). Positive psychology progress：Empirical validation of interventions. *American Psychologists*, 60, 410−421.

渡辺弥生 (2015).「健全な学校風土をめざすユニヴァーサルな学校予防教育―免疫力を高めるソーシャル・スキル・トレーニングとソーシャル・エモーショナル・ラーニング」日本教育心理学会（編）『教育学心理学年報』, 54126−141. （https://doi.org/10.5926/arepj.54.126）

渡辺弥生 (2019).『感情の正体―発達心理学で気持ちをマネジメントする―』筑摩書房.

5 ｜ 道徳教育理論の現在

西野　真由美

今日の道徳教育を支える様々な理論から，ケアリング・アプローチ，討議倫理，人格教育（キャラクター・エデュケーション），子どものための哲学を取り上げ，その特徴と課題を理解し，それらの理論に基づく多様な道徳教育の可能性を検討する。

はじめに

コールバーグが道徳性の発達を促すために構想したモラル・ディスカッションは，道徳教育に新たな可能性を広げる契機となった。現代の道徳教育論は，コールバーグ理論を継承するにせよ，あるいは批判するにせよ，対話や討論に独自の位置付けを与えている点では共通である。

そこで本章では，現代の道徳教育論がコミュニケーションやディスカッションをどう捉えているかに着目しながら，それらの理論が目指す道徳教育を明らかにしていこう。ここで取り上げるのは，ケアリング・アプローチ，討議倫理に基づく道徳教育，人格教育（キャラクター・エデュケーション），子ども哲学（P4C）である。

なお，キャラクター・エデュケーションの訳語について，20世紀初頭にアメリカで展開されていた教育を指す場合は，「品性教育」と訳されてきた。しかし，1980年代以降，アメリカでこの教育が復権し，新たな教育運動として展開されるようになって以降，この語を「人格教育」と訳すのが一般的となっている。「キャラクター（character）」は，我が国の教育でいう「人格（personality）」と概念的には異なる面もあるが，両者の異同に注意を払いつつ，以下では，1980年代以降のキャラクター・エデュケーションには「人格教育」の訳語を充てることとする。

1．ケアリングに基づく道徳教育

（1）ケアリング・アプローチとは

コールバーグの道徳性認知発達論を「正義の倫理」と批判したギリガンは，女性の道徳性の発達を「ケアの倫理」として描き出した。この「ケアの倫理」を性差を超えて人間性に立脚した「関係性の倫理」と捉え，ケアリングを基盤とする道徳教育を提唱したのが，アメリカの教育学者ノディングズ（Nel Noddings, 1929- ）である。

西欧哲学の伝統は，欲求や志向を持つ個人という〈主体〉を出発点として他者を捉えてきたが，ケアの倫理では，個人は最初からケアし合う関係のなかに置かれている。このアプローチには，個人の自律を基盤とする道徳教育の枠組みを乗り越える可能性が託されているといえよう。

さて，英語の「ケア（care）」には多様な意味があり，日本語では「関心，心配，気遣い，世話，配慮，保護」などと訳し分けられる。それらに共通する概念としてノディングズが着目するのは，いずれの意味にも関係性が含意されていることである。ケアは，一人の行為者だけでは成立しない。ケアする人（one-caring）とケアされる人（cared-for）という複数性が前提されている。しかも，この関係は，対等な他者との関係ではない。それは，とりわけケアする側に，相手に寄り添い，相手を理解しようとする受容的，傾聴的な態度を要請し，さらに，相手のために何かを行うことを自らの行為の動機とするよう求める。

こう聞くと，ケアは思いやりに近いのでは，と思われるだろう。しかし，ノディングズは，ケアリング・アプローチと思いやりを区別する。思いやりが個人の人格特性なのに対し，ケアリングは，常に関係のなかで成立し，関係のなかで完成するという違いがあるからである。ケアリングは，相手の思いやニーズを理解しようとする対話が求められるという意味で，それ自体，対話的なものなのである。

コールバーグが道徳的問題の解決のために用いたモラル・ディスカッションは，原理に基づいて個別の行為の是非を考え，「どうすべきか」を選択する道徳的推論によって展開される。ケアリング・アプローチでは，

抽象的・原理的に問題を捉えるのではなく，あくまでも具体的状況に身を置いて，「この人にとって大切なことは何か」と相手の立場に立って考える。相手の思いやニーズを理解し，相手に寄り添って共に考える対話的な問題解決なのである。

　ノディングズによれば，人間には，目の前で困っている人を見ると「何かしてあげたい」と思う自然なケアリングの感情がある。倫理的なケアリングは，この自然な感情に起因しつつ，さらに，「したくないが，そうしなければならない」という義務を伴う。自然な感情と義務の意識が結合して「目の前の人を助けるにはどうすべきか」という問いが生まれ，反省的・批判的・創造的に考えるプロセスへつながっていく。ケアリング・アプローチによる道徳教育は，このプロセスを通して，自然なケアリングの感情をケアする人でありたいという道徳的理想へと高めていく教育である。

（2）ケアリングにおける対話

　関係性としてのケアリングを起点とするノディングズは，道徳教育においても，ケアされる側の子どもをどう教育するかだけに傾注することはない。むしろ，ケアする側である学校教育にこそ，大きな変革，すなわち，道徳的な学校文化の構築を求める。ケアリング・アプローチの真骨頂は，学校の様々な教育活動をケアリングの視点で改革し，ケアリングが実践される学校文化を創造することにあるといえよう。

　その改革の鍵となるのは，四つの要素，すなわち，「模範 Modelling」「対話 Dialogue」「実践 Practice」「奨励 Confirmation」である（Noddings, 1984）。学校や教師が模範となり，子どもと対話し，道徳的実践の場となり，子どもの成長を認め励ます。これらの要素を学校の様々な場面で実現していくことで，ケアリングの文化が育まれる。

　このことを「対話」を例に確認しよう。

　ノディングズは，学校には本物の対話はほとんどない，と言う。なぜなら，学校の授業における語りの典型は，教師が問いを立て，生徒が答え，それを教師が評価する，という一方通行だからである。そこでは，

相手との関係よりも，正しい答えの探究が優先されている。

　たとえば，子どもたちは，「いじめは許されない」と教えられている。問われれば，「いじめはよくない」と答えるだろう。しかし，彼らは，実際にいじめが起ころうとしている場で，単に理念を語るのではなく，目の前の友人に向かって「いじめはよくない」と言わなければならない。それによって，その友人との関係が悪くなってしまうかもしれない。彼らが悩むのは，具体的な人間関係のなかでの価値の実現である。それは，相手と自分を共に尊重するケアリングをどう実現するか，という問題なのである。

　ケアリングにおける対話は，相手と自分との関わりのなかで生まれる間主観的な実践であり，正しい原理の一方的な押しつけであってはならない。相手の話に耳を傾け，間違っていると思われる行為であっても，そう行動せざるをえない相手の思いを理解しようとし，どうすべきかを具体的な状況のなかで共に考えていく協同的な探究である。

　学習指導もケアリングの視点で見直される。自身も小学校で数学を教えた経験をもつノディングズは次のように言う。「おそらく，数学ほど，いっそう多くの人々に，いっそう大きな恐れを呼び起こす教科はない。それなのに，数学の教師を，数学のカウンセラーの役を果たすように訓練することはまれである。」(Noddings, 1984, p.192 ［邦訳 pp.295-6］)。

　カウンセラーがそうするように，一人ひとりの学習上の悩みやつまずきに寄り添って，子どもと協力して学びを前に進めていくケアリングが，教科教育における道徳教育なのである。

　とはいえ，真の対話には，論争も避けられない。そのようなオープンな対話の実現が学校で可能だろうか。ノディングズは，価値に関わる教育は家庭や宗教機関で行うべきだ，という主張に反対し，学校こそが価値に関する開かれた議論をすべき場である，と言う。

　ノディングズによれば，家庭や宗教機関における価値教育は，特定の価値の教え込みになりがちなため，十分な議論が出来る場とはならない。学校は，異なる価値観が対立しあう場となりうるからこそ，ケアリングの文化をはぐくんでいくことによって，様々な価値や信念が批判的に，

そして十分に尊重されながら，検討される場となりうるのである。

2．討議倫理と道徳教育

（1）多元的社会における道徳性

　討議倫理（学）（Diskursethik〔独〕，discourse ethics）は，間主観的アプローチにより実践的討議の規範を構築しようとする倫理学で，1970年代にドイツの哲学者アーペル（Karl-Otto Apel, 1922-2017）とハーバーマス（Jürgen Habermas, 1929- ）が提唱した。なかでも，ハーバーマスは，公共圏におけるコミュニケーションの実現に向けて，道徳教育の役割を重視した。ハーバーマスの討議倫理は，様々な現代思想家との対話や論争を通じて形成されたが，その主要な対話相手の一人がコールバーグであった。

　ハーバーマスは，正義にケアを対峙させたギリガンらによる二つの道徳性という枠組みを退け，コールバーグを擁護する。しかし同時に，コールバーグの第六段階について，普遍的原理を一律に適用していることを批判，コールバーグでは個人内思考に終始する理想的役割取得の個人主義的限界を相互行為による対話の実現によって乗り越えることを目指し，公共世界における対等平等なコミュニケーションから〈合意〉を導く第五段階を普遍的な道徳性と位置付けた。ハーバーマスは，コールバーグの道徳性の発達段階の枠組みを継承しつつ，それを，モノローグ的な思考から相互的なコミュニケーションを通じて，他者の視点，現実社会の視点，理想的な社会の視点といった多様な見方（パースペクティブ）を獲得していく段階と捉え直すのである。

　ハーバーマスが対話という相互行為を道徳の基盤とした背景には，現代社会が多元的価値社会であるという認識がある。多元的価値社会とは，「いかに生きるべきか」という人生の理想や価値観（善き生とは何か）が多様で互いに通約不可能であり，しばしば対立することさえある社会である。では，多様な善をそれぞれ大切にする人々が共に生きる社会で，人々が目的のために協働したり，困難な問題に合意を形成したりすることがいかにして可能となるだろうか。

　この問いを前に，ハーバーマスは，多様な善き生の理想を統一する道を進もうとはしなかった。そして，多様な善を調停し，合意を形成していくコミュニケーション，すなわち，手続きとしての討議が道徳の基盤となると考えた。なぜなら，人々の理想がどれほど多様であっても，共に生きていくためには，コミュニケーションが要請されるからである。

　異なる善を信じる人々が共に討議に参加する場を確保するために，ハーバーマスは，〈善〉とそれらの追求を可能にする〈正義〉を峻別する。なぜ，そうすることで討議が可能となるのだろうか。

　ハーバーマスは，実践的な問いには三種類ある，として，プラグマティックな問い，倫理的問い，道徳的問いを区別する。プラグマティックな問いは，目的達成のためにどうすればよいかという手段の合理的選択に関わる。この問いは，行為者がどうしたいかという視点で追求される。次に，倫理的問いとは，「私はいかに生きるべきか」，「どのような価値に従って行為すべきか」である。この問いの探求には，「私は何者であり，何者でありたいのか」という自己了解や人生観が求められる。

　三つ目の道徳的問いは，私の行為が他者の利害に関わり，合意に基づく調整が必要な対立が生じた時に生まれる。それは，「人は何をなすべきか」という問いであり，自己利益中心の視点からでは答えられない。また，異なる人生観の間で合意を形成することもできない。そこで求められるのは，各人の利益や理想の追求を可能にする公正な視点，すなわち，道徳的観点である。ハーバーマスは，共同体の成員が道徳的観点を持つことによって，合意形成を導く討議が可能になると考えたのである。

　しかし，討議の手続きだけでは形式的である。ハーバーマスはそれを認めつつ，正義にケアの倫理を対抗させるケアリング・アプローチを批判する。なぜなら，ケアは非対称な我―汝関係の私的な倫理であり，対等な主体から成る公共世界の倫理とはならないからである。

　では，公共世界において正義を補完する原理とは何か。それは，同じ公共世界の原理である〈連帯〉である，とハーバーマスは言う。連帯は，対等な主体が相手のなかにある「傷つきやすさ」を相互に承認しあう関係から生まれる。この連帯を背景に共有して，正義の観点に立って互い

の痛みを解決していくのが，公共世界における実践的討議である。

（2）道徳的観点を育成する実践的討議

　ハーバーマスは，実践的討議の手続きに文化を越えた普遍性を見出しつつ，同時にその成熟には，社会的・文化的，そして認識論的成熟が必要であるとした。そこで，ハーバーマスにおける道徳教育の目標は，討議の担い手となる主体の形成となる。その核となるのは，公平な「道徳的観点」の育成である。では，道徳的観点はどのように形成されるのか。

　道徳的観点とは，討議に参加しない（できない）当事者も含めてすべての当事者の利害を公正中立に斟酌しうる観点をもつことである。ハーバーマスは，この観点は，一人の孤独な思考によってではなく，実際に議論に参加することによってのみ獲得できると考える。

　日常生活で，私たちは，様々なコミュニケーションを交わしている。しかし，たわいない日常会話で，「発言が本当に真実か」などと妥当性が意識されることはあまりないだろう。ここで言う妥当性とは，事実に関する発言の内容が真であるという真理性，価値や規範に関する発言が正当なものであるという正当性，そして，発言が発言者の心情の発露であるという誠実性の三つの要求である。

　妥当性の要求があらわになるのは，互いの利害が衝突しあうような行き違い，すなわち合意が形成されない対立が生じた時である。つまり，道徳的観点の育成には，利害が対立するなかで合意の形成を目指さなければならないような問題について，根拠を出し合って妥当性を検証しあう実践的討議の経験が必要なのである。

　様々な利益が錯綜する現代社会の様々な問題を解決していくためには，たまたまその場に居る者だけで討議するのでは不十分であり，当事者として想定しうるすべての人間が討議に参加していることが求められる。しかし，現実にはそのような討議は実現不可能であろう。そこで，実践的討議には，討議に参加できない当事者も含めて，様々な当事者の利害を公正中立に配慮することができる〈道徳的観点〉が求められる。ハーバーマスは，この道徳的観点の獲得過程をコールバーグの発達段階

を参照しつつ，個性化と社会化を同時に実現する道徳教育の学習過程として提唱したのである。

　道徳的観点は，議論の参加者が，現実にはそれぞれの生活世界に帰属しながら，しかし理念的にはその具体性を超越して，理想的なコミュニケーションを実現できる共同体へと帰属するよう促す討議を実践的に学ぶ学習過程を通して，はじめて獲得される。従って，討議倫理に基づく道徳教育では，教室に「理想的コミュニケーションの共同体」を実現することを目指して，子ども同士の相互主体的な討議を重ねていくことになる。

　しかし，討議能力を有する主体相互の対等なコミュニケーションを重視するがゆえに，討議倫理には，それを学校で実践しようとする時，次の二つの看過し得ない問題が生じる。

　第一に，理想的なコミュニケーションを現実の教室でいかに実現するかである。というのも，実際には，討議に参加する子ども同士は対等な主体とはいえず，人間関係や言語能力の差が討議に影響を与えてしまうからである。とりわけ，同調圧力の強い学級集団では，合意を目指す討議の実践が，子どもたちへの合意の強制になりかねない。

　第二に，この討議に参加できない人々の声を反映する道徳的観点の獲得は，正義と連帯という原理の根源にある，痛みや苦悩を抱えて生活世界を生きる人間の傷つきやすさへの共感と，それゆえに等しく尊重されるべき人格への敬意を前提としている。それは，公共世界の背後にある私的な世界の個人的体験のなかで育まれる。それゆえ，実践的討議は，ハーバーマスが道徳的問題と区別した，「私はどう生きるか」という倫理的問題と根底でつながらざるをえないのである。

　公教育としての学校は，公共性を形成する場でありつつ，しかし，子どもたちの生活の場として私的な空間でもある。道徳的問題と倫理的問題が連動する場において，ケアと正義をどう実現するかという問題は，教室における討議の実現にとどまらず，誤りやすく，傷つきやすい人間の尊厳への等しい尊敬を学ぶ体験を，学校教育の教育活動全体でどう実現していくか，という問いにつながっていかざるをえないのである。

3．人格教育の再興

（1）学校文化を創る人格教育

　アメリカの学校教育で広く実施されてきた品性教育は，その効果を疑問視するハーツホーンとメイらの研究によって長く低迷していたが，80年代以降，新たな教育運動として注目されるようになる。その背景には，麻薬，飲酒，窃盗，暴行など，若者の問題行動に苦慮するアメリカ社会において，「民主主義社会に普遍的な価値を教えよう」という明確なメッセージが共感を持って迎えられたことが挙げられる。この運動の推進者の一人，リコーナ（Thomas Lickona, 1943- ）が1991年に出版した"Educating for character"（『リコーナ博士のこころの教育論』）が全米でベストセラーとなったことからも，当時の状況が伺えよう。その後，連邦政府が学校の取組に資金援助を続けたことで，人格教育はアメリカにおける全国的な運動に進展していった。

　学校主体の実践を中心に全米に普及していった人格教育には，多様な取組や研究があり，共通の理論的支柱があるわけではない。これらの実践に共通する特徴を挙げるなら，次の二点を指摘できるだろう。第一に，麻薬や飲酒，暴行など，若者の非行や犯罪行動などの社会問題に注目していることである。第二に，これらの問題の解決には，学校の道徳教育が重要で，学校は，子どもに徳目を教え，人格を育てる場とならなければならない，と主張していることである。

　ここでは，人格教育の復活に大きく寄与したリコーナの理論に注目してみよう。

　リコーナは，当初，道徳性発達論の研究に従事していたが，品性教育の衰退と価値観の多様化のなかで，アメリカの学校が価値に対して相対主義的な立場をとるようになっていくのを目にして，「学校は価値を教えるべきか」という問いに向き合うようになる。そして，学校における道徳教育の衰退とともに若者の問題行動が増加傾向にあると指摘し，「学校が道徳的諸価値を教え，良い人格を形成することに対して明解で誠意ある関わりをすべき理由」（Lickona, 1991, p.20 ［邦訳 p.21］ 翻訳は筆者

による）を次のように示して，人格教育による学校教育の改革を掲げた。

・価値の伝達は文明の働きであり，学校はその役割を担ってきた。

・価値観の対立した社会であっても，共通の倫理的基盤が存在する。

・価値観から自由な（value-free）教育などというものはない。

　ここで特に注目したいのは，どんなに価値観が多様化しても，重要な徳には普遍性がある，という指摘である。リコーナの分析を聞こう。

　徳とは，人それぞれで違う主観的・恣意的なものではなく，本質的に善とされる客観的な存在である。事実，思慮深さ，忍耐，勇気，友情など，古来，徳とみなされてきたものは，時代や文化を超越して徳であったし，将来も徳とみなされるだろう。社会を支えてきたこの共通の基盤を教えるのは学校の役割なのである。

　しかし，授業で価値を学習しても，すぐに徳として身に付くわけではない。価値が徳になるには，価値の知的な理解を，考え，感じ，行為する習慣へと育て，実生活で働くようにしなければならないからである。

　リコーナは，この課題を学校が引き受けるには，読み Reading，書き Writing，計算 Arithmetic という伝統的な学校教育の三つの R に加え，尊重 Respect と責任 Responsibility という第 4，第 5 の R を中心に学校の道徳的文化を育むことが求められるとした。人格教育とは，この五つの R の下で学校コミュニティを創る包括的な教育活動なのである。

　学校への具体的な指針として，リコーナは，次の12点を挙げる。

　○学級に関して教師が為すべきこと

　1．ケアする人，模範，メンターとして振る舞う。

　2．道徳的な学級共同体を創る。

　3．道徳的規律を実践する（道徳的推論，自己コントロール，他者への尊重の機会として，ルールを創って守る体験を活用する）。

　4．民主的な学級環境を創る（子ども達の意思決定の機会を創る）。

　5．カリキュラムを通して価値を教える（各教科等に含まれる倫理的問題を意識する）。

　6．協同学習を活用する。

　7．「学びの力への意識」を育てる（学問や仕事の意義を知り，責任

感を育てる)。

8．道徳的省察を促す（読み書きや，ディスカッション，意志決定の経験，ディベートを通して)。

9．葛藤解決を学ばせる（学級で起こる様々な問題を公平に暴力によらず解決する力を育てる)。

○学校として取り組むこと

10．学級を越えたケアリングの精神を育てる（地域でのサービス・ラーニングなど)。

11．学校に望ましい道徳的文化を創造する。

12．価値教育のパートナーとして親や地域を巻き込む。

この12の指針には，コールバーグのジャスト・コミュニティやノディングズのケアリング・アプローチなど，20世紀の道徳教育論の成果が息づいている。リコーナは，相対主義的な価値観の危険を指摘したが，かつての品性教育をそのまま復活させようとしたわけではない。リコーナが提起したのは，道徳的な学校コミュニティを対話や議論を通して創造する，新たな枠組みの人格教育なのである。

（2）人格教育における議論

では，学校生活全体に徳の文化を根付かせる包括的な人格教育において，議論は具体的にどのような役割を担っているのだろうか。

まず，リコーナは，クラス・ミーティングの意義を強調する。クラス・ミーティングとは，日本の学級会に相当するような，学級の生徒全員が参加する討論の場で，テーマを決めて意見交換したり，学級の様々な問題を意思決定して問題解決を目指したりする場である。

また，教科学習では，尊重，勇気，誠実，正義など，様々な価値を探究する機会を設けるカリキュラム開発が推奨される。その際重要なのは，教師が，「この教科にはどんな倫理的問題と価値が含まれているか」という問いを持って，各教科の内容を吟味することである。

他方，ジレンマを含む討論では，より慎重な対応が求められる。

リコーナは，道徳的ジレンマをめぐる討論には価値に対する子どもの

反省的思考を深める意義があるとして奨励しつつも，その導入には課題があると指摘する。それは，子ども同士の議論が表面的になりがちで深まらないこと，そして，議論のなかで子どもが時に表明するネガティブな価値観に対して，教師が意見を差し控えることで，結果的にその価値観を認めることになってしまうことである。

　子どもによる討論を建設的にするには，教師の力量が求められる。具体的には，道徳的問題について子どもの意見を引き出し，それを批判的に吟味できるような問いを用意しておく，ロールプレイングなどで子どもの視野を広げる，意見をただ言わせるだけでなく，根拠を説明・正当化させる，よい聞き方や相互の意見交流を奨励するなど，討論を通して思考を深める工夫が必要となる。

　さらに困難なのが，答えが一つでないような現実の対立的な問題をどう扱うかである。

　リコーナによれば，重要な第一段階は，多様な意見を認め合える安心安全な学級づくりである。そのうえで，討論は，ディベート形式で競うのではなく，協働的なアプローチを採用すべきである。たとえば，社会には実際に多様な意見があることを紹介し，教室でも自由な意見表明ができることを保証する。賛否両側の意見を紹介し，批判的に評価できるようにする，などである。つまり，重要なのは，対立的な問題を扱う際に，非対立的な諸価値（尊重，責任，正直，思いやりなど）を教えることができる非対立的方法（協同学習など）を用いることである。

　このように，対立的な問題学習の利点を最大限に活用し，逆に不和を生じさせる結果を最小限にとどめる工夫によって，子どもの思考を活性化しつつ，同時に道徳的な価値を学習することも可能となるだろう。

　さて，議論にはもう一つ重要な役割がある。それは，学校文化の中核となる徳（諸価値）を学校の合意で形成することである。

　リコーナは，尊重と責任を学校が共有すべき価値として提唱したが，これらの価値で一方的に学校を統制しようとしたわけではない。リコーナが求めたのは，学校として共有したい価値をその学校の成員が自律的に決定していくための議論であった。学校独自の文化や伝統に立脚しつ

つ，子どもたちに身に付けてほしい価値に関する大人たちの議論を充実することも，人格教育の一環に位置付けられているのである。

4．子どものための哲学

（1）哲学的探求と道徳教育

　討議倫理と人格教育は，社会が善の理想を共有すべきかについては異なる立場に立つが，道徳教育において葛藤や対立を含む問題を議論する意義を認めている点は共通である。

　しかし，議論を学校教育のどの段階から導入すべきかをめぐっては，様々な見解がある。討議倫理の実践には高い発達段階が要請されるし，リコーナは，議論の活用には十分な準備が必要だと考えていた。コールバーグの発達段階論にも影響を与えたイギリスの哲学者ヘア（Richard Mervyn Hare, 1919-2002）は，子どもが道徳的原則を守ることを学ぶ他律の段階の意義を指摘し，そのうえではじめて，道徳的葛藤の解決を通して理性的自律的な道徳的思考が育てられると考えた（Hare, 1992）。

　それに対し，小さな子どもたちにも，価値をめぐる対話や議論を行う力があり，その力を伸ばす教育が必要だ，として，初等教育からの哲学教育を「子どものための哲学（Philosophy for Children）」（以下，P4Cと略記）」として提起したのが，アメリカの哲学者リップマン（Matthew Lipman, 1922-2010）である。

　リップマンによれば，P4C は，子どもが哲学することを学ぶために構想された学習活動である。「哲学する」とは，思想史や哲学理論の学習を指すのではない。文字通り，子ども自身が自ら深く考える営みのことである。

　1970年代，リップマンは，アメリカの学校の初等教育カリキュラムが知識の伝達や暗記による受動的学習中心となっていることを問題視し，学校教育に批判的思考力や創造的思考力を育成する場が必要であると主張した。同時に，リップマンは，ピアジェらによる認知発達論が年少の子どもが深い思考や議論ができない段階にあると見なしたことを批判，子ども同士の対話を中核とした「哲学的探究」の導入を提唱した。

　1974年，モンクレア州立大学に「子どものための哲学推進研究所（IAPC）」を設立したリップマンは，物語教材『ハリー・ストットルマイヤーの発見』（1974）を出版し，子どもの日常生活から様々な疑問を発見し，対話しながら思考を深めていく学習活動の開発に取り組んだ。この取組は，現在では，P4C の名で親しまれ，日本も含め世界各国で実践されている（ヨーロッパでは "Philosophy with Children" とも呼ばれる）。

　P4C は，哲学的問いを通して批判的思考や論理的思考の育成を目指す教育である。道徳的問題が教材になることはあるが，それらは，直接，道徳性の育成を目標として開発されたわけではない。にもかかわらず，P4C には，道徳教育理論として位置付けるに十分な，道徳性の育成に関する独自の視点がある。両者はどうつながるのだろうか。

　リップマンらの著作 "Philosophy in the classroom"（『子どものための哲学授業』）（1980）では，「道徳教育は哲学的な探求から切り離すことができるか」が検討されている。そこでは，道徳教育が，社会の価値観や慣習に子どもを従わせるか，それともそのような価値観や慣習から子どもを解き放つか，という二者択一に陥りがちであることが批判され，子どもの社会化と自律の実現は，共に道徳教育の重要な課題と認識されている（Lipmann et. al., 1980, pp.157-9）。道徳教育は，社会が子どもに期待するものを子どもに身に付けさせるだけでなく，そのような社会の期待を批判的に吟味して，自分自身で判断する力を育むようにしなければならない。P4C が構想するのは，この両者を段階的に育むのではなく，一体として育てるような道徳教育である。

　リップマンらによれば，道徳教育には，道徳的推論，感受性の訓練，徳性の形成など，多様な課題があるが，どれか一つに特化する学習では，思考と感情は分化されたままにとどまる。これを克服するには，多様な課題に応えるプログラムを開発して，思考，感情，行動のつながりを生みださなければならない。道徳教育を心情の教育として認知能力と区別するような二分法を乗り越え，認知と感情のいずれか一方を優位に置くのではなく，両者を統合的に育成する道徳教育が構想されねばならない

のである。どうすればこの課題に応えられるだろうか。

P4Cにおける「哲学すること」の最も大きな特徴は，この営みが子どもたちの対話によって進められることである。つまり，P4Cを教室で実践するには，子どもが自由に安全に対話できる「探究の共同体」（この概念はデューイに由来する）の実現が不可欠なのである。

従って，P4Cの実践では，道徳的問題について多面的・多角的に考える論理的思考力や判断力のような認知スキルだけでなく，相手を受容したり傾聴したりできるケア的な思考や，共に新たな考えを創っていく創造的思考を一体的に育成することが求められるのである。信頼しあう仲間同士の対話のなかでこれらの思考を育むP4Cは，それ自体が道徳的実践であり，道徳性を育成する道徳教育となりうるといえよう。

（2）協同探求としての対話

では，子どもたちの哲学的対話は，具体的にどのように進められるのだろうか。そして，その対話で子どもの道徳性はどう育つのだろうか。

P4Cの授業は，教材（物語）を読む，テーマと問いを決める，対話をする，対話を振り返る，という学習過程で構成される。P4Cでは，この一連の学習活動を子ども同士の対話で進めていく。

P4Cにおける対話の特徴として，ここでは次の三点を確認しよう。

① 子どもが自発的に問い出せるようにする。

② 意見の違いを大切にし，違いを探究するプロセスを充実する。

③ 合意や結論を強制しない。

注目したいのは，子どもからの問いを重視していることである。まず，教材を読んで，子どもたち自身が様々な疑問を出し合う（なお，実際の授業では，教材の使用は必須ではない。子どもが話し合いたい問いを提案し，そこから対話を発展させていくこともある）。学級で話し合いたいテーマもこれらの問いのなかから子どもたち自身で決定する。通常の教室では，教師が質問し，子どもたちが答えを考えるのが一般的だろう。P4Cは，子ども自身が問いの主体となって対話を主導していくことで，この伝統的な授業の枠組みを変えようとしているといえよう。

　では，子ども同士の対話で進められる P4C の授業で，教師はどのような役割を担うのだろうか。

　教師は，授業展開においては，対話の進行を支援するファシリテーター的役割に徹することになる。教師に求められるのは，この対話が可能となるような，相互に信頼しあい，自由で公平な雰囲気のなかで話し合える探求（究）の共同体（community of inquiry）の育成である。そのために最も傾注しなければならないのは，意見の違いを楽しんだり，結論が一つにまとまらない探求から教師自身が学んだりする姿勢を示すことによって，学級を安心して対話できる場に育てることである。

　子ども中心で対話をつなぎ，正解のない問いに多様な意見を出し合う。その先に合意や結論を求めない P4C の対話は，楽しい雑談に陥ってしまう可能性も懸念される。どうすれば深い探究につながる対話が実現するだろうか。

　深い探究を導くのは，本質的な問いである。しかし，子どもは，最初から，本質や価値に迫るような深い問いを出せるわけではない。素朴な疑問や単純な問いからはじめて，深い問いを立てられるような学習が必要なのである。このような問いの立て方を教えるのも教師の役割である。たとえば，意見の理由や根拠を問う，例示を求める，異なる意見の共通点を探すなど，子どもが論理的，批判的に考えるための問いを教師自身も活用して，子どもがこうした問いを立てる習慣を身に付けられるよう手助けするのである。

　P4C の協同探求は，子どもが生活のなかに道徳的問題を見出し，対話しつつ答えを探求していく道徳的実践のモデルとなるだろう。

おわりに

　本章では，現代の道徳教育理論において，対話や議論がどのように位置付けられているかを見てきた。様々な見解を前に，私たちは学校における道徳教育をどう進めていけばよいだろうか。

　その手掛かりとして，ここでは技術者倫理の研究者であるウィトベック（Carline Whitbeck, 1945-2016）の見解を紹介しておこう。

　ウィトベックは，道徳的問題を工学における設計問題のアナロジーで捉える。なぜなら，工学設計も道徳的問題も，正しい解答が一つしかないとか，正しい対応策が決まっているといったことは殆どなく，どの解決策にもそれぞれ利点と問題点がありうるからである。しかし，それら複数の解決策のなかには，正解が明らかに許容できない間違った解答は存在する。従って，道徳的問題では，現実のあいまいさと不確かさを受け入れ，他者との関係を考えながら，思慮深く，公平な行動を探っていかなければならないのである。

　このことを踏まえるなら，道徳的問題の解決には，様々な情報を収集しつつ，取り得る複数の解決策の可能性を同時並行的に探ることが大切になるだろう。ウィトベックは，このような道徳的問題を考えるのに相応しい議論は，対立形式のディベートではなく，建設的思考を育てるブレインストーミングであろう，と示唆した（Whitbeck, 1998）。

　学校における道徳教育をどう進めるかという問いは，私たち大人に課せられた道徳的問題である。様々な理論の意義や成果に学びつつ，オープンで建設的な議論を重ねながら，多様な可能性を追求していくことが求められているといえよう。

🎸 研究課題

1．本章で取り上げた理論を一つ選び，参考文献も活用して，特徴をまとめよう。
2．道徳教育における対話や議論の意義を考えてみよう。
3．現代の学校教育は，「自律」と「社会化」という課題にどう取り組むべきか，あなたの考えをまとめよう。

参考文献

　本章で取り上げた理論の原典を読んで，現代の道徳教育理論への理解を深めよう。

ノディングズ（2007）．『学校におけるケアの挑戦　もう一つの教育を求めて』佐藤学（監訳）ゆみる出版．

ハーバーマス（2012）．『他者の受容』高野昌行（訳）法政大学出版局．

リコーナ（2001）．『人格の教育―新しい徳の教え方学び方』水野修次郎（監訳）北樹出版．

リップマン（2014）．『探求の共同体　考えるための教室』河野哲也・土屋陽介・村瀬智之（監訳）玉川大学出版部．

引用文献

Hare, R. M. (1992). Language and Moral Education. In *Essays on religion and education.* Oxford : Clarendon Press.

Lickona, T. (1991). *Educationg for character. How our schools can teach respect and responsibility.* New York : Bantam books. ［三浦正（訳）（1997）．『リコーナ博士のこころの教育論　〈尊重〉と〈責任〉を育む学校環境の創造』慶応義塾大学出版会］．

Lipman, M., Sharp, A. M., & Oscanyan, F. S. (1980). *Philosophy in the classroom.* Philadelphia : Temple University Press. ［河野哲也・清水将吾（監訳）（2015）．『子どものための哲学授業　「学びの場」のつくりかた』河出書房新社］．

Noddings, N. (1984). *Caring : A feminine approach to ethics and moral education.* Berkeley, CA : University of California Press. ［立山善康・林泰成他（訳）（1997）．『ケアリング　倫理と道徳の教育―女性の観点から』晃洋書房］．

Noddings, N. (2005). *The challenge to care in schools* (2nd ed.). New York : Teachers College press. ［佐藤学（監訳）（2007）．『学校におけるケアの挑戦　もう一つの教育を求めて』ゆみる出版］．

Whitbeck, C. (1998). *Ethics in engineering practice and research.* Cambridge University Press. ［札野順・飯野弘之（訳）（2000）．『技術倫理 1』みすず書房］．

6 | 世界の道徳教育

西野　真由美

　道徳や価値に関する教育は，世界各国では，道徳教育に限らず，宗教教育，価値教育，公民・市民性教育などとして，様々な教科や領域で実施されている。それぞれの教育の特色と今日的動向を確認し，グローバル化が加速する現代社会における日本の道徳教育の在り方を考えてみよう。

はじめに

　世界各国では，道徳教育はどのように行われているのだろうか。日本のように「道徳」を教える時間があるのだろうか。そこではどんな内容が教えられているのだろう。教科書は，評価はどうなっているのだろう。

　道徳教育に限らず，日本の教育を世界各国の取組と比較してみることは，グローバル化のなかで日本の学校教育の進路を考えていくために有意義なことである。しかし，こと道徳教育に関しては，国際的な比較を行うこと自体が難しい。というのも，諸外国の道徳教育は，必ずしも「道徳教育」という名称で行われているわけではないからである。

　「道徳」と称する学習領域を教育課程に設置していないからといって，その国が道徳教育に取り組んでいないとはいえない。日本の道徳教育に相当する学習は，諸外国では，宗教教育，人格教育，価値教育，健康教育，市民性教育，サービス・ラーニングなど，様々な教科や教育活動を通して実施されている。それらのなかには，特定の学習時間を設置せずに，学校教育全体を通して取り組むことを推奨している国もある。

　ここでは，こうした多様な取組を通した道徳教育を捉えられるよう，できるだけ視野を広げ，各国が道徳や人格形成に関わる教育にどう取り組んでいるのかを明らかにしていこう。

1．世界は道徳教育をどう教えているか

（1）教育課程上の位置付け

　どの国においても，道徳や価値，人格形成に関する教育は，その国の歴史や文化，社会的背景に深く根ざしている。世界各国は，それぞれ異なる教育制度の下で，独自の枠組みで道徳に関わる教育を展開してきたといえよう。

　そこでまず，道徳や価値，人格形成に関わる教育が各国の教育課程においてどのように位置付けられているかを確認しよう。

　日本では，公立学校における宗派教育は禁止されているが，世界の歴史をみると，多くの国において，道徳に関する教育を担ってきたのは，宗教教育である。今日でも，公教育において特定の宗派教育（カトリック，プロテスタント，イスラム教などの教義を教える教育）を正規の教科として設置している国は多い。

　日本の道徳教育は，道徳科を要として学校の教育活動全体を通して実施することとされている。これは，教育課程の全体を通して道徳教育を行う「全面主義」と特定の学習時間を設置する「特設主義」を統合した枠組みである。世界には，こうした特定の学習時間を設置せず，全面主義による道徳教育を推進している国がある。たとえば，アメリカの人格教育（キャラクター・エデュケーション）やオーストラリアの価値教育では，各教科等で学習する価値を重視し，敢えて特定の教科を設置せず，学校の教育活動全体に浸透させることが重視されている。

　さらに，各国で導入が進んでいるのが，「市民性（シティズンシップ）教育」である。「市民」は，古典的には特定の国や社会に帰属するという「地位」を示していたが，今日では，国民国家を越えて，市民社会に生きるうえで求められる資質・能力とみなされるようになっている。

　このように，世界各国の道徳に関する教育には，道徳・価値教育，宗教教育，市民性教育という三つの柱がある。各国の道徳教育を比較するには，道徳授業の有無だけではなく，各国の教育改革の歴史や理念を踏まえて広い視野から捉えることが必要である。

（2）宗教教育と道徳教育

　道徳教育の国際比較に先だって，まず世界の多くの国で実質的な道徳教育を担っている宗教教育について整理しておこう。

　日本では，宗教教育について教育基本法（2006年12月22日改正）第15条で次のように規定している。

　第15条　宗教に関する寛容の態度，宗教に関する一般的な教養及び宗教の社会生活における地位は，教育上尊重されなければならない。

　　2　　国及び地方公共団体が設置する学校は，特定の宗教のための宗教教育その他宗教活動をしてはならない。

　日本の公教育では，この第15条第1項により宗教に関する一般的な教養は学習するが，第2項の定めにより宗派教育は行わないとされる。このように，国や政府の機関が特定宗派の教義や思想から独立しているという原則を堅持する立場を「世俗主義secularism」という。アメリカの「教会と国家の分離の原則」やフランスにおけるライシテ（laïcité）がその代表例である。フランスでは，第3章で取り上げたデュルケムの道徳教育論で学んだように，第三共和政以後，世俗主義の立場を貫いている。

　今日，学校で宗派教育を実施している国では，1．特定宗派の授業を他宗教の子どもも一緒に受ける，2．各宗派別に宗教の授業を実施する，3．国が定める宗派教育の授業と他宗教の子どもが出席できる「道徳」などの授業を設置する，など国によって異なる制度が採られている。

　世界の多くの国で，宗教が学校の道徳教育に果たす役割は大きい。しかし，加速する今日のグローバル社会のなかで，伝統的な宗派教育もその在り方を見直してきている。上の分類で1に該当するイギリスでは，「宗教科」（キリスト教）の授業にイスラム教徒の生徒も出席しているが，教義の理解を目的とした授業ではなく，現代の様々なテーマについて宗教の視点でアプローチするディスカッションが多用されている。信仰や宗教を越えて多様な人々が共生する社会を目指したデュルケムの世俗的道徳教育の意義は，今日の社会であらためて注目されるべきだろう。

（3）世界各国の道徳教育カリキュラム

　では具体的に，世界各国の学校教育において，「道徳」に関する学習はどのように実施されているのだろうか。世界の全ての国の現状を網羅的に確認することは困難なため，ここでは**表6-1**に示した各国を例に，教育課程上の位置付けの特徴を捉えよう。

　まず，道徳に関して，どんな教科目が設置されているだろうか。

　「宗教」や「市民科（市民性・シティズンシップ）」なども含めれば，道徳に関する単独の教科目などを設置している国はヨーロッパも含めて多い。他方，宗教教育に拠らず，「道徳」という名称を教科名に用いて，小中学校の必修教科目として実施している国は，表に挙げたなかでは，フランス，中国，韓国である。教科目等の名称に関わらず，主として道徳を扱う学習を必修教科目としている国（日本における教科の要件となっている「教科書」，「専任教員（中等教育以降）」，「評価」を全て満たした教科を設置している国）は，中国，韓国，シンガポール，フランスである（教科等の名称や設置学年，時数等は学校種や学年で異なる）。

　フランスでは，2012年に誕生したオランド政権のもとで教育改革が進み，2013年成立の新教育法—ペイヨン法—のもとで，新しい枠組みの教科「道徳・公民」が，2015年9月の新学期から導入されている。

　フランスの教科は伝統的に知識学習中心であったが，新教科では，より実践的な資質・能力の育成も目指されている。また，この特設教科における道徳教育とは別に，近年では，学校の教育活動全体で行う「市民性教育」にも力を入れるようになっている。

　他方，アメリカのように道徳を学習する特定の教科目を位置付けていない国もある。オーストラリアでは，価値教育は特定の教科によらず，学校の教育活動全体で行うことを推奨している。そうした国では，州や学校レベルで多様な実践が展開されている。特に，アメリカ発祥の「人格教育（キャラクター・エデュケーション）」は，学校教育全体で取り組む包括的（ホリステック）アプローチとして，世界各国で実践されている。教科を廃止した台湾でも，文部省が「道徳と人格教育改善プログラム」を発表して，各学校の主体的な取組を推進している。

表6-1　諸外国における道徳教育の実施状況

本表では、各国の特色を日本と比較できるよう、日本の道徳に最も近い教科・科目・領域等を中心に示している。なお、学年は小学校から高等学校までの通年表記としている。

	イギリス（イングランド）	フランス	ドイツ	アメリカ
対応する教科・科目・領域等の名称	「市民性」（Citizenship）PSHE(Personal, social, health and economic education)（人格・社会性・健康・経済教育）	「道徳・公民」（1-12学年）	州によって異なる。「倫理」が優勢も多く、他に「哲学」、「価値と規範」、「生活形成・倫理・宗教」等がある。	州によって異なるが特に教科等は設置されていない。連邦政府の推進によって人格教育（Character Education）が普及している。
法令上の位置付け	ナショナル・カリキュラム（学習指導要領に相当）において、「市民性」は教科・領域として"non-statutory"（法令に拠らない）プログラムとして規定。PSHEは、"non-statutory"（法令に拠らない）プログラムとして規定。	教科とは別に、学校全体で横断的に行う教育として「市民性教育」が導入されている。「道徳・公民」は、1999年の教育省通達により、学習指導要領で必修教育として規定。「市民性教育」は教科・領域として学校で実施するよう求められている。	「宗教科」が国の基本法（憲法に相当）で必修と定められており、その代替科目として必修とする州が殆どである（ベルリン州、ブランデンブルク州）。	国・州ともに教科等の設置は定めていない。州の学校教育法に、人格・品性教育を必修科目と定める州が18州、実施を推進する旨の記述のある州が18州などとなっている。
国や州による規定の内容	「市民性」はナショナル・カリキュラムで目標・内容を規定。PSHEは目標・内容を"non-statutory"として規定。方法は学校裁量。	国の策定する学習指導要領で目標・内容・学習活動等を規定。	各州が策定する指導要領（学習指導要領に相当）で目標・内容（取り上げるテーマ等）を規定。	人格（品性）教育を盛り込んでいる州では、目標を示し、学校の教育活動全体を通して推進するよう求めている。
各学年の時間数	「市民性」は7-11学年、時間数は学校裁量で実施。他学年では全教育活動で実施。PSHEは学校裁量。（Ofsted）は特設時間の設置を推奨している。	小・中学校：週1時間　高校（リセ）：年間18時間	州によって異なる。多くの州が、中学校以降（7-13学年）で週1～2時間実施。小学校（1-4学年）から実施する州もある。	定められていない。学校専任のカウンセラーが特定の時間を設けて実施する例がみられる。
担当教員	「市民性」は専任または学級担任。中学校では専任教員が学級担任が担当する。	専任または教員が実施。	専任教員が実施。	
評価	PSHEは到達目標に示されたレベルに準拠した評価と学期末の"School Report"で文章による記述の評価が行われる。中等教育修了資格試験（GCSE）での評価も選択可能。	あり（数値による評価）	あり。数値（等級）による評価。小学校から設置している州では、数値による評価を行わず記述式で評価する州もある。	数値による評価はない。学期末に記述式の評価を行うこともある。
教科書	民間出版社から複数発行。（なお、教科書の使用義務はない。）	民間出版社から複数発行。	民間出版社から各州文部省の検定を経て発行。ブレーメン等一部の州では他州から発行される。	教科書としての発行は行わない（授業で使用する名教材は各種団体や出版社から発行されている。
公立学校における宗教教育	宗教教育（礼拝等を含む）は議務、「宗教科」は1-11学年で必修。	憲法により禁止。	宗派別の「宗教科」が殆どの州で必修。ブレーメン等一部の州では他州より選択科目。	宗派教育は憲法により禁止。
特記事項	2014年11月、教育省が「British Values」（学校が推進すべき基礎的な英国的価値観）を公表。「自由、民主主義、法の支配、異なる信仰・信念への尊重」などについて学校の取組を求めている。	学習指導要領には、義務教育段階で習得すべき「共通基礎」として、「人間性」市民性・市民性の育成が求められている。「道徳・公民」は2014年9月より実施。共和国で共有される価値（自由・平等・友愛・ライシテ・連帯・公正等）を学び、公民的道徳の育成を目指している。また、他教科と関連づけた学習が必要とされている。	欧州評議会が推進する各州民間教育団体において様々な知識教育だけでなく実践的な心情・態度の育成を含むようになっている。	2000年代には政府の公的資金によって人格（品）性）教育が推進され、各州や民間教育団体において様々なプロジェクトが実施されている。CEP(Character Education Partnership)等、民間教育団体が、各州のプロジェクトへの支援、教科出版や指導実業の開発・提供などを行っている。

	中国	韓国	シンガポール	オーストラリア
対応する教科・科目・領域等の名称（設置学年）	「道徳と法治」(1-9学年)「思想政治」(10-12学年)	「正しい生活」(1-2学年)「道徳」(3-9学年)「生活と倫理」(10-12学年)「倫理と思想」(10-12学年) 2013年度より、教科とは別に、「人性教育」をすべての教育活動で行うと定められている。	「人格・市民性教育」(Character and Citizenship Education; CCE) (1-12/13学年)	「公民・市民性」(Civic and Citizenship) (3-10学年) 価値教育は、教育活動全体を通して推進されている。
法令上の位置付け	国が策定する「課程計画（開設科目と時間数）」で、教科（必修）と規定。	国が策定する「教育課程（学習指導要領に相当）」で、教科群の中の一教科あるいは一科目として規定。（教科群名は、小・中学校では「社会／道徳」、高校では「社会（道徳を含む）」）	国の教育省が策定するシラバス（学習指導要領に相当）で、教科（必修）として規定。	国が策定するナショナル・カリキュラム（ガイドライン）で必修として規定。
国令による規定の内容	「課程標準（学習指導要領に相当。各教科の目標・内容等を規定）」で、目標・内容を規定。	国が定める「教育課程」において、目標・内容を規定。	教育省が学校段階・母語別のシラバスを作成。目標、内容、方法、評価法を明示。	国や州は目標や内容に関するガイドラインを作成するが、カリキュラムの開発は学校や教員に委ねられている。
設置学年と時間数	1-7学年：週2時間 8学年：週3時間 9-12学年：週2～3時間 10-12学年：6単位（1単位は18授業時間。1授業時間は45分）	1-2学年：年間128時間 3-4学年：「社会」と合わせて2年間で272時間 5-6学年：「社会」と合わせて2年間で272時間 （1単位時間40分・年間34週） 7-9学年：「社会／道徳」として3年間で510時間 （1単位時間45分・年間34週） 10-12学年：3年間で教科科目「社会（歴史／道徳を含む）」から15単位を選択必修（1単位は50分・17回）	人格・市民性教育は次の三領域で構成 全体で年間60時間 ・CCE学習：価値・知識・スキルの学習 （年間20時間程度） ・ガイダンス：性教育・キャリア教育・情報モラル教育等の教育課題を主題としたモジュール学習 ・学校主体のCCE活動：行事などの体験活動	3-10学年で実施されているが、時間数は規定されていない（各学校が定める）。
担当教員	小学校(1-6学年)では学級担任、中学校以降は専任教員	小学校(1-6学年)では学級担任、中学校以降は専任教員	小学校(1-6学年)では学級担任、中学校以降は専任教員	小学校(3-6学年)では学級担任、中学校以降は専任教員
評価	あり。数値による教科の評価の他、課外活動の評価も実施されており、「道徳的資質」が文章による記述と数値（等級）で評価されている。	あり。小学校では記述式の評価で、数値による評価は行わない。中学校以降は数値による評価を実施。	あり。数値による評価は行わない。	あり。到達度スタンダードを設定により数値による評価。
教科書	2017年より、全国統一の教科書を使用することとなった。各学年の教科書が順次刊行されている。	国定（小学校は国定。中等以降は検定）	国定（小学校では民族母語別に作成）	特に使用されていない。非営利団体が教材を開発し、ウェブサイトで提供している。
公立学校における宗教教育	法律により禁止。	宗派教育は教育基本法で禁止。高等学校では、宗教学も設置されている。選択科目	実施されていない。	実施されていない。
特記事項	「徳・知・体・美の全面発達」「核心的素養（中核的資質・キー・コンピテンシーに相当）」を育成する教育課程改革が進められている。	韓国教育課程評価院が「教育課程」の研究・開発を行うとともに教科書の検定を行っている。	シンガポール21世紀型コンピテンシーを構造化したカリキュラム2015(2010年発表)に基づき、「人格・市民性教育」は、中核価値を核として、人格・市民性教育の評価価値と資質・能力を育成する中心教科として位置付けられている。	「公民・市民性」は市民としての求められる知識・スキルの獲得を目指しており、市民として共有すべき価値を育てている。この教科とは別に、価値教育が関連するフレームワークを政府が開発している。

　伝統的に公教育で宗教教育を実施してきた国では，社会が多文化や多民族の共生へと変化してきたことを受けて，特定宗派に拠らない教育への要請が高まってきている。そうした国では，宗教教育が道徳教育の重要な役割を担いながらも，宗教によらない教科が設置されている。

　たとえば，ドイツでは，州によって教育課程は異なるものの，1970年代以降，正課としての「宗教（カトリック・プロテスタント）」の他に，宗教を受講しない子どもに向けに，「道徳」，「哲学」等の代替科目（州によっては選択ないし必修科目）が設置されている。イスラム圏では，殆どの国が宗教を正課として設置しているが，イスラム教徒の比率が高い多民族国家であるマレーシアでは，イスラム系の子どもには「イスラム教」，非イスラムの子どもには「道徳」を実施している。

　また，UAE（アラブ首長国連邦）では，必修科目のイスラム学習に加え，2017年より，「道徳教育」が正規科目として導入され，道徳的諸価値や市民性，文化学習のカリキュラムが開発されている。宗教によらない道徳教育をどう教育課程に位置付けるかは，多文化共生社会の大きな課題となっているのである。

（4）共有価値と資質・能力への注目

　グローバル化の進む近年の教育改革のなかで，道徳教育の改革動向にも共通の課題意識が見られるようになっている。ここでは，主として二つの点を確認しよう。

　第一に，共有価値に対する関心が高まっていることである。しかも，その関心の背景には，二つの相反する方向性が混在している。

　一つは，共有価値をローカルな伝統の継承として推進する方向である。この立場は，国や文化によって価値観が異なることを前提として，グローバル化の潮流に対し，その国独自の文化を継承する価値教育を重視する。もう一つは，文化的差異を越えて，民主主義社会に求められる普遍的な価値の学習を学校の道徳教育の課題とする方向である。

　その国が共有したい価値を「共有価値（shared values）」として学校教育で教える取組は，21世紀を迎える頃から，イギリス，オーストラリ

ア，シンガポールなど多文化社会を標榜する国において顕在化した。しかし，多様な価値観を持つ人々が違いを認め合いながら共に生きる社会をどう創っていくかという問いは，今日では多民族国家に固有の問題ではない。多様性は歴史と文化を共有する一つの国のなかにも現前している。その多様な人々がそれぞれの善や幸福を追求できる一つの社会を共に創っていくためには何が必要か。人々が共有すべき価値は何か。世界各国は，それぞれにこの問いに向きあっているといえよう。

　第二は，コンピテンシー（資質・能力）ベースの教育改革が世界的に進展するなかで，道徳教育においても，「どのような資質・能力を育てるか」が問われるようになってきたことである。

　表 6 - 2 には，2000年代以降に国際機関や国際的な研究プロジェクトで提起されたコンピテンシーから，道徳性に関わりの深い資質・能力を抽出し，日本の道徳教育の内容を分類する「自己」「関係（他者）」「社会」の視点に分類して整理した。

　2000年代初頭に提起されたキー・コンピテンシーの枠組みに比べ，近年は，価値や倫理に関わる資質・能力が積極的に示されるようになっている。「ATC21S（21世紀型スキルのための教育と評価）」（Assessment & Teaching of 21st Century Skills）は，資質・能力を 4 領域—思考の方法・働く方法・働くためのツール・世界のなかで生きる—で構成された10のスキルとして整理し，さらに，それぞれのスキルに対応した，知識（Knowledge），技能（Skill），態度（Attitude）・価値（Value）・倫理（Ethics）を KSAVE モデルとして示している（Griffin, McGaw & Care, 2012）。

　また，ハーバード大学カリキュラム・リデザイン・センター（CCR）では，世界各国における人格形成教育や資質・能力モデルを比較分析したうえで，「Character の次元」を含む「教育の四つの次元」を新たな枠組みとして提起している（Fadel et al., 2015）。

　各国の道徳教育に伝統の継承と押し寄せるグローバル社会の潮流のなかで，多様な人々が共に生きる紐帯としての道徳をどこに求め，若い世代にどのように育むか。共有価値と資質・能力の育成という課題を融合させているイギリス，オーストラリア，シンガポールのカリキュラムから道徳教育の新たな方向を追ってみよう。

表 6 - 2　世界の諸機関で提起された道徳性に関わる資質・能力

	OECD（2003）キー・コンピテンシー	欧州連合（2007）キー・コンピテンシー	ATC21S（2012）21世紀型スキル	CCR（2015）コンピテンシー（キャラクター）
自己	自律的に活動する・大きな展望・人生設計・権利やニーズ	進取の精神・起業家精神	創造性とイノベーション　人生とキャリア発達	マインドフルネス，好奇心，勇気，レジリエンス，創造性
関係	異質な集団で交流する・関係づくり・協力・争いの解決	社会的・市民的コンピテンシー　　文化的意識と表現	コミュニケーション・協働（チームワーク）	コミュニケーション，協働，リーダーシップ，倫理
社会			個人の責任と社会的責任　シティズンシップ	

出典：OECE（Rychen & Salganik, 2003），European Commission（2007），ATC21S（Griffin, McGaw, & Care, 2012），CCR（Fadel et al., 2015）に基づいて整理

2．イギリス（イングランド）

（1）道徳教育の枠組み

　キリスト教を国教とするイングランドでは，宗教教育が必修となっている。また教科である。市民性教育への要請の高まりを受け，2002年から中等教育で市民科が必修となった。これらとは別に，初等中等教育における道徳教育を担っているのが，PSHE（人格・社会性・健康・経済教育，Personal, Social, Health and Economic Education）である。

　イギリスではナショナル・カリキュラムが制定されており，学校に設置する教科が法令により定められているが，PSHE は，“non-statutory subject”（法令に拠らない教科）である。これは，PSHE を教えることは義務づけられているものの，特定の学習時間を設置するか，それとも学校の様々な教育活動のなかで実施するか，その実施方法が各学校に委ねられているということである。なお，PSHE の頭文字となっている「人格・社会性・健康・経済」のうち，経済（Economic）教育（キャリア教育を含む）は中等教育のみの学習領域である。

　PSHE の学習内容に含まれる薬物防止教育・性教育（中等教育）・キャ

リア教育（中等教育）は法令により必修と定められているため，学校は，これらの学習時間を確保しなければならない。また，市民科は初等教育では必修ではないが，PSHE のテーマとして実施することができる。さらに，2020年から，PSHE の主要テーマである「関係」「健康」の学習が必修となることが決定している（中等教育では性教育を含む）。

　教育省は，PSHE の「ガイドライン」として，目標・内容を公開している。その策定や教材の開発，学校・教師支援のガイダンスには，政府出資の団体である PSHE 協会が当たっている。また，教育水準局（OFSTED）による学校監査では，PSHE の実施状況が学校評価の観点に含まれており，実質的に特設時間を設置することが推奨されている。

　イギリスは，世界各国のなかでも，最も早く1990年代から資質・能力ベースの教育改革を進め，PSHE も含む全教科で教科横断的なキー・スキルを設定してきた。2010年代以降は，その方向を制御する方向で，主要教科においては身に付けるべき知識を明示するようになっている。PSHE では，キー・スキルであるコミュニケーション・他者との協同・問題解決及び探究スキルを重視し，様々なトピックスを通してこれらの資質・能力の育成が目指されている。

　20世紀後半から意識的に多文化共生政策を採ってきたイギリスでは，多様性を尊重しつつ共通の基盤を確立する社会的統合を求めて，「共通に受けいれられる価値」の構築が度々議論されてきた。1996年には，政府のカリキュラム評価機構（SCAA）の主導により，学校や地域社会における教育で扱われるべき「共通の価値」の合意形成に向けたフォーラムが設置され，学校や宗教団体，メディアなどを巻き込んだ全国的な議論を経て，30項目の価値が「価値の声明」として公表された。

　2002年には，教育法（Education Act）において，学校が子どもの精神的・道徳的・社会的・文化的発達を促すよう定められ，そのために，「学校で基礎的なイギリス的諸価値（British Values）を積極的に推進する義務」が明記された。この「イギリス的諸価値」は，2014年に教育省により，「民主主義」，「法の支配」，「個人の自由」，「多様な信仰や信念に対する相互尊重・寛容・理解」の四つであると示されている。

（2）PSHE のカリキュラム

　PSHE のカリキュラム開発は，各学校に委ねられているが，学校の支援として PSHE 協会がそのガイドラインを策定している。それによれば，PSHE は，子どもが，現在及び将来にわたって，健康，安全で，充実した，責任ある調和のとれた人生を送っていくために必要な知識・理解・スキルを獲得できることを目指した学習プログラムである。その中心となる学習活動は，子どもが自らの諸価値や態度について内省的に思考して明らかにし，現在及び将来の生活で直面する複雑で時には衝突しあう様々な価値や態度について探究する機会を与えることにある。その際，自他の価値観や信念に対する批判的思考の育成が重視される。

　学習内容では，人生や生活に関わる様々なトピックスについて学んだ知識を自分に関連付けて認識・内省し，生活に適用できるようにするため，「〜について知る（内容知）」・「〜の方法を知る（方法知）」に加え，「〜ができるようになる」ための学習の充実が図られている。

　学習内容は，次ページのように，三つの中核的なテーマの下に位置付けられ，包括的な概念と転移可能なスキルを含むような現実的文脈で学べるように構成される。PSHE の特徴は，包括的なテーマの下で，現実社会の問題（いじめ，キャリア形成，ネット社会，LGBT など多岐にわたる）を学習し，実践力の育成を重視していることである。

　学習方法では，特に子ども同士の探究的な学習を重視し，教師にはファシリテーターとしての役割が期待されている。また，複数の民間団体が PSHE のプログラムや教材を開発し，学校の実践を支援している。

　2020年から新たに必修となる「関係」「健康」に関する教育は，子どもが健康で幸福な，豊かな関わりのある人生を送るため，様々な困難な状況で行う意志決定に必要な知識・スキル・態度等の育成を目的としている。社会的・情動的なスキルに焦点を当てながら，〈尊重〉や〈ケア〉などの価値を学び，実生活で実践することを目指す学習になっている。なお，PSHE 協会は，これらテーマの学習を独立的にではなく，相互に関連付けて PSHE 全体で学習するよう求めている。

PSHE の内容構成

　　３つの中核テーマ（コアテーマ）で構成

　　　　１．健康と幸福（Health and Wellbeing）

　　　　２．関係（Relationships）

　　　　３．広い世界に生きる（Living in the Wider World）

包括的な概念（Overarching Concepts）
● **アイデンティティ**（個人の資質・態度・スキル・個性・業績など）
● **関係**
● **健康で調和のとれた生活スタイル**（身体・情緒・社会面を含む）
● **リスク**（単に避けるのではなく対処すること）と**安全**
● **多様性**と**平等**
● **権利，責任**（公正・正義を含む）と**合意**
● **変化**（への対処）と**レジリエンス**（困難を克服するスキルや力）
● **パワー**（様々な文脈でどのように用いられるか）
● **キャリア**（起業や就業能力，経済理解を含む）

本質的なスキル（Essential Skills）と特性（Attributes）		
個人	対人関係・社会	リスク管理と意思決定
●自己改善	●共感と思いやり	●自他への積極的・消極的リスクを明らかにし，対処する
●思い込みに気付く	●他者の尊重	●問いを立てる
●レジリエンス	●他者の意見や議論に対する適切な評価	●分析する
●自己調整	●仕事に必要なスキル	●情報の妥当性や信頼性を評価する
●仲間の影響への対処	●起業力	
●自己管理	●他者からの影響への対処	●価値と信念，選択と行為の関係に気付く
●適切な支援を求める	●多様性の尊重	●意思決定する
●価値観の認識・評価	●健全な関係づくり	
●知識の創造的活用		
●健全な自己概念		

出典：PSHE Association（2017）に基づいて作成

3．オーストラリア

（1）汎用的能力と共有価値

オーストラリア連邦は，多文化主義（multi-culturalism）を掲げる多民族・多文化国家である。連邦制のため，教育課程は州によって異なるが，連邦・各州教育大臣の合意により策定される「国家教育指針」には，オーストラリアの国民が共有すべき諸価値が盛り込まれてきた。直近のメルボルン宣言（*Melbourne Declaration on Educational Goals for Young Australians*, MCEETYA 2008）では，オーストラリアの若者は，「成功した学習者となる」，「自信に満ちた創造的な個人になる」，「活動的で情報豊かな市民となる」と目指す姿が示されている。

2008年以降，連邦機関のオーストラリア・カリキュラム評価報告機構（ACARA）により，ナショナル・カリキュラムが開発されている。各州は，これを基にカリキュラムを改訂している。

ナショナル・カリキュラムは，教科にあたる各学習領域，領域横断的な優先事項，汎用的能力（general capabilities）で構成されている。汎用的能力は七つ（リテラシー，数学活用，ICT技能，批判的・創造的思考力，倫理的理解，異文化理解，個人的・社会的能力）で，ナショナル・カリキュラムでは，これらの能力と内容との関連が明示されている。なお，ここでの「能力」は，知識，スキル，態度と気質の総称である。

他方，道徳や価値に関する教育への関心は，1990年代頃から各州における独自のプロジェクトに結実するようになった。これらのプロジェクトでは，価値教育は教育課程全体を通して行うことが推奨されてきた。

「新世紀に向けたオーストラリアのシティズンシップ（Australian Citizenship for a New Century）」（2000年）における政策提言では，オーストラリア社会における〈共有されるべき価値〉とそれを身に付けた市民性の育成を教育課題とすることが求められた。そこには，多文化国家におけるオーストラリアの市民とは，人種や民族，文化で規定されるものではなく，〈共有価値〉を承認することによって決まる，という理念が示されている。

　連邦政府教育省は，価値教育の統一的なフレームワーク開発を2000年代初頭から本格的に着手し，2005年にその成果を公表した。そこでは，9つの〈共有価値〉が挙げられている。具体的には，1．配慮と思いやり，2．ベストを尽くすこと，3．公平な扱い，4．自由，5．正直と信頼，6．誠実，7．尊重，8．責任，9．理解，寛容，インクルージョン，である。

　汎用的能力を柱とするカリキュラム改革を進めるにあたり，連邦政府は，汎用的能力と教科横断的優先事項を盛りこんだ価値教育の枠組みを2011年に示している。そこでは，「価値教育と教科『公民・市民性』は特に関連が深い」としながらも，教育課程の全体で価値教育を行うという立場を継承している。また，汎用的能力との関わりについても，価値教育は，「倫理的理解」と関連するが，それに留まらず，他の汎用的能力にも関わると示されている。

　では，汎用的能力として示された「倫理的理解」（当初の「倫理的行動」を2013年1月版で変更）とはどのような資質・能力なのだろうか。

　「倫理的理解」は，「倫理的概念と倫理的問題の理解」，「諸価値，権利，責任の探究」，「個人の意志決定と行為に関する合理的思考」の三つの学習から成る。倫理的概念，価値，人格特性について知り，調べることによって，また，合理的思考がどのように倫理的判断を助けるかを理解することによって，さらに，様々な文脈や葛藤，不確かさに対処するため，自己の価値と行動が他者に及ぼす影響に気づかせることによって，倫理的な見方を育成することを目指している。

　また，「倫理的理解」の学習に関わりの深い価値として，個人的価値（正直，レジリエンス，他者への共感と敬意），国家的な価値（民主主義・公正・正義）が具体的に挙げられている。

　価値教育では，これらを基盤としつつ，各学校がそれぞれの共有価値を合意形成することが重視される。それは，これらの諸価値を教える教育というよりも，学校文化を価値の視点で見直す「諸価値に基づいた教育（values-based education）」といえよう。

（2）ビクトリア州における「倫理的能力」育成

　ビクトリア州は，オーストラリアの南東部に位置する。州都メルボルンの人口は，シドニーに次ぐ全国2位，移民も多い多文化都市である。

　ビクトリア州では，ナショナル・カリキュラムを基に，2016年から州独自のカリキュラムの導入を進めている。そこでは，横断的に育成する能力として，四能力（個人的・社会的，異文化，倫理的，批判的・創造的）が掲げられている。その一つ，倫理的能力のカリキュラムを教育省およびカリキュラム・評価局（VCAA）のWebサイトで確認しよう。

　「倫理的能力」は，価値や原理などの理解に基づいてそれらを評価し，情報に基づく意志決定を行う能力である。学習の主題は，個人や社会にとって「よく生きる」とはどういうことかについての探究である。学習を通して，子どもは，いかに生きるべきか，何をすべきか，どんな社会を創るべきか，どんな人になるべきかを吟味することが求められる。

　カリキュラムは，「諸概念の理解」，「意志決定と行為」という二つの柱で構成され，基礎から10年生（中学校の最終学年に相当）までのカリキュラムと到達目標が示されている。

　学習内容には，様々な宗教や世界観，哲学思想が含まれる。また，ジレンマを含む現代の倫理的問題を考えるための概念やスキルの獲得を重視し，様々な立場について批判的・創造的に思考することが推奨される。

　評価については，到達基準が示されているが，子ども自身による自己評価を重視し，子どもがポートフォリオの作成に取り組むことで，資質・能力が育成されるとしている。中等教育段階からは，e-ポートフォリオを生徒自身が作成し，学習や課外活動について記録を蓄積する。このポートフォリオは，大学まで持ち続けることになっており，日本における「キャリア・パスポート」と同様な役割を果たしている。

　ビクトリア州の「倫理的能力」では，倫理的問題やその解決に向けた様々な立場に含まれる価値や概念の対立の分析が重視されている。特に，善悪，正誤，正義，幸福，真理，自由，権利，構成，平等，尊重，寛容などの道徳的価値について，それらの理解に様々な競合する見方があることに初等教育の段階から焦点が当てられているのが特徴である。

表 6 - 3　「倫理的能力」の構成

諸概念の理解	意志決定と行為
生徒は以下のことを探究する。 ・倫理的問題とその相対的重要性を明らかにするための重要な鍵概念・観念 ・善悪，正誤，正義・不正義などの倫理的結果に関わる諸概念 ・寛容，欲望，自由，勇気など倫理的に重要な諸概念 ・倫理的諸原理の性質と正当化	生徒は以下のことを探究する。 ・倫理的問題に応える方法 ・倫理的な意志決定と行為に影響を与える諸要素 ・倫理的な意志決定と行為を成し遂げるうえでの様々な困難

表 6 - 4　カリキュラムと評価基準（小学校 3 ・ 4 年生の例）

諸概念の理解	意志決定と行為
正義や害など対立のある概念の意味やそれらが状況が異なるとどう違ってみえるかを探究する。	一見間違った行為が善い結果を導いたり，また逆の結果になったりすることがありうることを探究する。
ある行為が人によって善悪や正誤の判断が異なる場合があることを探究し，なぜそうなのかを説明する。	
様々な問題について倫理的考慮を明らかにするための方法を議論する。	倫理的意志決定と行為における個人的価値と気質の役割について議論する。

到達基準
レベル 4 終了時には，生徒は，一定の文脈から具体例を用いて，諸概念に含まれる対立的な意味と行為の重要性について説明する。また，生徒は，諸問題における倫理的考慮をいかに明らかにするかを説明する。 生徒は，倫理的行為をその結果に関連付けて評価する事例を挙げる。倫理的意志決定と行為における個人的価値や気質の役割を，それらが競合する場合を認識しつつ，説明する。

出典：ビクトリア州カリキュラム・評価局のサイトより筆者作成
　　　https://victoriancurriculum.vcaa.vic.edu.au/ethical-capability/

4．シンガポール

（1）資質・能力育成への教育改革

　シンガポール共和国は，東南アジアのマレー半島先端に位置するシンガポール島を中心とする都市国家である。面積は718.3㎢とほぼ東京23区に相当する。国民の7割が中国系であるが，マレー系，インド系など多彩な民族で構成された多民族国家である（公用語は，英語・中国語・マレー語・タミル語）。国際的な学力調査でも高い順位を維持するなど教育水準が高く，保護者の教育への関心も高いことで知られる。

　高い学力を誇る反面，受験競争の過熱が問題視されてきたことを背景に，1990年代以降，教育省は全人的で包括的な教育を推進，知識面での学力だけでなく，道徳教育や課外活動に力を入れ，1990年から「公民・道徳教育」を教科として実施してきた。2010年には，これからの社会で育てたい資質や能力の視点でカリキュラムが大幅に改革され，道徳教育も，2014年1月より「人格・市民性教育」（Character and Citizenship Education：CCE）として新たに出発した。

　図6-1は，2010年に提起されたシンガポール版21世紀型コンピテンシーの枠組み，「カリキュラム2015（C2015）」である。

　「カリキュラム2015（C2015）」は，中核価値を中心に，その外側に「社会的・情動的コンピテンシー」，さらにその外縁に「21世紀スキル」を配して，シンガポールが目指す四つの市民像へつなげている。そのそれぞれは具体的に次のように示されている。

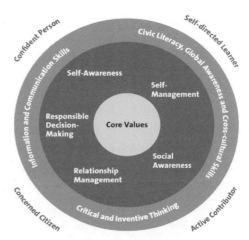

図6-1　カリキュラム2015（C2015）

出典：Ministry of Education Singapore, "2014 Syllabus: Character and Citizenship Education primary" p.1.

○中核価値：尊重，責任，誠実，思いやり，レジリエンス，調和

○社会的・情動的コンピテンシー：自己意識，自己管理，社会意識，関係形成，責任ある意思決定

○21世紀スキル：公民リテラシー，グローバル意識と文化横断的スキル，批判的・独創的思考力，情報コミュニケーションスキル

○目指す市民像：自信ある個人，自主的な学習者，関心を寄せる市民，活動的な貢献者

　「人格・市民性教育」は，教科と体験活動で構成されており，この「カリキュラム2015」の中心である中核価値と社会的・情緒的コンピテンシーの育成を担う教科・活動と位置付けられ，21世紀スキルでは，「公民リテラシー」や「グローバル意識と文化横断的スキル」を中心に扱う教科と位置付けられている。具体的には，次の内容で構成されている。

　―CCE学習：CCEのための価値・知識・スキル学習

　―ガイダンス：小学校のみ。社会的情緒的コンピテンシーの学習（キャリアガイダンスを含む）と教師と児童の関係形成

　―学校主体のCCE活動：関連する体験活動プログラム，価値の学習

　―ガイダンスモジュール：情報倫理，性教育（小・中学校），キャリア教育（中学校）

（2）人格・市民性教育のカリキュラム

　シンガポールは，日本の学習指導要領に相当する「シラバス」を教育省が策定している。このシラバスからカリキュラムの特徴をみてみよう。

　まず，教科の目標は次のように定められている。「人格・市民性教育（CCE）は，児童生徒に諸価値を身に付けさせると共に，社会的情緒的コンピテンシーを育むことを目的とする。またそれによって，児童生徒を，変化の激しいグローバルな世界における良い個人及び有為な市民へと育てることを目指す。CCEは，児童生徒が，シンガポール社会を規定している諸価値の理解を通して，彼らが生きている世界への関心を示し，他者との関わりにおいて共感を示すよう励ます」。

　具体的な内容は，**表 6 - 5**に示すように，六つの中核価値・三つのビッ

表6-5　人格・市民性教育の内容構成

中核価値（Core Values）	ビッグアイデア （Big Ideas）	領域（Domains）
尊重（Respect） 責任感（Responsibility） レジリエンス（Resilience） 誠実（Integrity） ケア・思いやり（Care） 調和（Harmony）	アイデンティティ （Identity） 関わり （Relationships） 選択 （Choice）	自己 家族 学校 コミュニティ 国 世界

出典：Ministry of Education Singapore, "2014 Syllabus : Character and Citizenship Education primary" に基づき，筆者作成

グアイデア・六領域で構成されている。

　ビックアイデア（重大な観念）とは，シラバスの中核となる概念である。シラバスの説明によればこれらは互いに関係しあい影響しあっている。たとえば，生徒は，他者と積極的に関わるためには自分が誰であるかを知らなければならない。様々な関わりは，アイデンティティを形成するし，彼らが行う選択にも影響を与える。良い選択をする能力は，自己のアイデンティティ理解や他者との関わり方に影響を与える。

　教材は，中核価値とビックアイデアを含むテーマを，自己，家族，学校，コミュニティ，国，世界のそれぞれの領域について設定して，開発されている。物語教材は少なく，ディスカッションやグループワークを想定した短いエピソードや問いで構成されている。

　人格・市民性教育は，価値を理解する学習を基盤としながら，「何を学んだか」だけでなく，「どのように学んだか」という学習のプロセスを充実させることを重視した，プロセス・ベース・アプローチを推奨している。特に，児童生徒の日常体験は，学習を意義あるものにし，自分と関係づけるための文脈として活用される。推奨されている学習活動として，ロールプレイ，体験的学習，協同学習，学級での討論や内省の活用があり，スキルの育成と他者の立場に立って考える共感を発達させることにつなげようとしている。

おわりに

　各国の道徳教育を俯瞰してみると，グローバル社会に求められる資質・能力として，社会の問題を主体的に捉えて多様な人々と協働で解決に取り組むこと，文化的な差異に対する理解や尊重，寛容，批判的・創造的思考力，環境や人権への意識，コミュニティへの帰属意識と参画意欲など，共通の枠組みが顕在化しつつあることがわかる。

　この資質・能力にすでに含意されているように，相互に依存しあう世界のなかで，共によりよい社会を築いていくためには，権利や義務，尊重，責任，自由，公正や社会正義など，道徳的価値に関する学習とそれらを現実生活で実現する実践力の育成が求められる。各国の道徳教育では，それぞれの国や地域のローカルな文脈のなかで，このグローバルな課題に応えるカリキュラムへの模索が続いているのである。

🎸 研究課題

1．関心のある国を選び，その国で宗教教育，道徳教育，市民性教育などがどのように実施されているかを調べてみよう。
2．各国の実践から日本への示唆を導き出してみよう。
3．参考文献を読んで道徳や価値に関わる多様な教育の動向を比較してみよう。

参考文献

青木麻衣子・佐藤博志（編）（2014）．『オーストラリア・ニュージーランドの教育　―グローバル社会を生き抜く力の育成に向けて』東信堂．
平田利文（編）（2017）．『アセアン共同体の市民性教育』東信堂．
藤原聖子（2011）．『世界の教科書でよむ〈宗教〉』筑摩書房．
松尾知明（2015）．『21世紀型スキルとは何か―コンピテンシーに基づく教育改革の国際比較』明石書店．
嶺井明子（2007）．『世界のシティズンシップ教育』東信堂．

引用文献

Australian Government, Department of Education, Science and Training. (2005). *National Framework for Values Education in Australian Schools.*

An Australian Government Initiative. (2010). *Giving Voice to the Impacts of Values Education.*

Australian Government, Department of Education, Employment and Workplace Relation. (2011). *Values Education and the Australian Curriculum.*

Department for Education. (UK). (2014). *Promoting fundamental British values as part of SMSC in schools.*

Department for Education. (UK). (2019). *Relationships Education, Relationships and Sex Education (RSE) and Health Education.*

European Commission. (2007). *Key competences for life-long learning-European reference framework*, Office for Official Publications of the European Communities.

Fadel, C., Bialik, M., & Trilling, B. (2015). *Four-dimensional education.* Boston, MA : CCR (Center for Curriculum Redesign). ［東京学芸大学次世代教育研究推進機構（訳）(2016).『21世紀の学習者と教育の４つの次元—知識，スキル，人間性そしてメタ学習』北大路書房］.

Griffin, P., McGaw, B., & Care, E. (2012). *Assessment and teaching of 21 st century skills.* NY : Springer-Verlag.［三宅なほみ（監訳）益川弘如・望月俊男（訳）(2014).『21世紀型スキル：新たな学びと評価』北大路書房］.

Ministry of Education Singapore. (2010). *2014 Syllabus : Character and Citizenship Education primary.*

PSHE Association. (2017). *PSHE Education Programme of Study (Key stages 1-5).*

PSHE Association. (2019). *Teacher guidance : teaching about mental health and emotional wellbeing.*

Rychen, D. S., & Salganik, L. H. (Eds.). (2003). *Key competencies for a successful life and a well-functioning society.* Cambridge, MA : Hogrefe & Huber.［立田慶裕（監訳）(2006).『キー・コンピテンシー —国際標準の学力をめざして』明石書店］.

7 | 道徳教育をめぐる論争 –戦前–

西野　真由美

　明治以降に成立した近代日本の学校教育は，それまでの歴史で培われてきた伝統と押し寄せるグローバル化の波のはざまで，日本人の国民性をどう育成するかという課題に直面する。本章では，近代教育の進展のなか，道徳教育が日本人の国民性の形成にどのような役割を果たしてきたかを考えよう。

はじめに

　戦前の道徳教育というと，教育勅語や修身科が思い浮かぶだろうか。確かに，筆頭教科として戦前の道徳教育の中心的役割を担ってきた修身科は戦前の道徳教育の象徴といえるが，もう少し目を広げてみよう。戦前の国民意識形成を担ったのは，「修身科」という一教科だけではない。そもそも，一教科だけで国民の思想形成ができるほど事は単純ではなかろう。教育勅語や修身科の役割を過大評価も過小評価もせずに，学校カリキュラムを支える思想や原理に注目して全体像を捉えてみよう。

　戦前の道徳教育を様々な議論や論争に着目して追っていくと，道徳教育が一枚岩のように推進されてきたわけではないことに気付く。そこで本章では，戦前の道徳教育の変遷（**表7-1** 道徳教育関連年表，130ページ参照）のなかから，特にその後の時代に影響を与えた論争に着目し，何が問題だったかを当時の社会的背景も参照しながら明らかにしていこう。実は，当時の学校教育が直面していた問題は，今日も形を変えて問われ続けている問いでもある。ここでは，当時の論争や議論を共有しながら，現代の道徳教育をめぐる様々な問題を考えるための手掛かりを得られるよう努めよう。

1．道徳教育の原理を求めて

（1）新たな文化との出会い

　幕末から明治にかけ，西欧文明と出会った日本は，その受容に際して，思想や文化に関わる様々な西欧語を日本語に翻訳した。そのプロセスは，まさしく，異文化とそれを育んだ思想との出会いであった。

　柳父（1982）は，liberty（自由）や right（権利）など，西欧の思想や文化と共に輸入された語が翻訳語として定着していく過程を当時の訳者の苦心と共に紹介している。柳父によれば，「社会という翻訳語が造られたのは明治 8 年頃であるが，その頃の日本には，Society というようなものは実質的にはなかったと言ってもよい」（柳父，1998，p.135）。もちろん，当時の日本にも様々な人間関係のつながりはあったが，「社会」のように個人を単位とする人間関係を表す言葉はなかった。そもそも「個人」自体が翻訳語であるから，その個人を単位として集合体を考える発想は当時の日本にはなかったのだろう。

　翻訳語には，「道徳」や「個人」のように全く新たに造られた語と，「自然」や「自由」のように在来の語に新たな意味が付与された造語がある。後者について，津田（1965）は，原語と日本語元来の意味が対応していないため，誤解や混乱が生じると指摘している。

　たとえば，「自由」という語は，『徒然草』に「よろづ自由にして，おほかた人に従ふということなし」という用例があり，「我がまま勝手」という意味で使われてきたという。明治を代表する啓蒙思想家，福澤諭吉（1835-1901）は，『西洋事情二編』（1870）のなかで，「自由」は，「原意を尽すに足らず」と記してその翻訳の難しさを伝えるとともに，「我がまま」の意味に誤って捉えられることを懸念した。その後，1871（明治 4）年，中村正直（1832-1891）による翻訳書『自由之理』（原著は，イギリスの哲学者ミルの "On Liberty"）が刊行され，自由という訳語自体は定着していった。ただ，その「原意」は十分に伝わっているだろうか。「自由」には，今でもどこか「我がまま勝手」につながるような否定的なニュアンスが残っていないだろうか。

　明治以降における翻訳語の定着は，新たな文化の受容であるとともに，それを自国の伝統や文化へ融合し，時には変容させつつ，独自の文化を形成していく過程でもあった。自文化とは異なる思想や文化と対峙し，そこから新たな時代をどう創っていくか。それはまさに，明治期の学校教育が直面した問いであった。

（2）修身科はなぜ設置されたのか

　学制の発布（1872［明治5］年8月）と共に発足する近代学校教育は，新たな体制と学問の体系を西洋から輸入して構想された。しかし，それは，無からの出発だったわけではない。明治以前の日本には，藩校や郷校，寺子屋などで育まれた教育の文化があったからである。人々の生活や文化に直結する道徳という領域を学校教育で扱おうとするとき，伝統のなかで新たな制度をどう創っていくかはとりわけ大きな問題となる。

　「修身科」は，日本の公教育の最初のカリキュラムである「小学教則」（1872［明治5］年）において，「修身口授」という教科名で設置され，週1時間が当てられた。ただし，設置された学年は現在の小学校第1～2学年に相当する学年だけであり，基本とされる六科目（読書・習字・算術・地理・歴史・修身）の六番目に位置付けられている。この位置付けを見る限り，修身科が重視されていたとは言いがたい。

　学制期の教育政策は，制度の整備を急務として，小学校では生活や実用に役立つ実学重視の方針が採られた時代であった。では，その方針の下で，なぜ，修身という科目が設置されたのだろうか。

　当時の文部省の説明には，「人間ノ交際ハ皆ナ當然ノ倫理アリテ苟モ其道ヲ知ラサレハ或ハ情ニ悖リ義ニ背クニ至ル是修身學ヲ置ク所以ナリ」（文部省，1873，p.2）とある。ここにある「交際」，ないし「人間交際」は，当時通用していた"Society"の訳語の一つである。「人間の交際の当然の倫理」で想定されていたのは，個人を構成員とする社会倫理であった。学制期の修身科において西欧的な市民道徳の学習が企図されていたことがわかる。

　日本が新たな制度設計にあたって参照した諸外国で，小学校に道徳・

倫理に関する教科目を設置していたのは，フランスだけである。文部省が翻訳した『仏国学制』（1873）には，当時のフランスで小学校低学年に設置されていた教科「道徳・宗教教育」が「修身及ビ奉教ノ道」と紹介されている。このことから，学制では，このフランスの教科を範として修身科が設置されたのだろうと推測できるだろう。学制当初，修身科の教科書（教師用）として，西欧の倫理書やフランスの教科書の翻訳本が使用されていることもそれを裏付ける。

修身科設置の背景には，別の指摘もある。それは，江戸時代の藩校や寺子屋における徳育の伝統との関連である。藩校では，儒教の経典が使用され，庶民が学ぶ寺子屋では，「御談義」「道話」「講談」などとして徳育に一定の時間が割かれていた。様々な教訓を盛り込んだ書物や手習などの日課を通した徳育は，近世の教育で育まれた伝統だったのである。実際，学制期の小学校で修身科の指導にあたったのは儒学者たちで，彼らは教師用の翻訳教科書を用いず，専ら「口授」（教師による説話）による指導を行ったとされる。

そもそも，フランスの教科「道徳」の訳語に儒教由来の「修身」（中国の古典『大学』が出典）という語を採用したことにも，徳育の伝統を生かす発想が働いたのかもしれない。形式的にはフランスの学校カリキュラムを範として新設された修身科には，その発足当初から，改革と伝統の相克というその後に続く問題が潜在していたといえよう。

ところで，明治期の啓蒙思想をリードし，学制の理念と制度設計に影響を与えた福澤諭吉は，学校における徳育をどう考えていたのだろうか。

福澤の『学問のすすめ』（1872）は，実用主義・功利主義の学問を推進するとともに，前世代まで徳育の主流であった儒教道徳への強固な批判に貫かれている。福澤の，とくに小学校における道徳教育に対する姿勢は，「小学教育の事」に示された次の言葉によく表れている。

　　道徳の教甚だ大切なりと雖も，余輩の考は少しく之に異なり。其異なる所は道徳を不用なりと云ふには非ず。小學校に『論語』『大學』の適當せざるを云ふなり。今の日本の有様にて，今の小學校は唯下民の子供が字を學び數を知るまでの場所にて，成學の上，一と通り

の筆算帳面のつけやうにても出来れば満足す可きものなり。…今の小學校は高上なる技藝道徳を教る場所に非ざるなり（福澤，1879/1959，p.527）。

　福澤は，道徳教育を重要だとしながらも，小学校で優先すべきは経済生活の基盤となる読み書きそろばんなどの「実学」であると強調する。もちろん，啓蒙主義者である福澤は，近代国家の国民形成に向けて，自主独立の精神の育成が必要であることも痛感していた。だが，それは，学校で学ぶものではない。自主独立の社会的気風のなかで育まれるべきだ。それが福澤の考えた徳育であった。

　福澤同様，政府や文部官僚，啓蒙思想家らの開明派は，近代国家の建設に向け，国民への普通教育振興を最優先した。だが，学制の欧化主義的で実学中心のカリキュラムは，儒教主義者や復古派に伝統の喪失という強い危機感を抱かせた。両者の対立の焦点となったのが，国民意識の形成を担う修身科であった。西欧型の市民社会倫理を中心に据えるのか，我が国固有の伝統を継承していくのか，いわば見切り発車的に出発した修身科の在り方をめぐる問いは，儒教主義者からの学制への強い批判のなか，大きな論争へ発展していくことになる。

（3）徳育論争から教育勅語へ

　「小学教則」で修身科が設置されてからわずか7年，1879（明治12）年に天皇名で起草された「教学聖旨」により，修身科は方針を転換し，儒教道徳に基づいて「仁義忠孝ノ心」を育成する科目と位置付けられる。

　「教学聖旨」を執筆したのは，天皇の侍講であり儒学者の元田永孚（1818-1891）である。この方針に基づいた「改正教育令」（1880［明治13］）により修身科は筆頭科目となり，教育課程の内容を定めた「小学校教則綱領」により，小学校全学年に設置された。ここで設定された週当たりの配当時間数は，戦前の教育課程を通じて最大である。

　この間，政府内では，修身科の方向性をめぐって政策論争が起こる。元田が社会風俗の乱れを欧化主義的教育が原因であるとして批判したのに対抗し，伊藤博文（1841-1909）は「教育議」を上奏して，こうした

乱れは変革期の一時的な事態であると分析，科学教育の充実によって学制の方針をいっそう充実させるよう進言した。元田はさらに「教育議附議」をもって反論した。「教育議論争」と称される両者の論争は，儒教を奨励する方針を採った改正教育令によって終着する。文部省は，西村茂樹（1828-1902）による和漢の教訓書から成る『小学修身書』（1883）を教科書の規準として発行し，修身科における儒教主義の路線が明示された。

　しかし，政府内部での徳育をめぐる対立はその後も続いていた。1885年（明治18）年，伊藤内閣下で初代文部大臣に就任した森有礼（1847-1889）は，儒教主義の教科書による修身科の指導を退け，体験重視の道徳教育を構想した。また，当初，欧米型の理論に立脚していた啓蒙思想家らのなかには，儒教に拠らない日本独自の道徳教育の原理を模索する動きも見られるようになっていた。こうして，徳育の原理をめぐる様々な議論，いわゆる「徳育論争」が，明治10年代から20年代はじめにかけて活性化していく。

　儒教主義による徳育を一貫して批判してきた福澤諭吉は，1882（明治15）年，『徳育如何』，『徳育余論』を相次いで刊行し，学校教育を通じた政治による徳育への関与を否定し，社会による徳育の醸成を求めた。

　学制の欧化主義から改正教育令による儒教主義の復権，一転して森文相下での儒教道徳の否定と，政府の方針が定まらないなか，元田は，『国教論』（1884）で儒教を基本とする国教の確立を提言した。また，西村の『日本道徳論』（1887）は，道徳の基礎を定める必要性を説いた。

　西村は，元田と並ぶ儒教主義者とみなされがちだが，『日本道徳論』では，一つの原理に拠らない日本固有の道徳の確立を提唱している。西村によれば，道徳学説は「世教」と「世外教（宗教）」に分けられる。宗教が「信仰」を主としているのに対し，「世教」は，中国の儒学や西欧の哲学のように，現世での人間や社会の在り方を「道理」に基づいて明らかにする。西村は，宗教には諸宗教間の対立が生じやすいと指摘し，日本には道理に基づく道徳がふさわしいと判断する。そのうえで，日本文化に浸透している儒学に利を認めつつ，儒学にも，進取の気に乏しく，

身分差別や男尊女卑がみられるなどの問題があるとして，儒学のみを道徳の基礎とすべきでないとみる。来世を前提する宗教に拠らず，単独の世教にも拠らず，西村が求めたのは，事実に基づき，良心に拠りながら真理を探求して，日本道徳の基礎を確立していくことであった。

　他方，儒教に拠らない徳育論として，宗教に基づく徳育を展開した加藤弘之（1836-1916）の『徳育方法案』（1887），理学主義を主張する杉浦重剛（1855-1924）の『日本教育原論』（1887）などが相次いで出版された。

　一例として加藤の『徳育方法案』をみてみよう。加藤は，当時の修身科の現状を「徳育のゴタマゼ主義」になっているとして，宗教に基づく徳育を主張した。だが，ヨーロッパはキリスト教，中国は孔孟主義という道徳の「大本」があるのに対し，日本にはそれが明確ではない。かといって，国が特定の宗教を勧めるべきではない。そこで，加藤は，神道・儒教・仏教・キリスト教による修身科をそれぞれ設置して各宗派から教師を派遣，どの宗教を受講するかは児童が選択すべきだとした。

　徳育論争に名を連ねた啓蒙主義者らに特徴的なのは，高等教育における倫理学習の意義を重視しながらも，小学校段階では，日常的な指導や模範としての教師の役割を重視し，修身科の具体的な指導方法を示さなかったことである。それに対して，儒学者の元田は，格言の暗記などで幼少時から儒教的な徳目を体得させる方法を積極的に推進した。

　啓蒙主義者による徳育論の多くが，徳育の理念の提起にとどまっていたのに対し，森文相下で高等教育における倫理教育の構想にも携わった能勢栄（1852-1895）の『徳育鎮定論』（1890）は，具体的な方法に言及しているのが特徴である。

　能勢は，明治20年頃までの徳育の現状について，「徒に甲論乙駁際限なく，何の利益もなくして，教師と生徒は中流に漂ふ舟の如く，其の向かう可き方向に迷ひ」，途方に暮れる姿がある，と報告する。このように議論が尽きない以上，学校の徳育は，宗教や特定の倫理学説に拠ることはできない。能勢は，学校教育では，「普通心（コモンセンス）」を養うことを目的とし，教師の言行を道徳の標準とすべきであるとした。ま

た，格言を暗唱させる指導法では道徳嫌いを育ててしまう，として，規律や実例によって義務や善行を教える道徳教育を提唱した。

徳育論争が活性化するなか，1890（明治23）年2月の地方長官会議において，徳育の根本方針を確立して全国に示してほしいという建議が内閣に提出された。この論議を受け，明治天皇は，榎本文相に「徳育の基礎となる箴言の編纂」（文部省，1954，p.159）を命じたとされる。同年10月，「教育ニ関スル勅語」，いわゆる教育勅語が渙発される。

教育勅語は，第一段で，教育の淵源・道徳的権威（根拠）としての国体観念，第二段で，臣民道徳の内容（徳目），第三段で臣民道徳の妥当性の根拠を明らかにしている。徳育の根拠を国体に求めることで徳育の原理への問いに決着をつけようとする一方で，その内容は，当時の通俗道徳を国民が身に付ける徳目として列挙するに留まっている。

教育勅語の起草に中心的に関わったのは，かつて開明派として元田との教育議論争にも関わった井上 毅（1844-1895）法制局長官（当時）であった。山県有朋首相に宛てた井上の書簡（1890年6月20日付）には，起草にあたって，特定の宗教・宗派に偏しない，特定の哲学理論に拠らない，漢学にも洋学にも偏しないなどに腐心したことが綴られている。勅語が徳目を列挙するにとどまっているのは，井上の意図的な方針によるものだったことがわかる。

教育勅語と同年に制定された第二次小学校令は，教育の目的として，道徳教育，国民教育，知識技能の三者を明示した。ここに，教育勅語に基づく道徳教育を学校教育全体で行うという路線が確立したのである。

2．修身科の指導をめぐって

（1）国民皆教育と国定教科書の成立

日本の平均就学率は，1894（明治27）年頃には60％程度であったが，日清・日露戦争期に飛躍的に上昇し，1902（明治35）年には90％を越えた。本格的な国民皆教育の幕開けである。日本社会は，高度経済成長期を迎え，資本主義国家として，欧米先進諸国との帝国主義的競争に参入していった。学校教育には，産業社会に資する高度な知識や技能を備え

た人材育成が強く求められるようになっていく。

　これに先だって，政府内部では教育勅語の見直しが検討されていた。教育勅語には，渙発の直後から一部の知識人からの批判があった。倫理学者の大西祝（1864-1900）は，勅語が徳目を羅列しているだけで倫理学説に立脚していないこと，キリスト者の植村正久（1858-1925）は，学校が徳育を定めることへの批判を展開したが，当時は多くの支持を集めるには至らなかった。ところが，日清・日露戦争期に産業革命が本格化していくと，政府や文部省内でも，教育勅語と通俗道徳を人材育成の拠り所としてよいのかという議論が交わされるようになる。

　この動きを勅語の改正につなげようとしたのが，1898年，第三次伊藤内閣で文部大臣に就任した西園寺公望（1849-1940）である。西園寺は，来るべき国際競争時代を見据え，新たな時代に相応しい新しい道徳を起こすべきだと考え，世界市民の育成に向けた教育改革に取り組んだ。西園寺は，明治天皇の賛同を得て，新しい教育勅語の準備を進めていたとされる（竹越，1930）。しかし，この検討は，西園寺の病気による辞任で頓挫した。

　近代国家の下で産業社会を担う国民形成に教育勅語の描く人間像が応えうるのか。この問いに答えが出ないまま，修身科の内容は，教育勅語の方針の下で教科書が整備されていくことで統一が図られていった。

　さらに，修身科の教授方法についても，教師用書が作成され，授業の目的，説話要領，格言，主な設問などが細かく示された。ところが，実際の修身科の教授は，教科書を使用せず口授によるものが多かったという。他方で，文部省内にも民間発行の教科書の質を疑問視する声があり，教科書の普及は進まなかった。これに追い打ちをかけるように，教科書をめぐる汚職事件が摘発され，民間教科書への不信は高まった。こうして，教育の質を維持する目的で，1899（明治32）年，国定教科書の編纂が決定した。

　国定教科書は，1903（明治36）年から第一期の使用が定められ，以後，第五期まで刊行されている。第一期の作成に向けた修身教科書調査委員会（加藤弘之委員長）では，まず教科書の編纂方針が議論された。その

様子を委員の一人であった吉田熊次は，次のように伝えている。

> 加藤会長から国定修身書調査の態度につきて相談があった。其の要
> 旨は倫理学説上の主義の議論になれば，各委員とも独自の意見もあ
> るでしやうから，到底一致を見ることは出来ぬであらうが，国民の
> 心得としての道徳のことになれば，必ずしも根本主義の論をせずと
> も宜しかるべきに依り，此の用意の下に評議することに為ては何う
> かと云ふことであつた。各委員とも皆之に同意したのである。（文
> 部省内教育史編纂会，1938，pp.694-695）。

　教育勅語も国定教科書の編纂も，いずれも，特定の原理を避けるとし
ていたが，選ばれた徳目は，国学・儒学で伝統的に目指されてきたもの
であった。この編纂方針はその後も受け継がれ，修身科の教科書は，教
育勅語に基づいた徳目に，その時々の時代や社会の要請に応じた徳目を
加えて作成されることになる。また，学年別の教科書が整備されること
で，徳目を環状的・段階的に学習するカリキュラムが確立した。

　なお，明治20年代頃までに発行された教科書の多くは，教材の表題に
徳目そのものを掲げ，それについて様々な例え話を紹介する形式を採っ
ており，その編集方針は「徳目主義」と呼ばれていた。今日では，「よ
い」とされる徳目を個別に学習させる方法一般を「徳目主義」と呼ぶこ
とがあるが，戦前の用法とは異なるため注意が必要である。

　修身科では，教材や指導方法をめぐって，人物主義と徳目主義の対立
が続いた時代があった。人物主義は，子どもの興味関心を重視するヘル
バルト学派の教授法の影響を受け，子どもに親しみやすい人物の伝記の
学習に様々な徳目を盛り込んで学習する方法である。国定教科書は，当
初，人物の物語を中心に，徳目を主題とした説話も掲載することで，両
者の長所を取り入れて編纂された。

（2）児童中心主義からの道徳教育改革

　明治から大正期にかけ，国定教科書の下で修身科の内容と教授法が全
国に普及していく一方，大正期の教育思想の大きな潮流となった児童中
心主義に基づき，新たな教育を模索する様々な動きが顕在化してきた。

それらを支えたのは，師範附属学校や私立小学校の教師であった。

　成城小学校の澤 柳 政太郎（1865-1927）は『実際的教育学』（1909）において，修身科には様々な議論があるが，共通しているのは，学校の修身科が十分にその目的を達していないという点である，と指摘し，修身科が学校現場において多くの問題を抱えていたことを報告した。

　児童中心主義の様々な教育運動は，修身科における本格的な授業改善に結実していく。1921（大正10）年に開催された八大教育主張講演会では，新教育運動の担い手となった及川平治，小原國芳らがそれぞれの立場から教育の改革を訴えた。講演者の一人，手塚岸衛は，一斉画一教育，教師本位の注入的教育やヘルバルト主義にみられる形式的教授等を批判し，自由教育による日本文化国民の教育を目標として，児童が「自学し自治し自育する自由教育」を掲げ，自由と自治を柱とする教育を確立しようとした。手塚は，修身科においても，「徳目は必ずしも教科書の順を追はず。児童の実生活中に機会を求めて之を取扱ひ最後に系統を附す」，「教科書以外児童相応の道徳的葛藤に対し，相互に判断し解決すべき生ける教材を附す」，など具体的な授業改革案を示した。

　この他にも，木下竹次（奈良女子高等師範附属小学校主事）の生活修身，野村芳兵衛（池袋児童の村小学校）の生活教育など，従来の修身教育を批判し，新たな修身教育をめざす動きが活発となった。木下（1923）は，修身科にも「創作学習」があり，「人々の人格が自発的，自律的，創造的になって初めて真の道徳を完うする」ことができるとした。

　教育実践の側だけでなく，倫理学会からも修身科改革の提言が相次いだ。大島正徳（1918）は，修身教育の方針は，「現代の一大矛盾」であると批判する。矛盾とは，理科教育では自発創造性を重んじよという者が，道徳教育では規則の遵守と服従を強い，自発創造性を封じていることである。大島は，修身科において内面的自由を尊び，自発性自律性を伸ばすことが科学上の創造性を育成することにもつながるとし，両者を切り離さず，国民の精神性として共に育てる必要がある，とした。

　大正新教育に展開された様々な新しい教育運動は，治安維持法の成立（1925［大正14］）以後，急速に表舞台から姿を消したかのようにみえる。

しかし，そこで提起された児童中心主義や創造性の育成という課題は，昭和期の学校カリキュラムへと受け継がれていくことになる。

（3） 学級の成立

　明治初期の学級編成は，半年を区切りとする「等級」制をとっており，入学時期も定まっていなかった。「学級編成等に関する規則」（1891）以後，単一学年で学級を編成する単式学級編成が普及するようになると，生活共同体としての学級の訓育的機能が注目されるようになる。

　まず，澤柳政太郎が『実際的教育学』（1909）において，学級を単位とする教育に着目し，児童の適正な人数など研究の必要性を指摘した。

　続いて，茨城県女子師範学校附属小学校（後に富山県師範学校）教諭であった澤正が，『学級経営』（1912），『学級経営論』（1917）と，本格的な学級経営論を展開した。澤が学級経営の中心に置いたのが，品性陶冶，徳育である。澤は，学級担任による人格的陶冶が教育の中心であるとして，教師の人格的影響を重視した。その際，一部の学校でみられる校長が全学級の修身科を指導する方法の弊害を指摘し，学級経営の基盤として学級担任がそれぞれの創意を生かして担当する「多様の調和統一」であるべきであると強調した。

　学級が整備されることで，学年別の指導の重点も明確に意識されるようになる。澤は，小学校の初学年では，規律や習慣の訓練を主とし，以後，心情の陶冶，高学年では，知識と心情を統合した訓育的陶冶を行うとし，発達の視点を具体的に示した。

3．道徳教育のカリキュラム論

（1） 系統主義と生活主義

　戦前の学校カリキュラムは「教科課程」という名称に示されているように，教科のみで構成されており，今日のような教科外の活動は含まれていなかった。しかし，実質的には明治の早い段階から，運動会をはじめ，様々な体験活動が学校の教育活動として実施されてきた。

　「改正小学校令」（1919［大正8］）の下で発布された法令には，「科

外教育」「課程外の指導」などの語が登場する。運動会や遠足など様々な行事は，明治10年代から学校に普及していたが，明治40年代には，儀式的行事，大正期には学芸会など，今日の学校行事の原型となる様々な行事の教育的意義が広く認知されるようになっていた。

　木下竹次は，『学習原論』（1923）において，音楽会，運動会，学芸会，討論会，演劇会，自治会，遠足などが，正課以外の活動として実施されていることについて，これらの活動が各教科の知識技能を総合して活用した学習活動であると指摘し，今後，合科思想が盛んになれば，正当な課業と認められるようになるだろうと予見した。この予想が制度として実現するのは戦後であるが，昭和初期には，教科の枠組みに収まらない，あるいはそれを統合した学びへの関心が高まっていった。

　国定教科書という制約下ではあったが，修身科においても，教科書に従って徳目を教える主知主義的，系統主義的な学習を越えて，生活や教科での学習を統合して道徳を学ぶ生活主義のカリキュラムが，大正期の実験的な実践研究を経て，一般の学校にも広がっていく。生活経験に基づいた道徳教育は，郷土教育や作業教育という具体的な形をとって全国で実践されるようになっていった。

（2）作業教育における自律と共働

　ここでは，生活主義カリキュラムの一例として作業教育に注目してみよう。作業教育は，ドイツで提唱された教育運動 Arbeitsschule の紹介を発端として全国で展開された，児童の自発的な協同活動を充実して生活に必要な知識技能を育成するカリキュラムである（労作教育・勤労教育とも称される）。特に全国に大きな影響を与えた実践として，玉川学園の労作教育と東京女子高等師範学校附属小学校の作業教育がある。

　前者は，1929（昭和4）年，労作教育を教育理念に掲げて設立され，学校園，田，動物飼育，植林，土木，工作・建築など豊かな施設を活用して子どもを具体的な生産活動に従事させた。後者は児童の自治的活動を重視して学習の作業化を図るとともに，教員研修会や研究授業を主催して作業教育を全国に広めた。

　玉川学園における労作教育の理論的支柱となった小西重直（1875-1948）は，労作を身体的な勤労から精神的な概念に高め，人格教育として提唱した。その際，小西が教育の理想としたのは「自力的独創的で，外界の影響を受けず，完全なる自律的自由を得るやうな人間を作ること」（小西，1935，p.19）であった。しかし自律が単なる抽象的観念論にとどまっては意味がない。実際に生活のなかで自律を実現するために，学校カリキュラムはどうあるべきか。それが小西の問いであった。

　小西は，座学中心の修身科をとりわけ強く批判した。道徳は現実の諸活動へと結びつけられるときにのみ，生きて働くものとなる。修身科にはこのダイナミズムがないと小西は断ずる。修身科の学習に多くの時数を割いても，観念的な教授に偏して身体活動との結びつきが不十分であったら，社会生活の発展も人格の形成も望めない，と小西は言う。

　そこで小西は，労作を中心価値と位置付け，そこから，工夫，努力，鍛練，創造，経験，勤労，忠実，勤倹，自彊の価値が導かれるとして諸価値の構造化を図った。さらに，これら諸価値は座学で個別に学ばれるのではなく，身体活動を導く意志の力の育成によって獲得されるとした。労作，すなわち身体活動を伴う創造的学習活動を充実させれば，忍耐や自己信頼，秩序，節制など勤労に関わる諸徳が身に付く。さらに，自ら何かを達成することで自己認識が育ち，課題も見つかる。この身体活動と反省的思考の往還が子どもを道徳的自律へ導くとしたのである。

　労作教育を実現するには，すべての学習活動において，実験や創作などの創造的活動の充実が求められる。ただし，小西の構想するカリキュラムは単なる活動中心のそれではない。活動を創造につなぐのは，活動への内省である。小西が実現しようとしたのは，身体と精神の交渉であり，思索を学校における様々な活動のなかに位置付けることであった。

　一方，東京女子高等師範学校附属小学校指導主事の北澤種一（1880-1931）は，身体作業や生産・造形活動を通して児童が共同生活の喜びを感じられる共同作業を充実したカリキュラム開発に取り組んだ。

　北澤は，学級や学校生活を社会生活と捉え，仕事に共同で取り組むなかで社会人として必要な力を身に付けていく過程を真の学びと捉えた。

共に作業する共働のなかで異なる人格同士が互いに影響・刺激しあうことで，学級は人格的交渉の場となる。共働の体験から反省に至るまでの一連の過程を通して真の学習が成立する。この学習のサイクルを生みだすよう働きかけるのが北澤の構想する作業教育カリキュラムである。

　小西と北澤の作業（労作）教育は，自律か共働かという力点の違いはあるが，座学である修身科の学習を生活体験や創造活動につなげようとした点で共通である。修身科単独で徳目を教授する系統学習の限界は，これら様々な教育運動を通して課題として広く受けとめられるようになる。この課題意識は，国民学校における広域カリキュラムに結実する。しかし，その試みは戦時下で十分に展開されることなく途絶することとなる。

（3）修身科は機能していたか

　修身科は，教師や子どもたちにどう受けとめられていたのだろうか。明治期の修身科授業については，中勘助（1885-1965）の自伝小説『銀の匙』（1921）や1904年に視察に訪れた英国人シャープの報告で，その一端が伺える。両者ともに，小学校低学年では子どもたちが興味を持って学んでいたことを伝えているが，高学年の授業には批判的である。シャープは，中等学校の修身科について「授業は無味乾燥でおざなりなものになっている」（シャープ，1993，p.364）と指摘した。

　こうした現状を当時の教師たちはどう捉えていたのだろうか。大正・昭和期に教師として修身科を教えた木村文助（1882-1953）の声を聞いてみよう。木村は，秋田県や北海道の小学校で校長を務め，当時提唱されていた生活綴り方教育を修身科にも導入した。その著作『悩みの修身』（1932）には，自らの小学校時代も含めた修身科への回顧が残されている。そこでは，子どもの頃，修身科が「学科の中で一番窮屈で些とも面白くなかった事」，内容の印象が薄いこと，教職に就いてからは型通りの授業に時間をもてあましてしまったことなどが述懐されている。

　木村は，ある時，修身について自信がもてなくなり，子どもたちにこう尋ねたという。「修身を学んで，本当によかったと思うことがあった

か，挙げてみよ」と。子どもたちが色々と表面的な事を挙げるので，木村はさらにこう尋ねた。「よいことがなかったら先生の感情を害するだろうと遠慮したり，修身は大切な科目だからあるはずだと頭から決めつけたりせず，本当に自分の生活に省みて，正直に書くがよい」。そう注意して無記名で書かせると，「修身はいらぬものだ，役に立たない」と答える者が非常に多かったという（木村，1932，p.482）。

　この述懐を木村は，「今の修身を通観すると，余りに外面的，受動的にすぎ，真底に徹しないのではあるまいか」（p.436）と結ぶ。校長として修身科の改革に取り組んできた木村の言葉は重い。

　試行錯誤や論争を重ねながら，戦前の修身科は，理論的根拠を持たない道を敢えて選択し，徳目を一つ一つ，教科書の読み物を使って教える指導に帰着した。その学習の無力さを痛感した木村は，本当の修身は子ども自身の悩みから生まれ，子どもがその悩みを自ら解決していくところに成立する，と訴えた。その声は，現代の我々にも向けられているのではないだろうか。

🔔 研究課題

1．戦前の修身科の教授方法の変遷をまとめてみよう。
2．大正期新教育の担い手となった教育実践者を一人選んで，修身科教授をどのように改革しようとしていたかを調べてみよう。
3．戦前の学校における体験活動にはどのようなものがあったかを調べ，それらが道徳教育にどのような役割を果たしたかを考えよう。

参考文献

以下の参考文献では，戦前の日本の生活や文化の実態が描かれている。様々な史料を通して道徳教育の背景にある戦前の人々の暮らしや文化を想像してみよう。
広田照幸（1999）．『日本人のしつけは衰退したか』講談社．
柳治男（2005）．『〈学級〉の歴史学』講談社．
大倉幸宏（2013）．『「昔はよかった」と言うけれど』新評社．
山東功（2008）．『唱歌と国語―明治示近代化の装置』講談社．

引用文献

福澤諭吉（1879/1959）．「小學校教育の事　四」『福澤諭吉全集第四卷』（pp.526-529）．岩波書店．

加藤弘之（1887）．『德育方法案』哲學書院／東京秀英舍．

木村文助（1932）．『悩みの修身』厚生閣書店．

木下竹次（1923）．『学習原論』目黒書店．

北澤種一（1930）．『作業教育序説』目黒書店．

国民精神文化研究所（編）（1939）．「六月二十日山縣宛井上書簡」『教育勅語渙発関係資料集』第 2 巻（pp.431-433）．

国立教育政策研究所（編）（2002）．『道徳・特別活動カリキュラムの改善に関する研究─歴史的変遷』．

小西重直（1935）．『小西博士全集第 1 巻』玉川大学出版部．

文部省（1873）．『仏国学制』初編巻 1．

文部省（1873）．『文部省雑誌』第七号　佐藤秀夫（編）『明治前期文部省刊行誌集成第六巻　文部省雑誌明治 6・7・8・9 年』（pp.35-43）．株式会社歴史文献．

文部省（1954）．『学制八十年史』．

文部省内教育史編纂会（1938）．『明治以降教育制度発達史　第四巻』教育資料調査会．

中勘助（1999）．『銀の匙』岩波書店．

西村茂樹（2004）．「日本道徳論」日本弘道会（編）『増補改訂　西村茂樹全集　第 1 巻』（pp.99-180）．日本弘道会．

能勢栄（明治23）．『徳育鎮定論』興文社．

大島正德（1918）．「現代の一大矛盾」『丁酉倫理会倫理講演集』第191号，pp.103-109.

澤柳政太郎（1909）．『実際的教育学』明治図書．

澤正（1917）．『学級経営論』金港堂書籍株式会社．

シャープ，W. H.（1993）．『ある英国人のみた明治後期の日本の教育』上田学（訳）行路社．

竹越興三郎（1930）．『陶庵公』叢文閣．

津田左右吉（1965）．「譯語から起る誤解」「自由といふ語の用例」『津田左右吉全集第21巻』（pp.65-84）．岩波書店．

柳父章（1982）．『翻訳語成立事情』岩波書店．

柳父章（1998）．『翻訳語を讀む─異文化コミュニケーションの明暗─』丸山学芸図書．

表7-1　道徳教育関連年表（戦前）

*明治6年までの月日は旧暦表示

西暦	和暦	月日	教育政策・教育実践・一般事項	道徳・道徳教育に関する出版物等
1868	慶応4	2.22	新政府に学校掛を置く	
	明治元	9.8	「明治」と改元	
1871	明治4	7.18	文部省創設，初代文部大輔は江藤新平	中村正直訳『自由之理』（ミル著），箕作麟祥訳『勧善訓蒙』（フランス教科書）
1872	明治5	8.3	**学制の発布**	福澤諭吉『学問ノススメ』
		9.8	「小学教則」の頒布	
1873	明治6	5.19	改正小学教則	
1875	明治8	7.	文部省「小学修身口授」発行	福澤諭吉『文明論之概略』
1879	明治12	8.	元田永孚，「教学聖旨」を起草	
		9.	伊藤・元田の教育議論争	
1880	明治13	12.28	教育令改正	西村茂樹『小学修身訓』
1882	明治15	5.	「小学修身書編纂方大意」の内示	元田永孚『幼学綱要』加藤弘之『人権新説』福沢諭吉『徳育如何』『徳育余論』
1885	明治18	12.22	**森有礼が初代文部大臣に就任（伊藤博文内閣）**	
1887	明治20		ドイツの教育者ハウスクネヒト来日，ヘルバルト主義による教授法を紹介	杉浦重剛『日本教育原論』加藤弘之『徳育方法案』西村茂樹『日本道徳論』
1889	明治22	2.11	**大日本帝国憲法発布**	『教育時論』『大日本教育会雑誌』『教育報知』等の雑誌に，「徳育」に関する論文多数掲載
		12.	文部省が全国の高等小学校に「御真影」（御影）を下付，その後，すべての学校に配布	
1890	明治23	10.30	**「教育ニ関スル勅語」公布**	能勢栄『徳育鎮定論』
1894	明治27	7.25	日清戦争勃発（～1995.4.17）	
1899	明治32	8.3	教育宗教分離の令	
1900	明治33	8.20	第三次「小学校令」公布	
1902	明治35		**児童就学率90%を越す**	デューイ『学校と社会』の翻訳刊行
1903	明治36	4.1	国定教科書制度発足	
1904	明治37	4.1	**第一期国定教科書使用開始**	
		2.8	日露戦争勃発（～1905.9.5）	
1909	明治42			澤柳政太郎『実際的教育学』中勘助『銀の匙』執筆（1910-1912）
1911	明治44			澤正『学級経営』
1913	大正2	6.1	澤柳政太郎が，教育教授研究会で，尋常三学年までの修身科廃止を主張	澤柳政太郎「修身科教授は尋常第4学年より始むべきの論」（『教育学術界』）
		7.28	**第一次世界大戦勃発（～1918）**	芦田恵之助『綴り方教授法』
1919	大正8	9.	千葉師範付小で学級自治会計画	
1920	大正9	5.	木下竹次が奈良女高師附属小で合科教授	
1924	大正13	9.5	川井事件	
1925	大正14	4.22	**治安維持法公布**	井上哲次郎『我が国体と国民道徳』
1932	昭和7	12.17	文部省訓令「児童生徒ニ対スル校外生活指導ニ関スル件」	岩瀬六郎『生活修身原論』木村文助『悩みの修身』小西重直『労作教育』
1933	昭和8	4.	第四期国定教科書使用開始	
1940	昭和15	4.1	**国民学校発足**	
			第五期国定教科書使用開始	
1941	昭和16	12.8	**太平洋戦争勃発**	
1942	昭和17	2.16	「国民学校令戦時特例」公布	
1945	昭和20	7.26	ポツダム宣言発表（8.14受諾回答）	

8 道徳教育をめぐる論争 –戦後–

貝塚　茂樹

　本章は，連合国軍総司令部（以下，GHQと略）による対日占領教育政策の
なかで，修身科と教育勅語がどのように議論されたのかを検証しながら，1958
（昭和33）年の「道徳の時間」設置論争までの歴史的展開の内実を検討する。
具体的には，戦後教育改革期の教育勅語論争から天野貞祐文部大臣の発言を
起点とした「修身科」復活論争と「国民実践要領」制定論争，さらには「道
徳の時間」設置論争を中心に検証し，それらの歴史的な役割と意味について
考察する。

1. 敗戦直後の道徳教育論争の展開

（1）占領軍の修身科評価と「三教科停止指令」

　敗戦後の道徳教育をめぐる動向は，占領期（日本側にとっては「被占
領期」）という特殊な時代背景のなかで，GHQによる対日占領教育政策
とそれに対する日本側の対応という関係構造を視野に入れて検討する必
要がある。

　戦時期のアメリカでは，戦後の日本占領を想定した教育政策を立案す
るために，日本で使用されていた国定教科書の分析作業を1942年から進
めていた。特に，国定修身教科書の分析結果は，1933（昭和8）年改訂
の第四期国定修身教科書の内容に「軍国主義的，超国家主義，国家神道
主義の繰り返し」が顕著であることを問題視するものであった。ただし，
修身科を廃止するのではなく，不適切な教科書の内容の改訂再開を前提
とすることが結論であった（貝塚，2001）。

　1945（昭和20）年8月の敗戦後，GHQの民間情報教育局（CIE）も
同様の国定修身教科書の分析を行っているが，ここでも修身科を改訂再
開する方針は基本的には継承された。その主な理由は，「修身教科書の

詳細な分析は，問題となっている教科書が相対的に無害であることを示しており，全体に及ぶ禁止は適切なものではない」とするものであった。つまり，戦時期の国定修身教科書に顕著に認められる軍国主義と超国家主義的な内容（教材）の排除が目的とされたのである（貝塚，2001）。

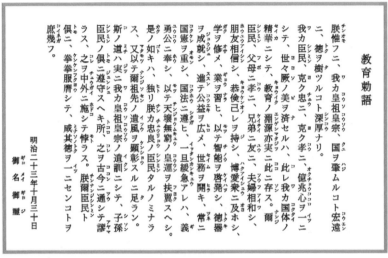

写真 8 - 1　教育勅語

　以上のような教科書分析結果を踏まえて，GHQ は1945（昭和20）年12月31日に「修身，日本歴史及ビ地理停止ニ関スル件」（以下，「三教科停止指令」と略）を指令した。この指令の目的は，①三教科の課程を直ちに停止し，GHQ の許可のあるまでこれらの授業を再開しないこと，②三教科の教科書及び教師用参考書を回収すること，③三教科の教科書の代行案を立てて GHQ に提出すること，を主な内容とするものであり，その基本的な立場は修身教科書の改訂再開をすることにあった。

　「三教科停止指令」による修身科の再開という方針は，1946（昭和21）年3月の『第一次米国（アメリカ）教育使節団報告書』の内容にも継承された。同報告書の第一章「日本の教育の目的及び内容」では，もともと日本の修身科は，従順な公民の育成を目的としたが，「この手段は不正な目的と結びついた」ために現在は授業停止の措置が採られている。

しかし，「民主主義的制度も他の制度と同様，その真の精神に適合しかつこれを永続せしむべき一つの倫理を必要とする。そしてその特有の徳目はこれを教えることができ，従ってこれは他におけると同様学校においても教えられるべきである」と述べられた。そして同報告書は，「特別の倫理科を父兄も生徒も期待しているようである。日本人の現在もっているもの即ち礼儀を以って修身科をはじめるなら，それでよかろう」と勧告した。

(2)「公民教育構想」における修身科評価

　戦後の新たな道徳教育の在り方を模索する動きは，GHQだけではなく，文部省でも進められた。一般にこれは「公民教育構想」（以下，「構想」と略）と称される。1945（昭和20）年10月に文部省内に設置された公民教育刷新委員会が同年12月にまとめた答申は，新しい公民教育が「教育勅語の趣旨に基づく」べきであることを示しながら，従来の修身科に見られた「徳目ノ教授ヲ通シテ，道義心ノ昂揚ト，社会的知識技能ノ修得並ビニソノ実践トヲ抽象的ニ分離シテ取扱フガ如キ従来ノ傾向ハ是正サレルベキデアル」とした。

　また，従来の修身科が道徳教育の説明の手段であることを忘れて，現実の社会生活や模倣できる行為の仕方としては十分ではなかったとして，これを反省して模型を現実と誤認させ模倣を当為と混同せぬように注意せねばならぬとした。そして答申は，「道徳ハ元来社会ニ於ケル個人ノ道徳ナルガ故ニ，『修身』ハ公民的知識ト結合シテハジメテ其ノ具体的内容ヲ得，ソノ徳目モ現実社会ニ於テ実践サルベキモノトナル。従ツテ修身ハ『公民』ト一体タルベキモノデアリ，両者ヲ結合シテ『公民』科ガ確立サルベキデアル」とする方針を示した。

　そのうえで答申は，「道徳，法律，政治，経済に関する諸問題についての普遍的一般原理に基づく理解の徹底」「共同生活に於ける個人の能動性の自覚」「社会生活に対する客観的具体的認識とそれに基づく行為の養成」「合理的精神の涵養」「科学の振興と国民生活の科学化」「純正なる歴史的認識の重視」などの「根本方向」を提示した。

　さらに答申は,「社会現象（道徳・法律・政治・経済・文化）の相関関係を, 多角的綜合的に理解せしめること。しかも問題を網羅的に並列することなく, 重要な若干の事項に重点を置き, これを立体的に理解せしめ綜合的な知識を与えること」「道徳・法律・政治・経済に関する抽象的理論的な問題も, 具体的な卑近な事象を通して理解せしめ青少年の興味と関心とを喚起するよう考慮すること」を強調した。つまり答申は, 特に修身科の方法面での欠点を指摘したうえで, 道徳の知識と社会認識の教育との密接な関係を重視した「公民科」という新たな教科の創設を構想していたのである（片上, 1984）。

（3）「公民教育構想」の変容と社会科の成立

　ところが, 新たな「公民科」創設の方針は, 修身科の改訂再開を求めた「三教科停止指令」の内容とは相反するものであった。そのため CIE は,「構想」を「占領政策違反」として問題視し,「公民科」創設に懸念を示した。数度にわたる CIE と文部省との折衝の末, 両者は修身教科書の暫定教科書は作成せず, 公民科の教師用指導書のみを作成することで一度は合意している。

　しかし, CIE は1946年4月頃から日本側に「公民科」ではなく, 一転して社会科の設置を求めることになる。それは, 日本側の作成した教師用指導書の内容が, 当時アメリカの一部の州で実施されていた社会科と類似していたことや CIE の担当官が交代したことが直接の要因であった。

　この社会科の設置は,「構想」の大きな変容を意味していた。そもそも「構想」は, 修身科に代わり得る教科としての新たな「公民科」の設置を意図したものであり, 歴史, 地理を含めた広域総合教科としての社会科とは本質的に異質のものであったからである（久保, 1988）。修身科に代わり得る教科としての「公民科」は道徳教育の役割を担う教科としての性格を持っていたが, 社会科の実施は, その新たな「公民科」と共に, 結果として道徳教育を担う明確な教科が教育課程からなくなることを意味していたのである。

2．教育勅語論争の展開

（1）「日本的民主主義」と教育勅語

　戦後教育改革において，修身科と共に大きな論争の対象となったのが
教育勅語の取扱いの問題であった。特に GHQ は，教育勅語が日本の天
皇制と結びついていると捉えており，教育勅語への対応は占領政策全体
の根幹に関わる課題であった。そのため，GHQ では教育勅語の取扱い
に慎重な議論を重ねながら，様々な可能性が模索された。

　これに対して，敗戦直後の日本政府・文部省の教育勅語への対応の立
場は明確であった。それは，天皇制の存続を意味する「国体の護持」と
民主主義とは決して矛盾しないという立場であり，教育勅語への評価は
総じて肯定的であった。たとえば，前田多門文部大臣は，教育勅語には
普遍的な道徳が示されており，教育の目指すべき理念が明確に示されて
いたと述べている。しかし，教育勅語の本来の理念は，戦前・戦中の軍
国主義と超国家主義とによって著しく歪曲され，誤解されてしまった。
そもそも教育勅語の理念が十分に浸透していれば戦争が起こることはな
かったのであり，決して教育勅語の理念に誤りがあるわけではない。し
たがって戦後の新しい教育では，改めて教育勅語の掲げた理念に立ち戻
り，その精神を受け継ぐことが必要であると主張した。言い換えれば，
教育勅語の理念に還ることが，戦後日本において民主主義（「日本的民
主主義」）を実現することであるという主張であった。

　また，文部省の田中耕太郎学校教育局長は，1946年2月21日の地方教
学課長会議での訓示において，「教育勅語は，我が国の醇風美俗と世界
人類の道義的な核心に合致するもの」であると発言した。さらに前田文
部大臣の後任となった安倍能成も同年2月25日の地方長官会議で「私も
亦教育勅語をば依然として国民の日常道徳の規範と仰ぐに変わりない」
と発言して田中の訓示を支持した。

　一方，1946年3月来日予定の第一次米国（アメリカ）教育使節団に協
力する目的で設置された日本側教育家委員会においても教育勅語問題が
議論された。同委員会がまとめた「報告書」では「一，教育勅語に関す

る意見」において，従来の教育勅語は天地の公道を示したものとして誤りではないが，時勢の推移につれて国民の精神生活に適さないものがあるので，あらためて平和主義による新日本建設の根幹となるべき国民教育の精神生活の真方向を明示する詔書の公布を希望すると述べ，教育勅語とは別に新たな教育勅語を渙発することを求めた。一般的にこれは「新教育勅語渙発論」と称せられ，その可能性は教育基本法の制定が決定される頃までGHQ，日本側双方で模索された。

（2）教育刷新委員会における教育勅語論争

　教育勅語をめぐる様々な議論が錯綜するなかで，1946年3月にマッカーサー（Douglas MacArthur）に提出された『第一次米国（アメリカ）教育使節団報告書』においても教育勅語の取扱いについては直接には言及されず，教育勅語論争は同年8月に設置された教育刷新委員会の論議に引き継がれた。

　教育刷新委員会は，「教育に関する重要事項の調査審議を行う」ことを目的として，1946年8月10日に内閣総理大臣の所管の審議会として設置された。教育刷新委員会には，全委員が参加する総会の他に21の特別委員会が設けられ，教育勅語問題と教育基本法に関する問題は，主に第一特別委員会で議論された。

　第一特別委員会の議論は，基本的に「日本国民の象徴であり，日本国民統合の象徴という（天皇の）地位は，精神的の力を天皇がもって居られることを認めている。その範囲に於て勅語を賜るということは憲法の精神に反していない」（芦田均）という見解と，従来の教育勅語は新憲法下では奉読してはならないとしてよいのではないか，新憲法にふさわしい内容を天皇の「詔勅」で決定すべきではなく，教育根本法として国会が決定すべき（森戸辰男）という対立する見解を軸として展開した。

　教育刷新委員会は，教育勅語に関する集中的な議論を行い，同年9月25日の第2回総会において，①教育勅語に類する新勅語の奏請はこれを行わないこと，②新憲法発布の際に賜るべき勅語のなかに，今後の教育の根本方針は新憲法の精神に則るべきことを確認した。これに基づいて

策定された，同年10月 8 日の文部次官通牒「勅語及詔書等の取扱につい
て」は，①教育勅語をもってわが国唯一の淵源となる従来の考え方を排
除すること，②式日等の奉読を禁止すること，③教育勅語を神格化する
取り扱いを止めること，の三点を明示した。これは教育勅語の廃止を求
めたものではなく，教育勅語を絶対の理念とすることを否定したうえで，
特に学校教育での神格化した取り扱いを禁止することを求めたもので
あった。そして，CIE もこの通牒の立場を基本的に容認していた（日本
近代教育史料研究会編，1997）。

　このことは，1947（昭和22）年 3 月20日の貴族院において高橋誠一郎
文部大臣が，「日本国憲法の施行と同時に之と抵触する部分に付きまし
ては其の効力を失ひ，又教育基本法の施行と同時に，之と抵触する部分
に付きましては其の効力を失ひまするが，その他の部分は両立する（中
略）詰り政治的な若くは法律的な効力を教育勅語は失ふのでありまして，
孔孟の教へとかモーゼの戒律とか云ふようなものと同様なものとなって
存在する」と述べたことにも明らかであった。ここでいう「抵触する部
分」とは，勅語という形式で教育理念を国民に示すことであり，「抵触
しない部分」とは，「父母ニ孝ニ」以下の12の徳目を意味していた。こ
のことは，文部大臣となった田中耕太郎が，教育基本法制定にあたって，
教育勅語の徳目が古今東西を通じて変わらない人類普遍の道徳原理であ
り，それらは民主憲法の精神とは決して矛盾しないと述べたことにも象
徴されていた。

　また田中は，1946年 9 月の教育刷新委員
会の総会において，「詰り教育勅語を今ま
での神懸り的のもの，詰り神様の言葉とし
て取扱うような態度であってはならない，
それは倫理教育の一つの貴重なる資料であ
るというような態度で臨まなければなら
ぬ」とも明確に述べていた。

　文部次官通牒の立場に基づき，文部省は
教育基本法の制定へと着手することにな

写真 8 - 2　田中耕太郎

る。この時点の文部省の解釈は，教育基本法と教育勅語とは基本的に矛盾するものではないというものであり，この点は CIE においても特に異論はなかった。

（3）「国会決議」と教育勅語問題

1947（昭和22）年 3 月31日，教育基本法が学校教育法とともに公布・施行された。教育基本法の制定によって教育勅語論争は一応決着し，戦後の教育理念が確定された。ところが，1948（昭和23）年 6 月19日に衆参両議院で「教育勅語排除・失効確認決議」（以下，「国会決議」と略）が行われたことで，教育基本法と教育勅語の関係は再び不安定なものとなった。これまでの研究において，「国会決議」が GHQ の民政局（GS）の強い働きかけによって行われたことが明らかとなっているが，「国会決議」によって，それまでの文部省の立場は修正を余儀なくされることになった。特に衆議院の「国会決議」が，教育勅語を日本国憲法に違反する「違憲詔勅」と位置付け，教育勅語が過去の文書としても権威を失うことを宣言したことは，1946年10月 8 日の文部次官通牒「勅語及詔書等の取扱について」の内容との相違を印象づける結果となった。またそれは，教育勅語と教育基本法とは矛盾しないという政府，文部省の従来の立場とは性格を異にするものと捉えられた（貝塚，2009）。

「国会決議」は，その後の教育勅語と教育基本法との関係に再び課題を残すことになった。たとえばそれは，1950（昭和25）年に文部省がまとめた文書では，「国会決議」に基づく教育勅語の返還措置によって，教育勅語問題は「完全に終結」したとする一方で，教育勅語の内容は「今日においてもあまねく人類に普遍的な，美しい道徳的思想の光をはなっている」と評価されたことにも顕著に示されていた（文部省，1950）。

また，占領下において GHQ 主導で行われた「国会決議」の意味や法的拘束力を持たない「国会決議」の有効性への疑問が提示されることで（高橋，1984），教育勅語をめぐる解釈はより複雑となり，その後は政治的な争点とされていった。戦後日本教育史において，教育基本法と教育勅語の関係が現在においても論点とされるのは，以上のような歴史的経

緯が背景の一因となっている（貝塚，2001）。

3. 天野貞祐の問題提起と道徳教育論争

（1）天野発言と『第二次米国（アメリカ）教育使節団報告書』

　戦後教育改革期における道徳教育論争は，教育勅語と修身科に関わる問題が重要な課題となって展開した。言い換えればこれらは，道徳教育基準を設定することの是非と道徳教育を担う教科を設置することの是非，という課題であった。しかし，戦後教育改革において，この二つの課題は十分に議論を深められずに1950年代へと持ち越された。

　1950年代に入ると，道徳教育の課題は，第三次吉田内閣で文部大臣となった天野貞祐の問題提起を契機とする論争，すなわち，1950（昭和25）年の「修身科」復活論争と1951（昭和26）年の「国民実践要領」制定論争として活発な議論の対象となった。

　1950年11月7日，天野文部大臣は，全国都道府県教育長協議会において，「わたしはもとの修身といったような教科は不必要だと考えていたが，最近各学校の実情をみると，これが必要ではないかと考えるようになった。（中略）そこで，教育の基礎として口先でとなえるものではなく，みんなが心から守れる修身を，教育要綱といったかたちでつくりたい」と発言した。

　また，天野は同年11月26日の『朝日新聞』に「私はこう考える―教育勅語に代るもの―」を掲載し，11月7日の発言の趣旨を説明した。ここで天野は，従来の教育勅語に掲げられた徳目が勅語という形式において道徳的規準とされることは妥当ではないが，「何か他の形式において教育勅語の果たしていた役割を持つものを考える必要」があると述べた。また，社会科は修身科よりは広い展望を持っているが十分に成果を上げていないと指摘したうえで，従来の修身科に復帰するというもので

写真 8 - 3　天野貞祐

なく，「これまでの修身科と社会科とを契機」とした新しい教科の設置を意図したものであると説明した。

　こうした天野発言を契機として，「修身科」復活論争，「国民実践要領」制定論争が新聞，雑誌を中心として活発に展開した。もっとも，特に「修身科」復活論争の背景には，1950年8月に来日した第二次米国（アメリカ）教育使節団による『第二次米国教育使節団報告書』での記述が重要な役割を果たしていたことも看過できない。同報告書は，「われわれは日本に来てから，新しい日本における新教育は，国民に対して，その円満な発達に肝要な道徳的および精神的支柱を与えることができなかったということをたびたび聞かされた」と述べ，「道徳教育は，ただ社会科だけからくるものだと考えるのはまったく無意味である。道徳教育は，全教育課程を通じて，力説されなければならない」と勧告した。この勧告は，修身科が廃止されて以降，文部省を中心に模索されてきた，「社会科による道徳教育」「社会科を中心とした道徳教育」という方向性に修正を迫るものであったと同時に，戦後教育改革における道徳教育の在り方を問い直そうとする契機を提供する役割を果たしたと言える。天野発言は，基本的にはこうした動向のなかに位置付けることができる。

（2）天野発言をめぐる論争の展開

　戦後教育史研究において，天野発言を契機とした「修身科」復活論争と「国民実践要領」制定論争は，「世論」からの「四面楚歌のような反撃」（船山，1981）を受けたために挫折，頓挫を余儀なくされたと評価されてきた。しかし，実際の論争の推移を辿っていくと，「世論」は必ずしも天野発言に否定的ではなかったことが明らかとなる。たとえば，「修身科」復活論争において，毎日，読売，東京，日本経済の新聞各紙が社説でこの問題を取り上げた。その内容を見ると，天野発言に明確な反対の論調を掲載したのは読売新聞の社説のみであり，他の新聞社説は，発表の形式には疑問を呈したものの，天野発言の趣旨には理解と賛意を示していた。また，天野発言には批判的であった読売新聞が実施した「修身科復活是か否か」と題する紙上討論形式の世論調査（1950年12月8日）

において，「修身科」復活には約64％が賛成と回答していた。

　このことは，「国民実践要領」論争においても同様であった。1951年11月26日の参議院文部委員会は，「国民実践要領」に関する公聴会を開催した。先行研究では，公聴会に出席した9人の参考人が，「国民実践要領」に対して総じて批判的であり，その「猛攻撃」によって「国民実践要領」制定が実現しなかったとの解釈をしている（船山，1981）。たしかに，参考人のほとんどが，「国民実践要領」の発表形式について問題点を指摘したことは事実である。ところが，その一方では，天野の「国民実践要領」制定の趣旨に対しては，9人の参考人のうち4人が原則的な賛意を示していた。つまり，「修身科」復活論争と「国民実践要領」制定論争における「世論」の反応は，少なくとも先行研究が指摘する「四面楚歌」といった状況ではなかったと言える（貝塚，2001）。

（3）天野発言の意義と問題点

　しかし，結果として天野の問題提起した「修身科」復活と「国民実践要領」の制定は実現しなかった。「修身科」復活が実現しなかった直接の要因は，教育課程審議会が，1951年1月4日に出した「道徳教育振興に関する答申」にあった。答申は，「道徳振興の方策として，道徳教育を主体とする教科あるいは科目を設けることは望ましくない」として天野の提起した道徳教育の教科設置を明確に否定したためである。さらに文部省は，この答申を踏まえ，同年2月8日に「道徳教育振興方策」を発表し，その内容は，同年4月から5月にかけて文部省が公表した『道徳教育のための手引書要綱─児童・生徒が道徳的に成長するためにはどんな指導が必要であるか─』によって具体化された。

　後者では，「道徳教育を主とした教科を設けることの可否は，学校の段階によりいちがいにいうことはできない」と述べる一方で，「もしとくに教科を設けるということをした場合には，道徳教育に関する指導を教育の一部面のみにかぎる傾向を，ふたたびひきおこすおそれがすくなくないといわなくてはならない」と指摘した。そして，「道徳教育は，学校教育の全面においておこなうのが適当」であり，「社会科をはじめと

する各教科の学習や特別教育活動が，それぞれどのような意味でまたどのような面で道徳教育に寄与することができるかを明らかにすることがたいせつである」と続けた。

　また，「国民実践要領」制定が実現しなかった直接の要因は，天野自身がその制定を撤回したためであった。天野が「国民実践要領」の制定を断念した背景には，論争における批判と共に天野発言それ自体に内在した三つの問題点を指摘できる。

　第一は，天野発言が内容の具体性を欠き，脆弱であったことである。たとえば天野は，「国民実践要領」の性格を，国民の「道徳的基準」，「国民の道しるべ」，「教育基本法，学校教育法の解説，注釈」などと位置付けた。しかし，「国民実践要領」制定論争の過程では，天野からその具体的な内容が示されることはなかった。そのため，天野発言は道徳教育の課題を克服するという意図から離れ，むしろ当時の大きな政治課題であった再軍備問題に連動するものとして理解された。つまり，天野発言は，再軍備のためのイデオロギーとして準備されたとの「疑惑」へと回収されていったのである。逆に言えば，再軍備などの政治的課題が鋭角的に進行しているなかで，天野には，具体性のない発言がどのように展開するかという現実的な認識が弱かったということもできる。

　第二には，天野が「国民実践要領」を「文部大臣たる天野個人」として発表しようとした認識に関わる問題である。たとえば，この点について勝田守一は，天野の心情がどうあれ，大臣という立場は「自由人」でないために，すでにリベラルではありえないと述べながら，「文相はよく，自分の意見が誤解されたと新聞で語っておられるが，実はそれは誤解ではなくて，そういうふうにしか，個人の意見というものは，政治の機構のなかでは，働いていかないものなのである」（勝田，1952）と批判した。少なくとも天野は，この点に関しても自覚的に認識してはいなかったと言える（貝塚，2017）。

　第三は，「修身科」復活論争における社会科批判に関わるものである。この点について梅根悟は，社会科が道徳教育において十分な成果を与えていないという判断は何によってなされたものであり，「どれだけの

的確な根拠，客観性を持ったものであるか」（梅根，1951）と批判した。たしかに，社会科が設置されて3年程しか経過していない時点において，社会科の成果を問うこと自体には無理があったと言える。

　以上のように，天野が戦後教育改革期における道徳教育の課題に対して，「修身科」復活，「国民実践要領」制定の是非に関する問題提起をしたことは重要であった。なぜなら，これらの論争のなかに戦後日本の抱えた道徳教育の論点が結節点として集約されていたといえるからである。そのため，天野の問題提起が改めてそれらの課題を喚起し，議論する契機となったことは事実である。ところが，天野発言は逆に道徳教育の課題をさらに混迷させる役割も果たした側面もあった。とりわけ，1950年代には「文部省対日教組」と表現される対立が顕著なものとなり，道徳教育が政治的なイデオロギー論のなかで論じられる傾向を強めたことは，道徳教育論争をさらに複雑にしていった。

　その意味では，上田 薫が，特に「修身科」復活論争に対して，「今日道徳教育に関しては，きわめて活ぱつな論議がかわされてきているけれども，道徳教育そのものの観点をいかに考えるかという根本の問題は，むしろ等閑に附されている」と指摘し，「現在の道徳教育が，人間性を無視し，個性の進展を阻害した過去の教育の観点をそのまま踏襲してよいはずは絶対にない。しかるに，明白でなければならぬその点に，あいまいなものが混入し，事態を不必要に複雑化することによって，新しい道徳教育の成長をはばんでいる」（上田，1951）と批判したことは説得的であったと言える。

4.「道徳の時間」設置論争の展開とその課題

（1）講和独立後の道徳教育問題と社会科

　講和独立後の道徳教育問題は，社会科と道徳教育との関係をめぐる議論を中心として展開していった。1953（昭和28）年8月7日の教育課程審議会答申「社会科の改善，特に地理・歴史・道徳教育について」は，道徳教育の指導が，「ある特定の時間にまとめてなされることは，効果が少ない」として，新たな教科の設置には否定的な見解を示した。しか

し，「答申」は一方で，「道徳教育は社会科だけが行うもののように考えることは誤りであって，これは学校教育全体の責任である。しかし，社会科が道徳教育に対して，責任を持つべき主要な面を明確に考え，道徳教育に確実に寄与するように，その指導計画および指導法に改善を加えることは重要なことである」と述べて，社会科のなかでの道徳教育の役割を強調した。

この「答申」に基づき，文部省は同年8月22日，「社会科の改善についての方策」を出して，社会科改訂の方向へと進めていった。この改訂の趣旨は，民主主義の育成に重要な役割を担う社会科の目標は堅持しつつ，指導計画や指導法の欠陥を是正し，道徳教育，地理，歴史の指導の充実を求めたものであり，基本的には天野の問題提起の延長線上にあったと言える。

（2）「道徳の時間」設置をめぐる動向

1956（昭和31）年3月15日，清瀬一郎文部大臣は，教育課程審議会（会長は日高第四郎）に対して，「小学校中学校教育課程ならびに高等学校通信教育の改善について」を諮問した。これに基づき教育課程審議会は，初等教育課程分科審議会と中等教育課程分科審議会に分かれて論議を開始する。さらに，1957（昭和32）年8月5日，松永東文部大臣は，「地理・歴史を社会科のなかにおりこみ，修身や倫理というものを独立させる方がよい。父母の多くは，倫理を教育すべきだといっており，このさいはっきりした指針を与える必要からも道徳教育を独立教科にしなければならない」と述べた。

教育課程審議会は，翌1958（昭和33）年3月15日に「小学校・中学校教育課程の改善について」を答申した。答申は，道徳教育が，社会科をはじめ各教科その他教育活動の全体を通じて行われているが，「その実情は必ずしも所期の効果をあげているとはいえない」と分析した。そして，今後も学校教育活動の全体を通じて行うという従来の方針は変更しないが，「現状を反省し，その欠陥を是正し，すすんでその徹底強化をはかるために，新たに道徳教育のための時間を特設する」こと，その特

設された時間は，「毎学年，毎週一時間以上とし，従来の意味における教科としては取り扱わないこと」を提言した。

　答申を受けた文部省は，同年 3 月18日に「小学校・中学校における『道徳』の実施要領について」を通達した。この通達において「道徳の時間」設置の趣旨は，「児童生徒が道徳教育の目標である道徳性を自覚できるように，計画性のある指導の機会を与えようとするもの」であるとされた。そして，「他の教育活動における道徳指導と密接な関連を保ちながら，これを補充し，深化し，または統合して，児童生徒に望ましい道徳的習慣・心情・判断力を養い，社会における個人のあり方についての自覚を主体的に深め，道徳的実践力の向上をはかる」ものであると説明された。

　1958（昭和33）年 8 月28日に学校教育法施行規則が一部改正され，「道徳の時間」は小学校・中学校において，教科ではないが，各教科，特別教育活動，学校行事と並ぶ一つの領域として教育課程のなかに位置付けられ，同年 9 月からの授業が義務づけられた。

（3）「道徳の時間」設置論争の論点

　「道徳の時間」設置をめぐっても激しい論争が展開された。とりわけ1950年代以降，「文部省対日教組」といった対立構図が固定化されるなかで，日本教職員組合（以下，日教組と略）はこれに強く反対し，その実施に抵抗した。たとえば，文部省が行った「道徳教育指導者講習会」の関東甲信越ブロックの講習会では約200人の組合員が妨害したために，開催場所が急遽変更されるといった混乱も生じた。

　また，日本教育学会教育政策特別委員会は，1957年11月 4 日に「道徳教育に関する問題点（草案）」を発表する一方，日教組も1958年 8 月に「時間特設・独立教科による『道徳』教育について」を発表して，「道徳の時間」設置への反対を主張した。特に後者では，「道徳の時間」の立場を「一部特権階級のための教育——支配者の要求する服従の道徳教育である。彼らの利権を守るための手段としての道徳教育である。この道徳は平和，人権，真実，自主性の人間形成の教育の道徳教育の基本的問題と対決しこれを否定しようとする道徳教育である」と位置付けた。

　こうした表現に見られるように，「道徳の時間」設置への反対論の多くは，政治的なイデオロギー論の立場を色濃くした批判であったと言える。そのうえで，「道徳の時間」設置論争の争点は大きく次の三点に整理できる。

　第一は，国家（公権力）が，国民の良心に関わる道徳教育にどこまで関与できるかという問題である。この点について日本教育学会の「道徳教育に関する問題点（草案）」は，「近代民主主義政治のもとで，個人の自由と良心の問題である道徳とその教育について，公権力が一定の方向づけやわくづけをすることが，はたして妥当であるか」と疑問を投げかけ，「政府の作業は，国民の間から新しい道徳が生み出されるような条件をつくること」であると批判した。

　これに対して文部省は，「道徳の時間」は，戦前の修身科のように国家的徳目（忠君愛国）を一方的に教えるものではなく，現実に直面する問題に対して，より高い人間の在り方を追究しつつ，いかに生きるかを教師も生徒とともに考え，悩み語らう契機とするものであると説明した。

　第二は，「道徳の時間」の目標に関わるものである。端的には，道徳教育を学校の教育活動全体を通して行うのか，あるいは特定の教科目を設けて行うのかが論点であり，具体的な論争では，「全面主義か特設主義か」の対立と表現された。しかし，『昭和33年版学習指導要領』における，「道徳の時間」の目標は，「学校の教育活動全体を通じて行うことを基本とする」とされ，他の教育活動における道徳指導と密接な関連を保ちながら，補充し，深化，統合した組織的で発展的なものとされていた。この点からすれば，そもそも「全面主義か特設主義か」という二者択一的な論点は成立しないものであったと言える。

　第三の論点は，特に生活指導と道徳教育との関係についてのものである。これについて先述の「道徳教育に関する問題点（草案）」は，生活指導は単に善悪の問題のみに止まらず，生活を見つめる確かな目を育てる仕事や美しいものに感ずる心や愛情を育てる仕事など科学教育や芸術教育への礎地に培う幅広い営みであり，このような幅広い営みによって真の道徳教育も可能になるのではないか，と指摘した。

　こうした指摘に対して，たとえば，「道徳の時間」設置に役割を果た
した勝部真長は，生活指導はその都度起こった偶発的な事件を扱うため
に，事件として起こらなければ解決できないという欠点を持つ。そのた
め，この偶発性を補うためには，道徳の基礎的知識を与える「直接的」
方法が必要であると反論した。勝部は，道徳教育を「道徳の時間」とし
ての「道徳指導」と「生活指導または生徒指導」を統合したものと位置
付ける一方，生活指導がめざすのは習慣化であるとする。そして，この
習慣化が成立するためには，魂の目覚めに目標をおいた道徳的価値の内
面化の過程が不可欠であり，その役割を果たすのが「道徳の時間」であ
ると説明した（勝部，1958）。

（4）「道徳の時間」設置論争の課題

　「道徳の時間」設置への反対論の多くは，修身科への不信感と批判を
基底としながら，社会科や生活指導における社会認識能力の育成を重視
した主張であったと整理することができる。このことは敗戦直後の「公
民教育構想」でも課題とされてきた点であった。その意味で，「道徳の
時間」設置論争は，これまでの歴史的過程で積み残されてきた課題を再
検討し，それを解決する契機でもあった。ところが，実際の「道徳の時
間」設置論争は政治的なイデオロギー論の立場からの批判が主流となり，
歴史的検証を踏まえた冷静な論議の場が形成されたとは言えなかった。
そのため，「道徳の時間」設置論争は，「道徳の時間」それ自体を「賛成
か，反対か」の論理に押し込めてしまう結果を招いていった。

　こうした状況を背景として，「道徳の時間」は，その後も教育現場に
十分に浸透したとは言えず，また効果的な実践が積み重ねられてきたと
もいえない。たとえばこのことは，1963（昭和38）年7月11日の教育課
程審議会答申「学校における道徳教育の充実方策について」の記述から
確認することができる。答申は，「教師のうちには，一般社会における
倫理的秩序の動揺に関連して価値観の相違がみられ，また道徳教育につ
いての指導理念を明確に把握しない者がみられる。それで，いわゆる生
活指導のみをもって足れりとするなどの道徳教育の本質を理解していな

い意見もあり，道徳の指導について熱意に乏しく自信と勇気を欠いている者も認められる。また，一部ではあるが，道徳の時間を設けていない学校すら残存している」ことが，「道徳教育の充実に大きな障害となっている」と指摘した。

　ところで，戦後教育史研究において1950年代の道徳教育論争は，占領政策の転換を意味する，いわゆる「逆コース」の一環，あるいは「逆コース」と連動するものと捉えることが一般的であった。しかし，本章で検討したように，戦後の道徳教育の課題は，敗戦直後から一貫して継続しており，新しい理念と方向性が明確にされたとは言えない。したがって，1950年代以降の「修身科」復活論争，「国民実践要領」制定論争から「道徳の時間」設置論争へと至る歴史的経緯は，「逆コース」による戦後の教育理念からの逸脱と捉えるよりも，戦後教育改革において内在し，潜在化していた課題が顕在化した過程と見ることができる。

　以上のように，戦後の道徳教育論争は，特に1950年代以降においては政治的なイデオロギーに左右される傾向を強くする一方で，道徳教育の根本的な課題を克服する視点は希薄なものとなっていった。つまり，戦後の道徳教育論争は，政治的なイデオロギー論からの遮断性を十分に確保することができないまま，基本的には敗戦直後から連続する課題を一貫して内在化させたまま，新たな歴史の変化に向き合い続けることを余儀なくされたのである。

🔘 研究課題

1．戦後教育改革期における教育勅語と修身科をめぐる論争の内容について説明できるようにしよう。

2．1950年代の「修身科」復活論争と「国民実践要領」制定論争の歴史的な意味について考えてみよう。

3．「道徳の時間」設置論争の論点を整理し，これがその後の道徳教育の歴史に及ぼした意味について考えてみよう。

参考文献

貝塚茂樹 (2017)．『天野貞祐—道理を信じ，道理に生きる—』ミネルヴァ書房．
　天野貞祐の評伝であり，道徳教育論争を当事者の視点から論じている。

押谷由夫 (2001)．『「道徳の時間」成立過程に関する研究—道徳教育の新たな展開—』
　東洋館出版社．
　1958年の「道徳の時間」の成立過程とその設置論争について詳しく論じている。

貝塚茂樹監修 (2015)．『文献資料集成　日本道徳教育論争史』（第11巻・第12巻）日
　本図書センター．
　「修身科復活」論争，「国民実践要領」制定論争，「道徳の時間」制定論争につい
　ての基本的な文献と史料を収録したものであり，解説・解題を付している。

引用文献

上田薫 (1951)．「社会科と道徳教育」『6・3教室』2月号．
梅根悟 (1951)．「道徳教育とカリキュラム」『カリキュラム』1月号．
貝塚茂樹 (2001)．『戦後教育改革と道徳教育問題』日本図書センター．
貝塚茂樹 (2009)．『道徳教育の教科書』学術出版会．
貝塚茂樹 (2017)．『天野貞祐—道理を信じ，道理に生きる—』ミネルヴァ書房．
片上宗二編 (1984)．『敗戦直後の公民教育構想』教育史料出版会．
勝田守一 (1952)．「天野文相にのぞむ」『日教組教育新聞』7月25日．
勝部真長 (1958)．『特設「道徳」の考え方』大阪教育図書．
日本近代教育史料研究会編『教育刷新委員会　教育刷新審議会会議録』第6巻 (1997)
　岩波書店．
久保義三 (1988)．『占領と神話教育』青木書店．
高橋史朗 (1984)．「教育勅語の廃止過程」『占領教育史研究』第1号．
船山謙次 (1981)．『戦後道徳教育論史　上』青木書店．
文部省『日本における教育改革の進展』(1950)．『文部時報』第880号．

9 ┃ 道徳の特別教科化 −その意義と課題−

押谷　由夫

　道徳の教科化の主張は，1958（昭和33）年の「道徳の時間」設置の時から
ずっと論議されている。2015（平成27）年に「特別の教科　道徳」が設置さ
れるまでの経緯を追いながら，道徳の特別教科化が目指すものは何なのかを
明らかにし，その意義と課題を考察する。

1．戦後における道徳の教科化論議の経緯

　道徳の教科化については，長い論争の歴史がある。その主な論点は大
きく四つある。一つは「道徳教育の本質からの論議」，二つは「戦前の
修身科と関わらせた論議」，三つは「社会的ニーズからの論議」，四つは
「政治的側面からの論議」である。
　これらは，すべてが常に話題にされているが，どこに力点が置かれる
かで教科化論争の方向性が分かれてくる。

（1）公民科構想

　道徳の教科についての検討は，戦後すぐになされている。上記の四つ
の論点でいえば，二つ目の「戦前の修身と関わらせた論議」である。つ
まり，戦前の修身科に代わる道徳教科である公民科の提案である。実質
的初代文部大臣の前田多門を中心に検討された。「道徳と社会認識の教
育とを遊離させない」という基調に立って，「従来の修身科に代わるも
のとして」新たな「公民科」の設置を意図したものであった。これは，
戦前にあった公民科の考えを「民主主義的内容において復活し，『修身』
と統合しようとするもの」である。

　しかし，CIE（民間情報教育局）による指導により，「社会科」の新設が提案され，新しい「公民科」の提示した「修身科」的内容が大幅に変更されていった。「社会科」は，戦前の「修身」「国史」「地理」「公民」が統合されたものとしているが，アメリカにおいては，宗教教育の基盤のうえに「社会科」が設置されている。アメリカからの直輸入である社会科では，道徳教育の側面が軽視されることになる。

（2）天野貞祐の提案

　このような状況のなかで，文部大臣に就任した天野貞祐は，修身科に代わるものの提案を行った。これは，上記四つの論点がすべて含まれているが，特に「道徳教育の本質からの論議」と捉えられる。

　天野は，1950（昭和25）年11月に教育課程審議会に対して「道徳教育振興について」の諮問を行った。教育課程審議会には，道徳教育について教科を特設することの可否についても審議を求めたが，「答申」では，「道徳教育を主体とする教科，あるいは科目を設けることは望ましくない」とした。その理由は，「道徳教育を主体とする教科あるいは科目は，ややもすれば過去の修身科に類似したものになりがちであるのみならず，過去の教育の弊に陥る糸口ともなる恐れがある」としている。道徳教育の望ましい在り方という観点よりも，戦前の修身科との関連で否定論が展開されている。

（3）「道徳の時間」設置時の教科化論議

　その後，1958（昭和33）年の「道徳の時間」設置においても，「道徳の時間」を教育課程にどのように位置付けるかについて議論がなされている。四つの論点から見れば，「道徳教育の本質論からの論議」が主であり「社会的ニーズからの論議」が配慮されていると捉えられるが，現実においては「戦前の修身科と関わらせた論議」と「政治的側面からの論議」が主となり，教科化についての本格的な議論は十分にはなされなかったといってよい。

　議事録で探ってみると，教科にすることについての賛否両論が議論さ

れた後，会長の日高第四郎は「社会科は原則として維持するが，道徳教育を効果的にするため特別な時間を設ける」ということで決を求め，その結果，全員賛成で道徳教育のための時間を特設することが決定された。

　道徳の時間が設置された後は，いかにその指導を充実させるかが大きな課題となり，様々な取組がなされてきた。しかし，学校現場で十分な指導がなされていない現状や，いっこうに成果が上がらないことなどから，教科にすべきではないかという意見が，根強くあった。

（4）「教育改革国民会議」での提案

　道徳の教科化が正面から審議されだしたのは，2000（平成12）年に当時の小渕恵三首相の諮問機関として設置された「教育改革国民会議」（小渕首相の没後，森喜朗首相に引き継がれた）からである。ここからようやく「道徳教育の本質からの論議」が正面から議論されたといってよい。と同時に「政治的側面からの論議」からの批判が強くなされた。

　報告書においては，「人間性豊かな日本人を育成する」における提言として「学校は道徳を教えることをためらわない」として，「小学校に『道徳』，中学校に『人間科』，高校に『人生科』などの教科を設け，専門の教師や人生経験豊かな社会人が教えられるようにする。そこでは，死とは何か，生とは何かを含め，人間として生きていくうえでの基本の型を教え，自らの人生を切り拓く高い精神と志を持たせる」ことを求めている。この提言に対しては，話題にはなったが，教科化について，具体的に審議されることはなかった。

（5）「教育再生会議」での提案

　その後，2006（平成18）年に組閣された第1次安倍晋三内閣の諮問機関である「教育再生会議」において，徳育を新たな枠組みにより教科化し，感動を与える多様な教科書・教材を作ることを提言している。この提言に対しても，特に「政治的側面からの論議」による批判が盛んになされた。

　「教育再生会議」での道徳の教科化についての提言は，その後中央教

育審議会で審議されたものの，答申（平成20年１月）においては，現状通りとされた。ただし，審議のまとめ（平成19年12月）では，この問題については専門会議においてさらに検討することが必要であることが示されている。その後，文科省では「子どもの徳育に関する懇談会」が設置されたが，その報告書では道徳の教科化については触れられていない。

（6）「教育再生実行会議」での提案

　その後，道徳の教科化についての議論はなかったが，2012（平成24）年12月に組閣された第２次安倍内閣の諮問機関である「教育再生実行会議」が2013（平成25）年２月26日に出した第１次提言において，道徳の教科化が提案された。具体的には，次のような文脈においてであった。

　第１次提言は，「いじめの問題等への対応について」行っている。そのなかで，「１．心と体の調和の取れた人間の育成に社会全体で取り組む。道徳を新たな枠組みによって教科化し，人間性に深く迫る教育を行う。」とし，「子どもが命の尊さを知り，自己肯定感を高め，他者への理解や思いやり，規範意識，自主性や責任感などの人間性・社会性を育むよう，国は，道徳教育を充実する。そのため，道徳の教材を抜本的に充実するとともに，道徳の特性を踏まえた新たな枠組みにより教科化し，指導内容を充実し，効果的な指導方法を明確化する」と具体的な提案を行っている。

　この時の議論は，「社会的ニーズを踏まえた論議」であり「道徳教育の本質からの論議」であると捉えられるが，現実には，「政治的側面からの論議」が活発になされた。

（7）「道徳教育の充実に関する懇談会」報告書と「中央教育審議会」答申，学校教育法施行規則の一部改正，学習指導要領の告示

　「教育再生実行会議」の提言を受けて，文科省では，2013（平成25）年３月に「道徳教育の充実に関する懇談会」という有識者会議を立ち上げた。2013（平成25）年12月に出された報告書において，道徳の教科化について具体的提案を行っている。その報告書を踏まえて，下村博文文

科大臣は，2014（平成26）年2月に中央教育審議会に「道徳に係る教育課程の改善等について」諮問し，2014（平成26）年10月に答申が出された。そのなかで，「特別の教科　道徳」（仮称）の設置を求めている。

　その後，2015（平成27）年2月4日に学校教育法施行規則の一部が改正され，正式に「特別の教科　道徳」が設置された。それに合わせて，「特別の教科　道徳」の学習指導要領案が出された。その後パブリックコメントを経て，3月27日に「特別の教科　道徳」の学習指導要領が正式に告示された。小学校は，2018（平成30）年の4月から，中学校は，2019（平成31）年の4月から全面実施されることになった。

2．「特別の教科　道徳」設置の背景と期待

　以上の経緯を辿ってみると，そこには，「特別の教科　道徳」の設置に関する様々な背景を読み取ることができる。道徳教育の充実という視点から，特に「道徳教育の本質に関する論議」「社会的ニーズへの対応に関する論議」を基にして，「特別の教科　道徳」設置の背景と期待される効果について探ってみたい。

（1）改正教育基本法の理念から
―道徳教育が教育の中核―

　日本の教育は，日本国憲法に示す「崇高な理想」の実現を目指す国民の育成を目指して行われる。一言でいえば「世界の平和と人類の福祉に貢献する国民の育成」である。そのための基本的教育方針が教育基本法に示されている。

　教育基本法は，1947（昭和22）年に制定されたが，2006（平成18）年12月に59年ぶりに改正された。改正教育基本法で，改めて強調されているのが人格の形成である。第1条（教育の目的）で，日本の教育の目的は，人格の完成を目指すことを再確認すると共に，第3条（生涯学習の理念）で，より具体的に「国民一人一人が，自己の人格を磨き，豊かな人生が送れるよう」にすることだと記されている。つまり，人格の完成を目指す教育とは，国民一人一人が人格を磨き続けることを通して豊か

な人生を送ることができるようにすることなのである。豊かな人生とは，幸福な人生であり，生きがいのある人生に他ならない。

　そして，人格を育てる教育の具体については，第2条（教育の目標）に明記されている。一号では，知・徳・体を調和的に養っていくことが示されており，二〜五号においては，生き方の根本に関わる道徳的価値意識の育成が記されている。このことは，人格の基盤に道徳性の育成があることを明確にしていると捉えられる。

　つまり，人格の完成を目指した教育とは，道徳教育を根幹に据えた教育であり，徳の育成を中心としながら知や体をはぐくんでいく教育なのである。以下の**図9-1**のようになる。

徳…人間として
　　よりよく生きる力
知…知識，技能
　　（思考力，判断力，表現力，
　　　知恵，真理愛等へとつなぐ）
体…健康，体力
　　（生涯スポーツ，
　　　健康コミュニティ等へとつなぐ）

　　図9-1　知，徳，体の関係

（2）いじめ問題をはじめとする問題行動への対応から
—人間の本質からの対応が不可欠—

　いじめは，どうして起こるのか。突き詰めれば，人間の特質である価値志向の生き方ができることにあるといえる。よりよく生きようとする心があるために，うまく伸ばせられない自分にイライラしたり，他人と比較して劣等感をもったり，妬んだりする。そのイライラ感や不満がいじめを誘発させることになる。

　今日の子どもたちは，社会の発達によって便利な生活ができる。耐えることや協力することを，生活のなかから身につけることはほとんどできなくなっている。そして，自分中心の生活や行動を自然と身につける。

　そのような子どもたちに，人間にはよりよく生きようとする強くて美しい心があるが，その心は同時に，弱さやもろさ，醜さまでももっていること。そのことを乗り越えることによって，よりよく生きていけるし，よりよい社会を創っていけることを，しっかりと学べるようにしていかなければならない。対処療法的な対応では，また別の形で問題行動を広げていくことにもなりかねない。いじめをはじめとする子どもたちの問題行動は，人間の本質的課題を包含しているのであり，その対策において道徳教育が根幹となるといってよい（**図9-2**）。

図9-2　人間の本質的課題

（3）急激に変化する社会への対応から
―心豊かに主体的に生きる力の育成―

　これからの学校教育には，社会の急激な変化と，次々に起こる事象に主体的に対応する力が求められる。社会の変化に興味をもち，未来の状態を描きながら今を意欲的に生きられる心を育てなければならない。学校教育に次々に求められる課題のほとんどは，これからの未曾有の社会変化が起こるなかで，いかに生きるかに関わるものである。それらをバラバラに取り組むのではなく，これからの社会をいかに生きるかを道徳的価値意識の形成と関わらせて学ぶ道徳教育を，根幹に据えての対応が求められる。

　また，東日本大震災や熊本大震災等からの復興，国際的イベントへの対応等，我が国が抱える国家的課題に対して，日本国憲法の「崇高な理想」の実現を目指す国民を育てる道徳教育が不可欠である。

　さらに，驚異的な科学技術の進歩により，グローバル化，多様化が進展する。世代間共生，自然との共生等とも併せて，共生社会の実現が大きな課題となる。

　そのようななかで，子どもたちは，精神的圧迫を常にもたされることになる。その対処をどうすればよいのか。「心にゆとり」をもつことが何より大切である。どんなに忙しくとも，相手と自分への信頼感と夢や希望を失わないこと。どんなときにも，相手のことを考えるようにすること。常に，自分を見つめること。これらは，道徳教育の基本である。このように，変化の激しい社会であればあるほど，科学技術の発達する社会であればあるほど，道徳教育の充実が求められる。

（4）科学技術創造社会が求める思考形態の課題から
—科学的思考と道徳的思考の調和—

　科学技術の進歩に関する対応については，その根底に大きな教育的課題がある。それは，思考経路の問題である。日々の思考の経路が，結局は人間の価値観や生き方をも支配する。我が国が標榜する科学技術創造立国は，科学的思考を求める。科学的思考の特徴は，大きく次の三つを挙げることができる。客観的精神（客観性），批判的精神（批判性），緻密な精神（厳密性）である。

　しかし，科学主義が徹底すると，客観的な事実しか学びの対象としなくなり，見えにくいもの，客観的に数量で表しにくいものは，除外されていく傾向がある。さらに，批判的精神を徹底させれば，何を信じてよいかわからなくなり，結局価値相対主義に陥りかねない。また，社会全体からだんだんと人間性が感じられなくなるかもしれない。

　人間存在を考えた場合，ファジーさは常について回る。さらに，信じるという世界も同時に確保していかない限り，主体的に生きていくことはできない。客観的に見る目と同時に，主観的に感性豊かに物事を見るという姿勢，批判的精神と同時に物事を素直に受けとめ信頼感を確立していくという側面が不可欠である。豊かな人間形成を図るためには，道徳的思考の側面を重視しながら道徳的思考と科学的思考を融合させて，

科学的思考を発展させていくという捉え方が大切である。政府が提唱するSOCIETY5.0（サイバー空間とフィジー（現実）空間を高度に融合させたシステムにより，経済発展と社会的課題の解決を両立する人間中心の社会）において，いっそう重視されなくてはいけないといえよう。

3. 「特別の教科　道徳」の教育課程における位置付けと目標，内容，評価の特徴

　このようにして設置された「特別の教科　道徳」は，教育課程全体のなかでどのような位置付けがなされているのか。そのことを踏まえて，道徳教育とその要である「特別の教科　道徳」の目標，内容，評価を見ていくことにする。

（1）「特別の教科　道徳」の教育課程における位置付け

　まず，「特別の教科　道徳」の教育課程上の位置付けから確認したい。総則には，学校における道徳教育は教育活動全体を通して行われ，その要として「特別の教科　道徳」が位置付けられている。また，学校教育法施行規則には，教育課程のなかに「特別の教科である道徳」が位置付くことが明記されている。

　これは，何を意味するのか。大きく，次の二つを押さえる必要がある。

　まず，「特別の教科　道徳」は，教科のなかに位置付けられたということである。教科の枠内に置かれたことによって，教科としての対応と指導が求められる。もう一つは，各教科と横並びではなく，「特別の教科」として位置付けられているということである。

　何が特別なのか。それは道徳の特質による。つまり，「特別の教科　道徳」は，学校における教育活動全体で行われる道徳教育の要としての役割を担うのである。このことは，各教科等と密接な関わりをもちながら，「特別の教科　道徳」独自の要としての指導を充実させねばならないということである。この意味で，「特別の教科　道徳」は，各教科を含みこむスーパー教科として位置付くことになる。

（2）道徳教育の目標

─自律的に道徳的実践のできる子どもを育てる─

道徳教育の目標は，次のようになっている。

「道徳教育は，教育基本法及び学校教育法に定められた教育の根本精神に基づき，自己の生き方（人間としての生き方）を考え，主体的な判断の下に行動し，自立した人間として他者とともによりよく生きるための基盤となる道徳性を養うことを目標とする」（カッコ内は中学校）

つまり，道徳教育の目標は，道徳性の育成であり，その道徳性は，自分の生き方を主体的に考え，追い求め，自立した人間となり，みんなでよりよい社会を創っていくことを根底で支えるもの，ということになる。道徳教育は，まず，人間としての自分らしい生き方について考えられるようになること。そして，人間としての自分らしい生き方を具体的な生活や学習活動などにおいて追究していくこと（行動していくこと）を通して，社会的に自立した人間となっていくことを求めている（**図9‑3**）。言い換えれば，道徳教育は，自律的に道徳的実践のできる子どもたちの育成を目指すのであり，学校を真の人間形成・人格形成の場にしていくことを目指しているのである。

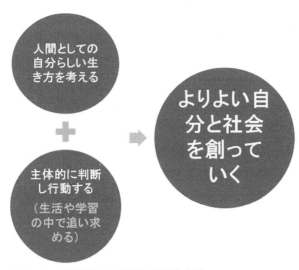

図9‑3　道徳教育が目指す子ども像

（3）「特別の教科　道徳」の目標
―人生や生活に生きて働く道徳性を育てる―

　道徳教育の目標を踏まえて，「特別の教科　道徳」の目標は，次のように記されている。

「よりよく生きるための基盤となる道徳性を養うため，道徳的諸価値についての理解を基に，自己を見つめ，物事を（広い視野から）多面的・多角的に考え，自己の生き方（人間としての生き方）についての考えを深める学習を通して，道徳的な判断力，心情，実践意欲と態度を育てる」（カッコ内は中学校）図示すれば**図9-4**のようになる。

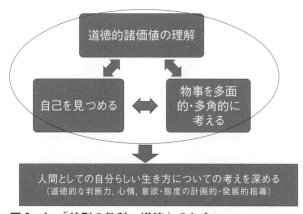

図9-4　「特別の教科　道徳」のねらい

　まず，「特別の教科　道徳」は，全教育活動で行う道徳教育と同様に，「よりよく生きるための基盤となる道徳性を養う」ものであることを明記している。そして，道徳教育の要としての役割を果たすために，まず，「道徳的諸価値について理解」を深めることを求めている。それは同時に，道徳的諸価値が人間の特質を表すことから人間理解を深めることになる。そのことを基にして，「自己を見つめる」のである。つまり，道徳の授業では，道徳的価値に照らして自己を見つめる。それは，道徳教育の目標にある「人間としての自分の生き方を考える」基本であるということになる。

　さらに，「特別の教科　道徳」では，道徳的諸価値の理解を基に，「物

事を多面的・多角的に考え」ることを求めている。それは，道徳教育の目標の「主体的に判断し行動」するための基本であると捉えられる。

　このような三つのことを押さえて，人間としての自分らしい生き方についての考えを深めていくのが「特別の教科　道徳」である。

　そして，そのことを通して，道徳性の根幹にある道徳的判断力と道徳的心情と道徳的実践意欲と態度を養っていく。もちろん，これらは，分けられるものではない。道徳的な心情をしっかり押さえた道徳的判断力が求められるのであり，その判断が実践へとつながっていくように道徳的実践意欲と態度を高めていくのである。このようにして育まれる道徳性は，日々の生活や学習活動と響き合って，さらに磨かれることになる。

　「特別の教科　道徳」のねらいを一言でいえば，自らの人生や生活に生きて働く道徳性の育成を図るということである。

（4）「特別の教科　道徳」の内容
①関わりを豊かにするための心構え（道徳的価値）

　「特別の教科　道徳」の指導内容は，四つの関わりごとに，かつ学年段階ごとに重点的に示されている。この指導内容は，学校教育全体を通しての道徳教育の指導内容でもあることが明記されている。

　このような内容の示し方は，同時に道徳教育の在り方をも示している。道徳性は，日常生活における様々な関わりを通して身につくものである。その基本的なものが，主に，自分自身，人，集団や社会，生命や自然・崇高なものだということである。これらの関わりを豊かにしていくために求められる道徳的価値意識，言い換えれば，これらの関わりを豊かにしていくことによって育まれる道徳的価値意識を，発達段階を考慮して示しているのが，内容項目である。

②「特別の教科　道徳」と全教育活動とを響き合わせる

　各教科等における道徳教育とは，それぞれの授業において，これらの四つの関わりを教材や様々な学習活動を通して豊かにしていくことと捉えられる。そのことを踏まえて，「特別の教科　道徳」の授業では，それぞれの道徳的価値を，人間としてよりよく生きるという視点から捉え

なおし，自分を見つめ，自己の成長を実感すると共に，これからの自己課題を確認し，追い求めようとする意欲，態度を育てるのである。

そして，事後の学習や生活において，それらとの関わりをより豊かにもてるようにしていくことが大切である。それが，道徳的実践ということになる。つまり，道徳的実践とは，これら四つの関わりを豊かにするために必要な道徳的諸価値の自覚を深めることを通して，実際の生活や様々な学習活動のなかで関わりを豊かにしていくことなのである。

したがって，道徳的実践とは，人間関係や集団や社会との関わりにおける実践だけではなく，自分自身との関わりを深め豊かにする実践，生命や自然，崇高なものとの関わりを豊かにする実践が含まれる。道徳の授業の後に，さらに調べてみようとか，みんなの意見を聞いてみようとか，親の意見も聞いてみようとか，もう一度考えなおしてみようとかの思いをもち行動することも道徳的実践なのである。「特別の教科　道徳」は，事前に，様々な教育活動や日常生活で育まれる道徳的価値意識を踏まえて指導を工夫することはもちろんであるが，授業後も，日常生活や様々な学習活動と道徳的価値意識の追究とをつなげていくのである。

③崇高なものの最たるものは自分の良心

内容項目は，すべてが重要であるが，道徳教育の在り方と関わって特に大切なのが，「よりよく生きる喜び」に関する内容項目である。中学校では「人間には自らの弱さや醜さを克服する強さや気高く生きようとする心があることを理解し，人間として生きることに喜びを見出すこと」とある。小学校の高学年では「よりよく生きようとする人間の強さや気高さを理解し，人間として生きる喜びを感じること」となっている。

道徳教育の本質がここにある，といっても過言ではない。つまり，崇高なものの最も大切なものが，自らの良心であることを自覚できる指導を求めているのである。人間は，だれもがよりよく生きようとしている。求めているものは，一人ひとりにとっての理想であり，夢であり，希望であるといえる。それを完全に達成することはできないが，常に追い求めることはできる。その心が，また崇高なのである。よりよく生きようとする心に寄り添い，人間として生きる喜びを見出す生き方こそ，道徳

教育が求める究極の姿であるといえる。

　しかし，それはなかなか難しい。くじけてしまう。弱い心が前面に出てしまう。何と自分はだめな人間なのだろうかと思うこともある。なぜ，そう思うのか。自分のなかに気高く生きようとする心，より強く生きようとする心があるからである。

　これからの道徳教育は，どのような状況下におかれようとも，よりよく生きようとする気高い心を見失わず，様々な課題に正面から向き合い乗り越えていくことに，人間として生きる喜びを見出せるような道徳教育を求めていると捉えられる。

（5）「特別の教科　道徳」の評価
①基本的理解

　道徳教育の要としての「特別の教科　道徳」の評価は，従来の教科の評価とは異なる次のような特徴がある。

ア　よりよく生きようとする心をいかに引き出し伸ばしたかを評価する

　「特別の教科　道徳」の評価は，従来の評価観を180度転換するものであるという認識が必要である。つまり，教師が指導したことを，子どもたちがどの程度理解し，身につけたかを中心とする評価観から，子どもたちが本来もっているよりよく生きようとする心をいかに目覚めさせ，引き出し，伸ばしているかを中心とする評価観である。一人ひとりのよりよく生きる心に関わる「よいところ探し」が評価なのである。

イ　子ども自身の自己評価，自己指導を重視する

　道徳教育は，人間としての自分らしい生き方を考え，主体的に判断し，行動し，自己成長を図っていける子どもたちを育てることを目標にしている。その要としての「特別の教科　道徳」の評価は，子ども自身が，いかに自分自身を見つめ，自己成長を図っているかを評価することになる。つまり，「特別の教科　道徳」の評価においては，各教科等の評価と同様に，教師自身が指導と評価の一体化を図ることに変わりはないが，特に，子ども自身が自己を評価し自己指導へとつなげていける評価が求められる。そのことを応援する評価を行うのである。

ウ　道徳教育の要としての役割を果たす評価を工夫する

さらに、「特別の教科　道徳」は、授業内における子どもたちの成長を評価することを原則とするが、そこだけに限るのではなく、授業後における日常生活や様々な学習活動における様子をも視野に入れた評価を工夫する必要がある。特に「行動の記録」の評価は、「特別の教科　道徳」での学びと関連させながら評価することが大切である。

②子どもに示す評価でしてはいけないこと

以上のことを踏まえて、子どもに示す評価において、してはいけないことを示すと次のことが挙げられる。

ア　道徳性そのものを点数で評価しない

道徳性は、人格の基盤となるものである。したがって、道徳性そのものを点数で評価したり、不用意な評価を行うべきではない。道徳教育の要である「特別の教科　道徳」は、道徳性を構成する主要な道徳的価値について指導するのであり、道徳性の全体を指導するわけではない。したがって、その評価も部分的なものになる。そのことを理解したうえで、指導の全体を見通して、一人ひとりのなかで成長している姿を具体的なことばで評価するのである。

イ　他の人と比較して評価しない

「特別の教科　道徳」の評価は、他の人と比較して評価したり、目標に対してどれだけ達成されているかを評価するのではない。その子自身が、目標に向かってどれだけ自分のよさを引き出し伸ばしているかを個人内評価するのである。

ウ　よくないところをそのままで評価しない（よさを見出す窓口）

道徳教育は、子どもたちは誰もがよりよく生きようとしているし、よりよく生きようとする力をもっていることを前提にしている。それらは、すべて成長の途上にある。したがって、よりよく生きようとする力すべてに、課題を指摘できる。その課題をどう捉えるか。よくないところとして評価するのではない。その子自身のよさを伸ばすうえでの窓口となるものとして捉えるのである。課題となるところ（よくないと思えるところ）に気づき、そこを自己成長の窓口として、どのように自己の成長

を図っているかを評価するのである。

③具体的な評価の仕方

　以上のような点を理解したうえで，どのように「特別の教科　道徳」の評価を行っていくのか。次のようなポイントを挙げることができる。

ア　実態把握をしてよさを見つける窓口を押さえて授業での子どもたちを観察する

　授業においては，まず，ねらいに関わる一人ひとりの実態を把握する必要がある。それは，授業を通して一人ひとりのよさを引き出す窓口となる。そのような実態把握をしながら，一人ひとりのよさを引き出す授業を組み立てていく。

イ　授業においては，ねらいに関わる道徳的判断力，道徳的心情，道徳的実践意欲・態度がどのように引き出されているかを把握する

　「特別の教科　道徳」では，道徳性のなかで中心となる，道徳的判断力，道徳的心情，道徳的実践意欲・態度を育むことを目標としている。授業では，そのことを中心として，一人ひとりのねらいに関わるよさを引き出していくことになる。具体的には，問いかけがポイントになる。判断力を聞く問いかけ，心情を聞く問いかけ，意欲・態度を聞く問いかけを工夫する。子どもたちは，話し言葉で，書くことで，色や図や身体で，など多様に表現できるようにする。それらの記録を積み上げていくのである。できれば子どもたちの道徳ノートやワークシートに書いてもらったり，座席表を用意し，気づいたことをメモしておく（授業が終わった後5〜10分くらいで少し詳しく記入するとよい）。その際，「より多面的・多角的な見方へと発展しているか」「道徳的価値の理解を自分自身との関わりのなかで深めているか」といった点も押さえておく。

ウ　子どもたちの学習している状況を把握する

　「特別の教科　道徳」の評価においては，子どもたちが授業を受けている姿勢そのものも重要な評価対象となる。授業の姿勢には，道徳性が反映されるからである。ねらいとは直接関係しないことであっても，その子のよさが発揮されていると捉えられれば，それをメモしておく。「○○さんは，友達の意見をしっかり聞こうとしているね。いいぞ，いいぞ！」

等と声をかけることによって，授業の道徳的雰囲気を創っていくことも
できる。

エ　子どもたちの自己評価を取り入れる

「特別の教科　道徳」では，特に，子どもたち自身の自己評価を取り
入れていくことが大切である。「○○（たとえばねらいに関わる道徳的
価値など）についてどのようなことを新しく発見したか」とか「新たな
自分を見つけられたか」「友達の新たなよさを見つけられたか」なども
問いかけるとよい。そして，学期の終わりに，行った授業の一覧表を用
意し，どの授業が一番心に残っているか，その理由も尋ねる。さらに，
この学期の道徳の授業で自分が成長したと思うことはどのようなことか
を聞いてみる。それらをもとに，子どもたちの記録したノートやワーク
シート，自分のメモなどを基に通知表の評価文を考えていくのである。

オ　授業以外での子どもたちの姿も把握する

「特別の教科　道徳」の評価は，授業のなかでの子どもたちの姿で評
価することを原則としている。それは，どのクラスでも行わなければい
けないことを意味している。そのうえで，授業外での子どもたちの姿も
把握していくのである。その部分も「特別の教科　道徳」の評価のなか
に記すことは，何ら問題はない。もちろん，「総合所見」に書くことも
できる。

そして，それらの延長に「行動の記録」があると捉えられる。「行動
の記録」は，子どもたちの道徳性が行動面に現れた姿と捉えられるから
である。それぞれの評価項目から，子どもたちの実態を把握し評価する
ことになるが，指導においては，「特別の教科　道徳」と日常生活にお
ける指導とを響き合わせることが大切である。

「特別の教科　道徳」の評価を通して，子どもたちをいきいきとさせ，
子どもたちと保護者との心の交流と信頼関係を深めていくのである。こ
れらは，道徳教育全体の今後の課題であるといえよう。「特別の教科　道
徳」は，学校を真の人間形成の場とする要となるものであり，評価は，
子どもたちへの愛情表現であり，心のプレゼントなのである。

🎣 研究課題

1．「特別の教科　道徳」の設置とその意義を，道徳教育の本質と，社会的要請との関連で説明できるようにしよう。
2．道徳教育の要としての「特別の教科　道徳」の目標，内容，評価から，これからの学校教育が，どのように変わっていくかを考えてみよう。
3．これからの教育において，道徳教育の重要性がますます強調されると予想されるが，その期待に応えるために，「特別の教科　道徳」は，更にどのように充実を図っていく必要があるのかを考えてみよう。

参考文献

押谷由夫（編著）(2018)．『平成29年改訂　小学校教育課程実践講座　特別の教科　道徳』ぎょうせい．
　道徳教育改革と新設された「特別の教科　道徳」について，小学校に焦点を絞って理論的・実践的視点から論じ，実践例も示している。
押谷由夫（編著）(2018)．『平成29年改訂　中学校教育課程実践講座　特別の教科　道徳』ぎょうせい．
　道徳教育改革と新設された「特別の教科　道徳」について，中学校に焦点を絞って理論的・実践的視点から論じ，実践例も示している。
押谷由夫 (2001)．『「道徳の時間」成立過程に関する研究―　道徳教育の新たな展開』東洋館出版社．
　1958（昭和33）年の「道徳の時間」の成立過程と理論的背景及び設置論争を一級資料をもとに分析し，意義と課題について詳しく論じている。
貝塚茂樹 (2001)．『戦後教育改革と道徳教育問題』日本図書センター．
　戦後の道徳教育改革について，日米の一級資料や様々な文献を網羅して，その実態について詳細に論じている。
考え議論する道徳を実現する会 (2017)．『考え議論する道徳を実現する！』図書文化．
　「特別の教科　道徳」の設置にかかわったり，理論的・実践的に道徳教育に取り組んでいる執筆者がそれぞれの立場から先鋭的に論じている。
押谷由夫・柳沼良太（編著）(2014)．『道徳の時代をつくる―道徳教科化への始動』教育出版．

10 道徳教育のカリキュラム開発
−総合単元的な道徳教育−

押谷　由夫

　道徳教育は，教育全体をリードするものである。だとすれば，教育に関する様々な課題に対して，適切に対応できる指導ができなければならない。学校における道徳教育は，「特別の教科　道徳」を要として学校教育全体で行われる。さらに，家庭や地域との連携のもとに取り組まれる。それらが，道徳教育の全体計画や「特別の教科　道徳」の年間指導計画に具体化されるはずである。そのような視点から，今日のカリキュラム開発の動向を踏まえて，道徳教育のカリキュラム開発をどのように捉え，具体化すればよいのかについて考えてみたい。

1. カリキュラム開発の動向

　カリキュラム開発は，世界各国において活発になされている。それをリードしているのが，OECD である。OECD では，Education2030プロジェクトを発足させて，2030年の社会を想定して子どもたちに求められるコンピテンシーを検討し，そのようなコンピテンシーを育てるカリキュラムの開発や学習方法，学修評価などを世界レベルで検討している。日本もそのなかに加わっており，Education2030プロジェクトをリードする形で日本の教育課程の改善を図っている。

　2017（平成29）年に改訂された新学習指導要領は，そのような視点から取り組まれたものである。その大きな論点は，コンテント・ベースド・カリキュラムからコンピテンシー・ベースド・カリキュラムへの変換であり，コミュニティー・ベースド・カリキュラムの重視であるというように捉えられる。

　つまり，2030年の社会を見越して必要とされる資質・能力の柱として

「知識及び技能」「思考力，判断力，表現力等」「学びに向かう力，人間性等」の三つを挙げ，各教科等の目標に反映させている。また，「開かれた教育課程」を求め，地域の社会的資源や人的資源の活用を強調している。

　このようなカリキュラム開発や学習過程の改善において，最も大切なものは何かといえば，何のための教育か，すなわち教育の目的である。日本の教育は，教育基本法に「人格の完成を目指す」ことが明記されている。その人格の基盤が道徳性であり，道徳性の育成を図るのが道徳教育である。道徳教育は，人間としての自分らしい生き方を考え，日常生活や様々な学習活動において，主体的に追い求めて自己を形成し，ともによりよい社会を創っていこうとする子どもたちを育てるのである。つまり，これからの教育においては，モラル・アクティブ・ラーニングが求められる。

　このような視点からカリキュラム開発を考えると，これから求められる資質・能力のなかで最も重視されなくてはいけないのが，三つ目の柱である「学びに向かう力，人間性等」ということになる。

　学びに向かう力と同時に人間性が明記されているのは，人間として成長することへと向かう学びの方向性を求めているからである。それは，一言でいえば道徳性の育成である。つまり，道徳性を育むことで，様々な学びをよりよい自分やよりよい社会の創造へと向かわせるのである。道徳教育が，これからのカリキュラム開発において中核に位置付けられることになる。

　OECD の Education2030プロジェクトでも，これからの教育目標として「個人のウェルビーイングと集団のウェルビーイング」を求めている。また，具体的な「行動に移すことができるような，知識，スキル，態度及び価値の幅広いセットの必要性」を強調している。さらに，新しい未来を創っていくためのコンピテンシーとして，「新たな価値を創造する力，対立やジレンマを克服する力，責任ある行動をとる力」を挙げている。

　ウェルビーイングとは，幸福，幸せと訳すことができる。個人の幸福

と集団（社会）の幸福を求めるとは，まさに人間としてのよりよい生き方を求めることに他ならない。また，「知識・技能」の習得や「思考力，判断力，表現力等」，「道徳的諸価値」の育成も，具体的な行動（実践）へと移していくことが大切なのである。道徳教育は，自律的に道徳的実践のできる子どもたちを育てるものであり，ここでも道徳教育の重要性が指摘できる。

　また，新たな価値の創造は，既存の価値意識を掘り下げ，社会や科学技術の変化，子どもたちをはじめ生活している人々の状態や意識等と正対することによって可能となる。「対立やジレンマを克服する力」は，寛容の精神であったり，誠実さであったり，レジリエンスであったりする。「責任ある行動をとる力」も「知識・技能」だけではなく，人間としての在り方や生き方，人間へのリスペクトが大切である。つまり，これらは，道徳教育を充実させることによって可能となるのである。

2．これからのカリキュラム開発と道徳教育
−総合単元的道徳学習−

　以上のような動向を踏まえて，どのような道徳教育のカリキュラム開発ができるのだろうか。新学習指導要領においては，カリキュラム・マネジメントが強調されている。そのポイントは，四点挙げられる。「教科横断型のカリキュラム」による総合的視点からの課題追求型のカリキュラム開発，「アクティブ・ラーニング（主体的，対話的で，深い学び）」による学び方の改善，「社会的資源や人的資源の活用」による社会に開かれたカリキュラム開発，「PDCA サイクル」による評価と改善をしっかり位置付けること，である。

　これからの教育を先導する道徳教育のカリキュラム開発においては，まず，カリキュラム・マネジメントの視点を重視する必要がある。道徳教育は，本来「特別の教科　道徳」を要として，教科等全教育活動を通して行うものであり，家庭や地域との連携は不可欠である。また，道徳教育は，様々な課題に柔軟に対応できるものでなければならない。

　そのような視点から，提案されているのが総合単元的道徳学習である。

（1）総合単元的道徳学習とは

　総合単元的道徳学習とは，道徳的課題に対して，1～2か月間にわたって，「特別の教科　道徳」を中心に，課題と関係する教科や領域，日常生活等と関連を図りながら，子どもたちが主体的に道徳学習を深めてくれるように計画的・発展的に道徳学習を計画していくことである。

　子どもの道徳学習は，様々な場面で行われる。それは，各教科，領域などの区分を離れて連続性をもち，かつ家庭や地域社会を含む全生活圏において行われる。総合単元的道徳学習は，そのなかで，道徳的課題の根底にある道徳的価値に関する意識の流れを押さえ，子どもたちが連続的に道徳学習を発展させられるように支援していこうとするものである。「総合単元的」という言葉は，既存の総合単元学習にこだわることなく，現実に即した多くの単元のくくりを考えながら，子どもたちの道徳学習の多様なパターンに適応していくようなプログラムの開発を求めて使われている。また，「道徳学習」という言葉は，子どもたち自らが道徳性の育成を豊かに図り，かつよりよく生きることを主体的に考え，追い求める子ども主体の道徳教育を推進する意図がある。

（2）総合単元的道徳学習による道徳教育の展開

　総合単元的道徳学習は，特に，次のような道徳教育の展開を意図している。

①子どもを主体とした道徳学習の具体的実践

　本来の意味における子どもを主体とした学習は，学習の目標や学習の内容，学習の方法などを，できるだけ子どもたちに任せるようにしていくことである。子どもを主体とした道徳学習を展開するには，要である「特別の教科　道徳」での道徳学習を広い視野から捉える必要がある。

　たとえば，道徳的価値に関わる問題意識や課題意識を各自が主体的にたがやす指導を意図的に行ったのちに，「特別の教科　道徳」において道徳的価値の自覚を深める指導を行うことによって，各自の問題意識や課題意識の追究がより主体的になされることになる。また，「特別の教科　道徳」の後に，各自が自己課題とした事柄についてより主体的に追

究していける場を設けることによって，その後の学習が子どもたちが主体的に進める道徳学習として発展していく。

　このことを実現するためには，各教科，特別活動，その他の教育活動などとより関連をもたせて，学校教育全体で子どもの主体的な道徳学習を支援していくという姿勢が求められる。

②道徳的実践を支える内面的な力の多面的な育成

　道徳教育は，自らが感じ，考え，主体的に判断し，望ましい道徳的実践のできる子どもの育成を目指して取り組まれる。したがって，学校における道徳教育の要である「特別の教科　道徳」の指導においては，道徳的実践を支える内面的な力のなかでも，特に，道徳的判断力，道徳的心情，道徳的実践意欲・態度の育成を計画的，発展的に図るようにと示されている。

　このことをより充実させるためには，道徳的実践を支える内面的な力をさらに広く捉える必要がある。その中心は，道徳的心情，道徳的判断力及び道徳的実践意欲・態度であるが，それらを支え発展させるものとして，さらに次の二点を指摘できる。

　一つは，道徳的価値についての知識や理解である。これは，当然のことながら道徳的判断力や道徳的心情と密接に関わっており，それらの育成にあわせて獲得していくものでもあるが，道徳的価値の知識や理解の押さえを明確にすることは重要である。道徳教育は，知識の教育ではない。しかし，知ることを通して，より的確な道徳的判断ができるし，道徳的心情も深めることができる。

　また，道徳的価値についての知識，理解は，人間の理解につながるものである。道徳的価値自体が人間の特質を表しているのであり，道徳的価値の理解を通して，人間理解や他者理解，自己理解，さらに社会の理解が深まる。それらが道徳的判断力や道徳的心情をより豊かなものにし，自律的な道徳的実践を導くことになる。

　もう一つは，道徳的実践についての方法，技術である。私たちが何かをしようとするとき，その方法や技術がわからないために行動に移せなかったり，誤解を招いてしまったりすることがある。道徳的実践意欲や

態度が育成されても，それを具体的に行動に移すには，そのための方法，技術を学ぶことが必要である。

　もちろん，学ばなくともおのずと行為できるものも多くある。しかし，これからの国際化社会，個性化社会においては，多様な人々や文化とのコミュニケーションが不可欠である。個人的に取り組む道徳的実践についてはもちろんのこと，みんなで取り組む道徳的実践に関する方法や技術についての指導がいっそう重要になってくる。

③これからの学校教育を支える道徳教育の確立

　これからの学校教育は，人間としていかに生きるべきかの自覚を深めながら，社会の変化に主体的に対応し，心豊かにたくましく生きていける人間の育成をめざして展開されなければならない。そのことを具体化するためには，学校で行われる様々な学習活動において，道徳教育が明確に位置付けられ，学校経営や学級経営の中核として機能するようにしていくことが求められる。

　それは，各教科や特別活動等の固有の学びのなかで，様々な道徳的課題に対する道徳的価値意識を育み，「特別の教科　道徳」での学びと関わらせて，よりよく生きることを主体的に考え追い求める子どもたちを育てるということになる。

　また，学校教育は，様々な社会的課題を抱えている。国際化への対応，情報化への対応，環境問題への対応，福祉社会への対応，防災への対応，等々。それらはすべてが，子どもたちがこれからの社会をいかに生きていくかに関わる課題である。つまり，道徳教育の課題なのである。それらに適切に対応していくには，それぞれの課題の根底にある道徳的価値意識を明確にし，そこをベースとして具体的に実態を把握し，みんなで協力しながら対応していくことが必要である。そのような学びは，総合単元的道徳学習によって対応できる。そのことによって，多様な課題がつながりをもって捉えられるとともに，よりよい生き方やよりよい社会を創っていくことへとつながっていくといえよう。まさに，人間教育としての学校教育を支えるのが道徳教育であり，そのことをより具体的に追い求めていこうとするのが，総合単元的な道徳学習なのである。

3. ライフ・ベースド・カリキュラムの開発

　総合単元的道徳学習による道徳教育のカリキュラム開発として，どのようなものが求められるだろうか。すでに述べたように，教育課程の検討においては，基本原理をコンテンツにおくかコンピテンシーにおくかで論議される。今回の新教育課程においては，コンピテンシーが重視された。それは，世界的動向でもある。しかし，この論争は，生産的ではない。教育課程においては，どちらも大切なのである。それらをどうつなげていくかが課題である。新学習指導要領では，さらに「開かれた教育課程」を標榜し，特に地域と連携した教育課程を強調している。この背景には，子どもの生活をベースに教育課程を考えるという視点が読み取れる。

（1）ライフ・ベースド・カリキュラムの重要性

　これらを踏まえたうえで，これからの教育課程においては，さらに，どのようなカリキュラムが求められるだろうか。これからの社会は，グローバル化や多文化共生社会が進行し，科学技術や AI 等の発達によって，人間としての生き方が根本から問われてくる。その原点になるのは，人間としての生命の大切さである。

　生命は，英語ではライフ（Life）である。ライフを分析すると，「生命」「生活」「生涯（人生）」「活力」を挙げることができる。つまり，これらの要素が，人間としての生命の根源であると捉えられる。そこから，これからの教育課程のコア・カリキュラムとして，「道徳教育を基盤としたライフ・ベースド・カリキュラム」を確立する必要があると考えられる。すなわち，よりよい自己の形成とよりよい社会を創っていくという目標をしっかりもち続けながら，人間としての「生命」をいかに生きるべきかについて，日常の「生活」における様々な関わりを豊かにし，「活力」に満ちた学びを発展させて，「生涯」にわたって豊かな人生が送れるようにしていくためのカリキュラムの開発である。

　このようなカリキュラムをコアに位置付けることによって，よりよい

自己の形成やよりよい社会の創造に，生きて働くコンテンツやコンピテンシーが養われ，さらに，よりよい生き方が志向されると考えられる。そのような指導を画一化するのではなく，各学校の特質や子どもたちの実態等に応じた多様な総合単元的道徳学習を考えるのである。

（2）ライフ・ベースド・カリキュラムのポイント
①生命の尊厳の自覚―生命を捉える六つの視点―

　ライフ・ベースド・カリキュラムを展開するには，特に，子どもたち自身が，自らの生命をしっかりと見つめて生命の尊厳性を自覚していけるようにすることが大切である。そのためには，まず，子どもたちが自分の生命に対して，次の六つの側面から尊厳性を自覚できるようにすることが求められる（**図10-1**）。

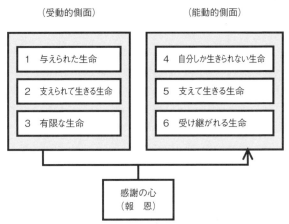

（受動的側面）　　　　　　　　（能動的側面）

1　与えられた生命	4　自分しか生きられない生命
2　支えられて生きる生命	5　支えて生きる生命
3　有限な生命	6　受け継がれる生命

感謝の心
（報　恩）

図10-1　生命の尊厳性を自覚する視点

　第一は，「与えられた生命」という自覚である。子どもたちは，自分の意思で生まれてきたわけではない。だれもが父親と母親を持ち，そして母親の胎内から生まれてくる。

　この与えられた生命に対して，尊厳の気持ちをもつことができるかどうかである。

　第二は，「支えられて生きる生命」という自覚である。私たちは，一

人で生きていくことはできない。様々な人々やもの，あるいは環境に支えられて生きている。また，私たちは，動物や植物などの生命をもらうことで生き続けている。そのことに気づき，そこから自らの生命の尊厳性が自覚できるかどうかである。

第三は，「有限な生命」という自覚である。私たちは，だれもが必ず死んでいく。それは，人間に与えられた宿命である。その一生を見ていくと，だれもが最も弱い存在としてこの世に生まれ，様々な人々や生物等の支えによって生き続けられ，一人でいろいろなことができるようになっていく。そしてまた，必ず弱っていき，人の助けが得られなければ生きられない状態になる。そして一生を終える。

したがって，いまの時点で周りを見ると，生まれたばかりの赤ん坊がいる。病気の人がいる。元気に活躍している人がいる。老人がいる。関わりの程度は別にして，みんなが同じ時間に一緒に生活している。元気な者は，困っている人に救いの手を差し伸べ，また，困っている人は，元気な人々から手助けをしてもらえる。そういうお互いさまの世界であるということに尊厳性を意識できるかどうかである。

第四は，「自分しか生きられない生命」の自覚である。私たちの生命は，与えられ，支えられているが，しかし，この生命は，私自身でしか生きていくことはできない。たとえ親や教師が私に代わって生きてあげようと思っても，それは不可能である。自分の生命は，自分が生きないかぎり生き続けられない。そのことに生命の尊厳性を意識できるかどうかである。

第五は，「支えて生きる生命」という自覚である。自分の生命は，様々な人々や生物に支えられて生きているが，また，他の人々や他の生物の生命を支えることができる。すなわち，元気であれば，困っている人たちを助けてあげることができる。また，動物や植物に対しても，私たちが心掛けることによって無駄に生命を奪うことなく，共生を図ることができる。そういう生命を，自分がもっていることに尊厳性の意識をもてるかどうかである。

第六は，「受け継がれる生命」の自覚である。生物学的な生命は有限

だが，精神的，人格的な生命は受け継がれていく。人間の生命は，その人の生き方や価値観，身につけている文化なども含まれる。それらは，死んだ後も，人々の心のなかで生き続ける。そのことに生命の尊厳性を意識できれば，一生誇りをもって人間らしく生きていけるように心がけようとするはずである。

②感謝する心を基盤として

いま述べた第一の「与えられた生命」，第二の「支えられて生きる生命」，第三の「有限な生命」の自覚は，生命が他者に依存しているということの自覚である。その他者に対して，様々な意識が芽生えてくるはずである。それは，必ずしも好意的であるとは限らない。すなわち，この世に生を授けた者に対するうらみが起こる場合もある。たとえば，なぜ私を産んだのか，なぜ私をもっと違う家庭に産んでくれなかったのかという不満である。そのような不満をもてば，子どもたちは「与えられた生命」を輝かせて生きていこうという気持ちは起こらない。

また，支えられていることを当然のことと思えば，なぜもっと支えてくれないのかと，支えてくれている人を批判したり，うらんだりする場合も出てくる。そうなれば，自分を支えてくれている人たちを，自分からも支えようとする気持ちは起こらない。

これでは，第四に挙げた「自分しか生きられない生命」，第五に挙げた「支えて生きる生命」，第六に挙げた「受け継がれる生命」という能動的な生き方はできないことになる。

つまり，生命を与えてくれた人や大いなるものに対する感謝の気持ち，さらに自らの生命を支えてくれる人々や生物に対する感謝の気持ちが必要なのである。たとえば，西欧のキリスト教が浸透している国々であれば，自分の生命は神によって与えられ，神によって見守られ，支えられているという意識が小さいときから育まれる。我が国においては，そのような宗教的な教育はなされていない。

しかし，我が国の伝統的な社会においては，「与えられた生命」や「支えられて生きる生命」，「有限な生命」に対する感謝の気持ちを育む行事等がしっかりと根づいていた。たとえば，生まれた子どもと宮参りをし

たり，七五三などのお祝いをしたりするのは成長を喜ぶとともに，生命を授けてくれた大いなるものに対する感謝の気持ちを表している。

また，生命を与えてくれた親への感謝の気持ちは，我が国においては家庭教育の基本として位置付けられていた。食事のときには，「いただきます」「ごちそうさまでした」というあいさつをする。これは食事をつくっていただいた人への感謝と同時に，私の血や肉となる食べ物への感謝を示している。さらに，地域の祭りや行事は，自然の恵みに対する感謝の念が基本になっている。還暦や喜寿，米寿などを祝うのは，「有限な生命」への感謝を表している。

伝統的な相撲の世界においては，後輩の弟弟子が先輩の兄弟子に勝つことが恩返しであると捉えている。先輩に鍛えてもらうことによって強くなり，その先輩の恩に報いるのは，先輩に勝つことであるという捉え方である。そのような感謝の心がベースにあるとき，互いの友情は高まり，向上心もいっそう育まれる。

③人間として生きる意味の自覚

このような感謝の心を基本とするならば，子どもたちは，その恩に報いるためにしっかりと生きようとする心が芽生えてくるはずである。すなわち「自分しか生きられない生命」の自覚や「支えて生きる生命」の自覚は，人間として生きる意味の自覚へと発展していく。それらは次のような意識と重なる。

第一は，自分が自分の主人公であるという意識である。自分を創っていくのは自分である。人間は，自ら感じる力，考える力，判断する力，行動する力，表現する力をもっている。それらは，私自身で伸ばすことも，鍛えていくこともできる。「与えられた生命」を主体的に生きるとは，まさに自分がもっているそのような力を，存分に自分らしく発揮できるようにしていくことなのである。

第二は，お互いの人格の尊重である。そのような生き方は，だれもが求めねばならないことである。そのために，自分の人格を尊重すると同時に，相手の人格を尊重する態度が不可欠である。みんなが自分を最大限に発揮したいと思っているが，様々なハンディのある人々がいる。自

分のもっているものを最大限に発揮していくためには，人々の支えが必要である。そのことに目を向けながら，お互いに生命いっぱいに生きられるように関わっていこうという気持ちが育まれるようにする。

　第三は，人間はすべての生物のリーダーであるという意識である。生物のなかで自由意思をもっているのは人間のみである。動物も，自分の生命を守るために他の生物を傷つけたりすることはあるが，人間の場合は，自分の生命を守るだけではなく，自分の自由な考え方によって相手を傷つけることも起こる。逆に言えば，生命の危機に瀕している人々や生物に対して，人間のみが救いの手を差し伸べることができるのである。

　その意味で，人間は，すべての生物のリーダーなのである。自分自身がその人間であるという自覚をもてば，生物のリーダーとしての力量を身につけられるように生きていこうとするはずである。一人ひとりの尊厳性と主体性が育まれていくといえる。

　第四は，世のなかはお互いさまの世界，もちつもたれつの世界であるという意識である。すでに述べたが，人間はだれもが一生という共通の宿命をもっている。また，互いの感情のもつれや誤解等が生じるが，根本においては，互いに仲よくし，幸せに生きたいという共通の願いをもっている。そのように自覚すれば，弱い立場にいる人や困っている人たちを助けることがごく自然に行なえるようになる。

④自己を見つめ大志を育む

　生命の尊厳の自覚は，人間として生きる意味の自覚へと進み，そこから自己を見つめ，未来に向けての大志を育むことへと進める必要がある。

　人間は，だれもが理想を求める心をもっている。それは，よりよく生きようとする心ということができる。しかし，だれもがその理想を完全に実現することはできない。常に欠乏した状況にある。

　子どもたちも同様である。その状況に対して，どう働きかけるかである。現状に埋没したり，自己嫌悪に陥るのではなく，子どもたちがもつ理想を目指してよりよく生きようとする心を元気づけていくのが道徳教育である。それは，子どもたちが生きる喜びをもち，希望と勇気をもって未来を切り拓いていく力を育てることに他ならない。

では，どのように働きかけていけばよいのか。次のようなポイントが挙げられる。

ア 成長する喜びを実感できるようにする

生きているというのは，変化するということである。その変化が，成長していると自覚できれば，楽しくなる。子どもたちは，今を生きている。しかし，今を見るだけでは，成長は自覚できにくい。たとえば，一年前の自分と今の自分を比較することによって，成長を見出せる。

子どもたちの成長は，著しいものがある。それを子どもたち一人ひとりが自覚できるようにするのである。一年前に分からなかったことが，今では容易に理解できる。みんなと仲良く遊べるようにもなった。いろんな知識も身に付けてきた。体も大きくなった。心も広くなった。それらを具体的に確認することによって，子どもたちは自信をもち，自らに誇りをもつようになっていくといえよう。そういう働きかけができるかどうかである。

イ 未来への希望をもつ

そして，成長の喜びを自覚することから，さらに未来に向かっての希望をもてるようにしていく。特に，子どもたちは，自分の弱さやもろさ，いたらなさに目がいきがちである。そうではなく，むしろ弱さやもろさ，いたらなさがあるからこそ，成長の可能性がより大きくあるのだということ，さらに弱さやもろさを自覚していることこそが自分らしさを創っていく礎となるのだ，ということを自覚できるようにしていくのである。

そのためには，弱さやもろさを受け入れることで，それを克服し，輝かしい人生を築いていった先人についての学習を，「特別の教科 道徳」はもとより，各教科等においても，積極的に取り入れていく必要がある。

ウ ともによりよく生きることへの勇気をもつ

子どもたちは，人間としての自覚を深めれば深めるほど，ともによりよく生きることへの課題を自覚してくるはずである。かけがえのない生命が与えられたこと。多くの人々に支えられて現在まで成長してきたこと。そのことへの感謝の気持ちが芽生えれば，社会や人々のために恩返しをしようとする気持ちが起こるはずである。

　目を大きく世界に向けると，人類の福祉と平和に貢献した先人は無数に存在する。そして，そういった先人は，身近な人々や地域を大切にしている。人間としてのプライド意識・義務意識と，より理想的なものを追い求めようとする心が結びついたものとみることができる。いまこそ，「特別の教科　道徳」を要に，関連する教育活動と関わらせて，このような生命（ライフ）をベースとした総合単元的道徳学習カリキュラムの開発が求められる。

（3）いじめ問題を取り上げた総合単元的道徳学習の例

　以上を踏まえて，今日大きな課題となっているいじめ問題への対応について，ライフ・ベースド・カリキュラムを基にした総合単元的道徳学習を考えてみよう。その際のポイントとして，次のような点が挙げられる。

ア　学級目標との関連で

　いじめ問題への対応を考えるためには，学級目標のなかに，たとえば，「みんなのいのちをかがやかせよう」を揚げて，どう具体化するかをみんなで考える。そのとき，「夢や目標を大切にしよう」（人生），「日々の生活を自分で計画しよう」（生活），「毎日をみんなが元気に楽しくすごせるようにしよう」（活力）というように，「人生」「生活」「活力」を学級目標のなかで具体化できるようにする。そして，それらをもとに「いじめのない学級をつくろう」と具体目標を提示する。それを日々子どもたちに問いかけるとともに，総合単元的道徳学習で具体化するのである。

イ　豊かな体験や各教科，特別活動の特質に応じた道徳教育との関連で

　たとえば，学級活動において，いじめ問題を取り上げる。そこでは，様々な新聞記事や教材，みんなの日常生活における体験やアンケート調査等をもとに話し合われ，みんなが仲よく生活しなければいけないという意識を高める。そして，そのために，日々の生活をどのように過ごせばよいのかを具体的に考える。

　次に，体育科の保健領域の指導において，心の発達について取り上げる。人間の心の発達の特徴を理解できるようにし，自分たちが今話題に

しているいじめの問題は，人間としてよりよく生きていくための大変重要な課題であることを自覚できるようにする。

　それらを踏まえて，「特別の教科　道徳」で，一人ひとりの生命がかけがえのないものであり，多くの人々の愛情によって育てられていることを感じとれる教材をもとに，生命尊重の自覚を深める授業を行う。

　そして，学級活動でその観点からもう一度自らの生活を見つめなおす。次に総合的な学習の時間を使って，グループごとに，たとえば，「いじめのない楽しい学級をつくろう」というテーマのもとに，それぞれアイデアを出し合って学級新聞づくりを行う，という取り組みもできる。

ウ　家庭・地域社会との連携で

　さらに，「特別の教科　道徳」を要としながら，家庭や地域社会での道徳学習と連携していくことが大切である。たとえば，「特別の教科　道徳」で学習したことを，もう一度，家庭でも話し合ってみる。その結果をもとに，さらに，学級で話し合いをする。あるいは，学校参観の日に，一人ひとりの生命を大切にすることをねらいとした「特別の教科　道徳」の授業を公開し，授業参観後，子どもたちと保護者を交えて話し合う，といったことも考えられる。

　また，「特別の教科　道徳」に地域の人々に来てもらって，授業の一部で，地域に住む一人ひとりが元気に気持ちよく生活できるようにみんなで見守り，協力し合っていることを話してもらう。あるいは，子どもと触れる機会の多い人々から情報を得て，心が温まる事例を中心に朝の時間等で紹介したり，掲示したりすることでも効果的な連携が図れる。

　このように，様々な道徳的課題に対して，生命（ライフ）をベースにして柔軟に総合単元的道徳学習プログラムを組んでいくことができる。それらを積み重ねて，子どもたちが自ら道徳学習を発展させ自己成長へとつなげていけるようにする。「人間としての自己成長を図るノート」などと名前をつけて，ノートへの記録を積み重ねていくことが望まれる。

　このような「ライフ・ベースド・カリキュラム」を中核とした総合単元的道徳学習を多様に取り組んでいくことによって，心豊かに未来を切り拓く子どもたちを育てていくことができる。

🎸 研究課題

1．これからの社会を生きる子どもたちに，どのような力が必要かを，社会の変化への対応，子どもたちの実態への対応，教育の本質（理想）への対応，といった視点から考えてみよう。
2．国際化の課題か環境問題を取り上げ，ライフ・ベースド・カリキュラムの視点を押さえた総合単元的道徳学習を創ってみよう。
3．本章の内容を参考に，これからの社会の変化やご自身の生き方を見つめて，どのような道徳学習をしていきたいかを考えてみよう。

参考文献

西野真由美，鈴木明雄他（編著）（2017）．『「考え，議論する道徳」の指導法と評価』教育出版．

OECD Education 2030（https：//www.oecd.org/education/2030/）

文部科学省初等中等教育局教育課程課教育課程企画室（2018）．「OECD Education 2030プロジェクトについて」

国立教育政策研究所編（2016）．『資質・能力（理論編）』東洋館出版．

チャールズファデル他著，岸学監修・翻訳（2016）．『21世紀の学習者と教育の4つの次元：知識，スキル，人間性，そしてメタ学習』北大路書房．

押谷由夫（編著）（2018）．『平成29年改訂　小学校教育課程実践講座　特別の教科道徳』ぎょうせい．

押谷由夫（編著）（2018）．『平成29年改訂　中学校教育課程実践講座　特別の教科道徳』ぎょうせい．

押谷由夫（2001）．『「道徳の時間」成立過程に関する研究—道徳教育の新たな展開』東洋館出版社．

押谷由夫，柳沼良太（編著）（2014）．『道徳の時代をつくる—道徳教科化への始動』教育出版．

押谷由夫，諸富祥彦他（編著）（2015）．『新教科・道徳はこうしたら面白い』図書文化．

11 | 道徳科の授業デザイン

西野　真由美

　道徳の特別教科化では，「考える道徳」，「議論する道徳」への「質的転換」が求められた。道徳科の授業デザインには，この要請に応えつつ，学校の道徳教育の目標と全体計画のもと，道徳科の特質を生かしたねらいの設定と学習指導過程の展開が必要となる。質の高い多様な指導法を活用して，道徳科の授業を構想しよう。

はじめに

　「道徳の時間の指導が，とかく一定の形式に流れ，固定化しやすいと言われるが，それを避けるためには指導の諸方法をどのように活用すればよいか」。これは，1967（昭和42）年刊行の『小学校道徳指導の諸問題』（文部省）に挙げられた問いである。

　「道徳の時間」が特設（1958年）されてほぼ10年が経過したこの時期，文部省が刊行した『道徳の指導資料』（1964［昭和39］～66［41］年）によって，読み物資料を活用した授業が定着しつつある一方で，すでに指導法の形式化や固定化が課題として広く意識されていたことが伝わる。

　「道徳の時間」導入当初，文部省は指導過程の一般的な型を示した。その理由は，冒頭の問いに答えるなかで，実践経験の乏しい学校現場において，「だれにでも可能な望ましい一般的な指導の型が，多くの教師から要請された結果」（p.71）であったとされている。そのうえで同書は，この類型を手掛かりに教師が個性豊かな指導過程を創造していくことにこそ意義がある，として，多様な指導の工夫を期待していた。

　この期待は，十分に実現しないまま，道徳科に受け継がれることとなった。多様で豊かな道徳授業はどうすれば実現できるのだろうか。

1. 「考え，議論する道徳」への質的転換

（1）道徳授業の何が問題なのか

子どもたちは，これまでの道徳授業をどう受け止めていたのだろうか。**図11-1**は，小・中学生を対象とした調査結果である。調査時期は古いが，「道徳の時間」に対する子どもを対象とした調査では最も大規模に実施された調査である。それによれば，「道徳の時間が楽しい」と答えた子どもの割合は，学年が上がるほど減少し，特に中学生では「楽しくない」という否定的な回答が大幅に増えている。

同調査によれば，「道徳の時間が楽しくないと感じる理由」については，小・中学生ともに，「いつも同じような授業だから」（小学生42.1％，中学生53.2％）が最も多い。次いで上位に挙げられているのは，「こうすることがよいことだとか，こうしなければいけないということが多いから」（小学生30.7％，中学生27.1％），「資料や話がつまらないから」（小学生28.7％，中学生32.1％）となっている。

道徳授業の課題は，これまでの学習指導要領改訂の際にもしばしば議論の俎上にあがってきた。たとえば，中央教育審議会（以下，「中教審」

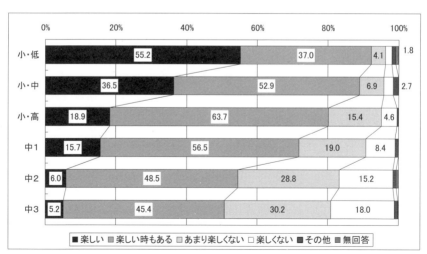

図11-1　道徳授業の感想（全国の小学生約2,000人，中学生4,500人対象）
「道徳教育に関するアンケート調査」（日本教育文化研究所，2006年）

と略記)『新しい時代を拓く心を育てるために』(1998) では,「授業時間が十分に確保されていない」ことに加え,授業の質について,「子どもの心に響かない形式化した指導,単に徳目を教え込むにとどまる指導」,学年が進むにつれて,道徳の時間が「楽しい」とする子どもが少なくなることなどが挙げられている。

　道徳の特別教科化に向けた審議では,指導法に踏み込んで,より具体的に次のような課題が指摘された。

- ・指導が道徳的価値の理解に偏りがち。
- ・単に読み物の登場人物の心情を理解させるだけなどの型にはまった指導,形式的な指導になりがち。
- ・望ましいと思われる分かりきったことを児童生徒に言わせたり書かせたりする授業になっている。
- ・発達の段階に即した指導方法の開発・普及が十分でない。

　道徳授業には,教師や学校間の温度差や中学校の実施状況が十分でないといった「量的確保」の課題もある。しかし,それ以上に深刻なのは,たとえ時数を確保しても,上で指摘されているような問題が解決されないまま,固定的,形式的な指導になってしまっては,実効性のある授業にはなりえないことである。では,特別教科化された道徳科では,この課題をどう克服しようとしているのだろうか。

(2) 道徳授業で育成を目指す資質・能力と学習活動

　2017 (平成29) 年告示の学習指導要領は,前文に示された「豊かな人生を切り拓き,持続可能な社会の創り手となることができるようにする」という理念の下,各教科等において育成を目指す資質・能力と「深い学び」を実現する鍵となるその教科に固有の「見方・考え方」を示した。道徳科の学習指導要領はこれに先だって改訂された (2015年) ため,これらが明示されていないが,全面改訂の理念を「先取り」していたとされる教科化の審議過程と中教審答申 (2016) で確認することができる。

　まず,道徳科で育成を目指す資質・能力を確認しよう。

　「道徳の時間」特設以来,道徳授業で育成する資質・能力は,「内面」,

「内面的資質」などと示されてきた。それに対し，「道徳教育の充実に関する懇談会」(2013)は，授業において「内面」が強調されるあまり，「道徳教育における実践的な行動力等の育成が軽視されがちな面がある」と指摘した。これは，道徳授業は実際の行為に関わる指導はしないと受け止められてきた従来の授業観に見直しを迫るものであった。

　この指摘は，道徳教育の目標に反映された。これまで授業は「(内面的資質としての) 道徳的実践力」，道徳教育全体では道徳的習慣や実践を含む「道徳性」の育成と目標が区別されてきたが，両者共通に「よりよく生きるための基盤となる道徳性を養う」と統一された。授業が「内面」の育成を目指すものであることは変わらないが，それは「今後出会うであろう様々な場面，状況において，道徳的行為を主体的に選択し，実践するための内面的な資質・能力」(中央教育審議会，2014)であるとして，実践につながる資質・能力であることが明示されたのである。

　道徳授業では，特定の価値観の押しつけや抽象的な価値理解に終始することなく，個人が直面する様々な事象のなかで，「自分はどうすべきか」，「自分に何ができるか」を判断し，実行する手立てを考えることで，価値理解と実践をつなぐ資質・能力の育成が求められているのである。

　さて，ここで，道徳科の目標を確認しておこう。

　　第1章総則の第1の2の(2)に示す道徳教育の目標に基づき，よりよく生きるための基盤となる道徳性を養うため，道徳的諸価値についての理解を基に，自己を見つめ，物事を(広い視野から)多面的・多角的に考え，自己の (人間としての) 生き方についての考えを深める学習を通して，道徳的な判断力，心情，実践意欲と態度を育てる。(小学校学習指導要領，括弧内は中学校)

　この目標には，道徳教育全体で目指す資質・能力 (よりよく生きる基盤となる道徳性) に加え，道徳科で学習する内容 (道徳的諸価値)，求められる学習活動 (自己を見つめること，物事を多面的・多角的に考えること，自己の (人間としての) 生き方についての考えを深めること) が示され，さらに，育成を目指す資質・能力が「道徳的な判断力，心情，実践意欲と態度」として分節的に示されている。

この目標の構造を，**図11-2**に示した。内容（価値）と学習活動をつなぐ矢印の往還は，子ども自身が持っている諸価値の理解を基に学習し，学習を通して価値理解を深めていくことを示している。また，学習活動と道徳性の往還は，学習活動を通して道徳性が育まれ，道徳性が育まれることで，学習活動がいっそう充実することを意味している。

ここで示された学習活動を踏まえ，「道徳科における見方・考え方」は，「様々な事象を道徳的諸価値をもとに自己との関わりで広い視野から多面的・多角的に捉え，自己の人間としての生き方について考えること」（中央教育審議会，2016）と示されている。

目標の文言に学習活動が盛り込まれているのはなぜだろうか。

ここに示された学習活動は，個別の指導方法を指定しているのではない。目指す資質・能力の実現にとって本質的な学びの姿である。つまり，道徳授業の構想においては，目標に盛り込まれた学習活動の実現が重要な鍵となる，ということである。資質・能力の育成を目指すには，単に内容を学習すればよいのではなく，「どのように学習するか」が重要になる。2017年版学習指導要領では，この「どのように」という学びの過程が重視されているのである。

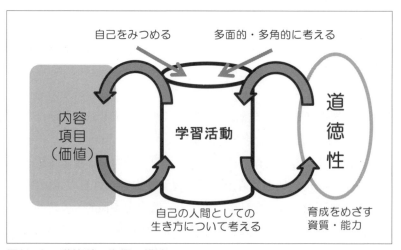

図11-2 道徳科の目標の構造

2．多様な学習過程の構想

（1）なぜ，「考え，議論する」のか

　前節では，道徳科の授業づくりには，「自己をみつめ，物事を多面的・多角的に考え，自己の人間としての生き方についての考えを深める」学習活動の充実が求められていることを確認した。「考える道徳，議論する道徳への質的転換」は，その要請に応えることができるだろうか。

　鍵となるのは，特別教科化にあたって加えられた，「多面的・多角的に考え」る学習である。なぜ道徳授業で，多面的・多角的に考える学習活動が必要なのだろうか。

　そもそも私たちが日常生活や人生の様々な場面で道徳的な問題に出会うのは，正しい答えが一つとは限らないような困難な状況においてである。その問いは，時に価値が対立するような様々な葛藤を含む。だからこそ，迷いや悩みが生まれる。

　「考え，議論する道徳」とは，このような答えが一つではない問いを多様な視点で考え，議論することを通して，「いかに生きるか」という人間としての生き方についての考えを深める学習を成立させることである。道徳科で子どもたちに育てたい資質・能力は，正しいとされる答えを鵜呑みにして従うことではない。人としての生き方や社会の在り方について多様な見方・考え方に出会って様々な選択肢を吟味し，他者と協働しながらよりよい方向を目指す資質・能力である。「考え，議論する道徳」は，この資質・能力を教室で実践的に育てることを目指している。

　それにしてもなぜ「議論」なのか。互いの意見が対立してしまうような議論が道徳授業に相応しい学習方法なのだろうか。そうだとしても，小学校低学年の子どもが議論するのは難しいのではないか。仮に議論できるとしても，多面的・多角的に考える前に，まず基本的な価値について理解させることを優先すべきではないのか。学年が上がれば議論できるようになるかもしれないが，毎回答えが定まらず，「色々な見方があるね」という結論で終わってよいのだろうか。

　議論に対するこうした疑問が生まれる理由の一つは，私たちが議論に

対して抱くイメージによるところが大きいようである。議論という語は，論争や対立を想起させる。道徳授業で大切にしたいのは，議論ではなく，互いの思いや考えを傾聴しあう「対話」ではないだろうか。

「考え，議論する道徳」は，対話や傾聴を否定するものではない。むしろ，ここでの「議論」には，対話も含めた様々な相互交流が含まれる。ではなぜ敢えて「議論」と言うのだろう。道徳学習における「議論」の意義はどこにあるのだろうか。

「議論する道徳」が求めているのは，子どもたちが実際に交流しあう協同探究の実現である。「対話」には，教師と子どもとの対話や自己内対話など，必ずしも子ども同士が関わり合うことのない対話もある。それらはもちろん道徳授業の重要な学習活動だが，他方で，教師主導で子どもがワークシートなどに感想を記述するだけの授業でも「（自己内）対話が成立した」といえることになる。それは議論ではない。

「考え，議論する道徳」の授業構想に重要なのは，実際に子どもたちがアクティブに関わり合う学習活動である。具体的には，自分とは異なる見方・考え方に出会って，意見を交流し合うなかで，自分の見方・考え方を見直し，深めていく学習を実現することである。

道徳科における議論には，他教科におけるそれと決定的に異なる点がある。それは，思考や議論が，自分はどうするか，どう生きるかという実践的問いにつながっていることである。一見，抽象的にみえる問い，「自由とは何か」，「本当の友情とは？」といった哲学的な問いも，教室で納得解を出して終わりではない。自分なりに導き出した考えが，これからの生活や生き方に何らかの影響を与えていくことになる。

道徳授業における議論は，子どもたちが現実の生活や人生にとって，物事を決めたり選択したりする行為につながる実践力を育成するものでなければならない。道徳的な問題を自分自身の問題として，あるいは自分たちが解決しなければならない責任のある問題として考え続け，よりよい解決を選択・決定していくための議論であるという前提に立って，多面的・多角的に考え，議論しつつ，協働でよりよい方向を目指す学習活動を構想することが求められているのである。

（2）多様で質の高い指導法の実現

　道徳教育に係る評価等の在り方に関する専門家会議（2016）は，道徳科の質的転換に向けた指導方法の課題を検討し，「多様で質の高い指導法」として三つの指導方法（**図11- 3**）を例示した。

　この例示は，同会議で出された事例をもとに検討されたもので，指導方法を三つに限定したものではない。そのため，いずれも「多様な指導方法の一例」であることや「それぞれが独立した指導の『型』を示しているわけではない」と注意が附されている。かつて「道徳の時間」で示された指導過程の「型」が固定的に継承されてしまった歴史を繰り返さないためには，これらの例示を三つの「型」と受け取らずに，例示された問いや学習過程のイメージを手がかりに，新たな「問い」を工夫したり，指導法を組み合わせたりしながら，多様な展開を構想していくことが求められる。

　そのためには，なぜこれら三つの指導方法が「質の高い」指導法とみなされたのかを検討する必要があるだろう。その手掛かりとなるのは，学習指導要領総則で示された「主体的・対話的で深い学び」（いわゆるアクティブ・ラーニング）の視点である。道徳科における「主体的・対話的で深い学び」の視点について示唆した中教審答申（2016）を参照し，それらが三つの指導方法の例示にどう活用されているかをみていこう。

①「**主体的な学び**」の視点

　「主体的な学び」の視点では，子どもが問題意識を持ち，道徳的価値や道徳的問題を自分自身の生き方につなぐ学習にすること，学習の振り返りにおいて，自らの成長を実感したり，新たな課題や目標を見付けたりできるようにすることが求められる。そのためには，本時の学習課題を導入段階で明示し，身近な社会的課題を取り上げるなどして，子どもたちが問題意識を持って学べるようにする工夫が必要である。

　例示された指導方法では，問題解決的な学習に限らず，いずれの指導方法も，本時に扱う主題や問題を導入段階で示し，子どもに見通しを持って学べるような工夫がある。また，学習後に「振り返り」場面を設定し，本時の気付きや新たな問いを意識できるようにしている。

		読み物教材の登場人物への自我関与が中心の学習	問題解決的な学習	道徳的な行為に関する体験的な学習
ねらい		教材の登場人物の判断や心情を自分との関わりで考え、多面的・多角的に考えることなどを通して、道徳的価値の理解を深める。	問題解決的な学習を通して、道徳的な問題を多面的・多角的に考え、児童生徒一人一人が生きる上で出会う様々な問題や課題を主体的に解決するために必要な資質・能力を養う。	役割演技などの疑似体験的な表現活動を通して、道徳的価値の理解を主体的に深め、様々な課題や問題を主体的に解決するために必要な資質・能力を養う。
具体例	導入	道徳的価値に関する内容の提示 教師の話やエピソードを通して、本時に扱う道徳的価値の方向付けをする。	問題の発見や道徳的価値の想起など ・教材や日常生活から道徳的な問題を見つける。 ・自分たちのこれまでの道徳的価値の本当の意味や意義や課題の問いをもつ（原理・根拠・適用への問い）。	道徳的価値を実現する行為に関する問題場面の提示など ・教材の中に含まれる道徳的価値に関わる葛藤場面を把握すること。道徳的行為を実践するために、大切さやどんな心情や態度が必要かを考える。 ・価値が実現できない状況を想定し、問題意識をもつ。
	展開	登場人物への自我関与 教材を読んで、登場人物の判断や心情や価値を自分に置き換えて推し量り、登場人物に託して自分の考えや道徳的価値の自覚を深める。 【教師の主な発問例】 ・どうして主人公は、○○という行動をとることができたのだろう（又はできなかったのだろう）。 ・主人公はどういう思いをもって△△という行動をしたのだろう。 ・自分だったら主人公のように考え、行動することができるだろうか。	問題の探究―解決策の分析・解決策の構想など [道徳的な問題状況の分析、グループでの話し合い、解決策の構想など] ・道徳的な問題について、グループなどで話し合い、なぜ問題になっているのか、問題をよりよく解決するためにはどのような行動をとればよいのか、問題などについて考え議論を深める。 ・グループでの話し合いなどを通して道徳的問題や道徳的価値について多面的・多角的に考え、議論を深める。 ・道徳的な問題場面に対する解決策を構想し、多面的・多角的に検討する。 【教師の主な発問例】 ・ここでは何が問題になっていますか。 ・何としどうして迷っていますか。 ・なぜ、■■（道徳的価値）は大切なのでしょう。 ・どうすれば■■（道徳的価値）が実現するのでしょう。 ・同じ場面に出会ったら自分ならどう行動するのでしょう。 ・なぜ、自分はそのように行動するのでしょう。 ・よりよい解決方法にはどのようなものが考えられるでしょう。 探究のまとめ [解決策の選択や決定・諸価値の理解の深化・課題発見] ・解決策を考える上で大切にした道徳的価値について、なぜそれを大切にしたのかなどについて話し合い等を通して考えを深める。 ・問題場面に対する自分なりの解決策を選択・決定する中で、実現したい道徳的価値に対する意味や意義の理解を深める。 ・考えた解決策。 ・問題の探究を振り返って、新たな問いや自分の課題を導き出す。	道徳的な問題場面の把握や考察 ・道徳的行為を実践するには勇気が必要なことなど、道徳的価値に関わる諸事情を把握すること。 ・実際に移行するために、大切さやどんな心情や態度が必要かを考える。 ・価値が実現できない状況を想定し、何が問題になっているかを考える。 問題場面の役割演技や道徳的な行為に関する体験的な活動の実施など ・ペアやグループをつくり、実際の問題場面を役割演技で再現し、登場人物の葛藤などを理解する。 ・実際に問題場面を設定し、道徳的行為を体験する。その行為を考える。
	終末	振り返り 本時の授業を振り返り、道徳的価値を自分との関わりで捉えたり、それらを交流して自分の考えを深めたりする。	まとめ ・教師による説話。 ・本時を振り返り、本時や今まで学習したことを今後どのように生かすことができるかを考える。 ・道徳的価値に関する根本的な問いに対し、自分なりの考えをまとめる。 ・感想を聞いたり、ワークシートに記入したりして、学習で気付いたこと、学んだことを振り返る。	道徳的価値の意味の考察など ・役割演技など道徳的行為を体験したり、それらの様子を見たりしたことをもとに、多角的な視点から問題場面から取り得る行動について考え、道徳的価値の意味を実現することの大切さなどを考える。 ・同様の新たな場面を提示して、取り得る行動を再現し、道徳的価値を実現するためにも大切なことを体感することを通して実生活における問題の解決に見通しをもたせる。

図11-3 道徳科における質の高い多様な指導方法について（イメージ）

出典：道徳教育に係る評価等の在り方に関する専門家会議（2016）「別紙1」より抜粋して作成

　例示では，学習の展開時の「発問例」が示されているが，本時の学習課題となる中心的な「問い」は，常に教師から提示されるわけではない。主題とする価値や問題場面を提示し，子どもたちが本時で話し合いたい問いを出し合って決定する方法は，主体的な学びを実現するだけでなく，子どもたち自身が日常生活のなかに様々な道徳的な問題を発見する力を育てるうえでも有意義である。

②「対話的な学び」の視点

　「対話的な学び」の視点では，子ども同士の協働，教員や地域の人々との対話，偉人の生き方や先哲の考え方を手掛かりに考えることなど，多様な見方・考え方，様々な生き方と出会うことが求められる。特に重視したいのは，自分と異なる意見に出会い，その違いから互いに学び合えるようにすることである。

　葛藤や衝突が生じる道徳的な問題場面を活用した話し合いは，多面的・多角的に考え，議論を深めていくうえで特に有効であろう。その際，注意しなければならないのは，異なる意見から「学びあう」ことの大切さを子どもたち自身が実感できるようにすることである。

　また，登場人物への自我関与が中心の学習では，主人公への共感を軸に展開されるため，たとえば，偉人の生き方を主題として教材などでは，子どもたちの話し合いに直接的な葛藤や対立がみられないことがある。その場合でも，偉人の生き方への賞賛に終始するのではなく，その生き方を支えた価値やその人が大切にした価値は何だったのかを考えることで，多様な意見を伝え合い，学び合う対話的な学習が実現する。

　道徳的な行為に関する体験的な学習では，役割演技をペアやグループで対話的に実演するだけでなく，互いに演技を見合って批評することで，どう行為すべきかについての考えを深め合うことができる。

　子どもたち同士の対話を促すには，思考や話し合いのプロセスを可視化する工夫が有効である。心情円盤やベン図，イメージマップ，座標軸などの思考ツールや付箋，ホワイトボードを使ったグループワークなどを目的に応じて活用したい。こうした「可視化」は，意見や考えの変容を確認することで，振り返り学習にも役立つ。

③「深い学び」の視点

　深い学びの視点とは，道徳科で育成を目指す資質・能力，すなわち，様々な場面や状況において，道徳的な問題状況を把握し，適切な行為を主体的に選択し，実践できるような資質・能力の育成に資するような，「見方・考え方」の深まりが生まれるような学習を成立させることである。具体的には，他人事ではなく自分自身の問題として考えること，一面的な見方から多面的・多角的な見方へ広がること，自分本位の見方から相手の立場，さらに多様な人々の立場まで考えること，自分の現在の直接的な利害だけに基づく判断から将来の自分の生き方を見通して判断すること，など，多様な深まりや広がりがありうるだろう。

　深い学びは，例示された指導方法を忠実に実施すれば実現する，と一律的に言えるようなものではない。指導方法の特質を踏まえたうえで，目の前の子どもたちの実態に応じて，道徳的問題を考え，議論し，探究する過程を充実する様々な工夫が求められる。

　「見方・考え方」を深めるには，子どもの思考を動かすための問いが重要である。**表11-1**は，発問を作る「動詞」を例示した。

表11-1　思考が動く活動をつくる「動詞」(例)

考えるための動詞	発問の例
比較する	○○と△△の違いは？共通点は？
分類する	どんなグループ分けができるだろう？分ける基準は？
関係付ける	○○と△△はどんな関係だろう？ 問題が起きた原因は何だろう？
視点(立場)を変える	○○の視点・別の人の立場から見るとどうだろう？
推論する・適用する	身近な問題・別の問題にあてはめるとどうなるだろう？
具体化する	図に表してみよう
選択・判断する	どの考えが一番よいだろう？なぜそう思う？
見通す	結果はどうなるだろう？ どうすれば大切にしたい価値が実現するだろう？
批判する	本当にそれでよいか？他の方法はないか？
振り返る	学んだこと，気付いたこと，これからの課題は何だろう？

　さて，ここまで三つの指導方法がそれぞれ「主体的・対話的で深い学び」の実現を目指していることを確認してきた。では，これら三つの指導方法の違いはどこにあるのだろう。

　たとえば，「友情」を主題とした授業を構想する場合，その主題で何をねらいとして設定するかをもとに指導法を検討することになる。

　「登場人物への自我関与が中心の学習」では，たとえば，「本当の友達なら，忠告することも大切だ」という新たな見方・考え方に気付き，それに照らして自分の友情という価値への理解を振り返り，友情を大切にしようとする道徳的な判断力，心情，実践意欲を育てることがねらいとなる。そのため，主人公の葛藤や決断に自我関与し，主人公の生き方を支えている道徳的価値に共感的に迫っていく学習過程となる。

　「問題解決的な学習」では，友情をめぐって生じる様々な問題状況に注目する。問題状況が生じたのはなぜか，何が問題になっているのか，どうすれば解決できるのか。問題の把握とその解決をめぐって考え，議論することを通して，ある問題状況で自分は何を大切にしてどんな行為を選択するかを考える。ただし，単に解決策や行為の選択・決定がねらいではないことに注意する必要がある。授業のねらいは，多様な意見に出会って問題を多面的・多角的に考え，議論することを通して，自分の価値理解を見直したり深めたりしながら，実生活での問題を道徳的に解決することができる資質・能力を育成することである。

　「道徳的な行為に関する体験的な学習」では，「仲の良い友だちに忠告するにはどうしたらよいだろう」などの問題について，忠告の仕方を役割演技などで確認しながら，よりよい方法を考え，議論する。問題となっている状況を自分の問題として実演してみることで，道徳的価値の理解を深め，実生活における道徳的価値の実現に自信を持ち，自分の選んだ行為を実践していくことのできる資質・能力の育成をめざす。

　この三つのねらいは，道徳科の指導としてどれが最もふさわしいか，などと優劣をつけるものではない。学級や子どもの実態，発達の段階や学級の子どもたちの直面している様々な問題を考慮したうえで，教師が課題意識を持ってねらいを構想することが大切である。

3. 道徳科における問題解決的な学習

(1) 問題解決的な学習への批判にどう応えるか

　問題解決的な学習は，道徳科の学習指導要領の「配慮事項」に新たに盛り込まれた。問題解決的な学習自体は，1998（平成10）年告示版以降，学習指導要領総則に示され，全教科等での取組が求められていた。それがあらためて道徳科の学習指導要領で明示されたのは，道徳授業において問題解決的な学習の活用がほとんど見られなかったからである。

　なぜ，道徳では問題解決的な学習への取組が進まなかったのだろうか。その背景には，戦後道徳教育における生活主義と価値主義の対立がある。

　道徳の時間特設当初（1958年）から1960年代前半まで，指導方法の主流は，「問題解決学習」であった。当時の問題解決学習は，デューイの教育理論に立脚しつつ，子どもの実生活で起こる問題や時事的な問題を主題として探究して解決を目指し，生活に活かす学習が中心であった。

　1960年代に入ると，読み物資料を活用し，道徳的価値の理解をねらいとして明示した価値主義と呼ばれる授業実践が増え，価値主義と生活主義の統合をめざした実践もみられるようになる。このきっかけとなったのは，文部省通知「道徳の読み物資料について」（1965［昭和40］年）であるとされる。この通知において，道徳の授業がねらいとする価値を明確に含む読み物を活用することが推奨されたからである。

　当時の生活主義的・問題解決主義的な道徳授業への主要な批判点は，日常生活の問題を断片的に取り上げて実践的・具体的に解決する〈方法〉が優先され，一連の事象の根本にある内面の問題を掘り下げて道徳的価値の理解を深める学習が実現していないことにあった。目の前の問題の解決に終始して，価値の内面化が不十分だと指摘されたのである。

　その後，主題とする価値を明確に含む読み物資料が文部省により相次いで刊行され，価値主義による道徳授業が定着していった。しかし，一教材で一内容項目を学習する形態には，〈徳目主義〉に陥る危険がある。一つ一つの価値を個別に理解する学習は，抽象的で形骸化しやすく，実生活の文脈で実践する力につながらない可能性があるのである。

　生活主義と価値主義の対立のなかで，戦後の道徳授業は価値主義への傾倒を強めてきた。しかし，道徳授業に求められるのは，個別の問題の解決策に終始することでも，抽象的に価値を理解することでもない。両者を統合し，実生活で出会う問題を道徳的な問題として捉え，様々な教材を通して，よりよい価値をいかに実現するかを多面的・多角的に考え，実践につなぐ資質・能力を育てること。それこそが，道徳科における「問題解決的な学習」に求められているのである。

（2）問題解決的な学習の学習過程

　問題解決学習が道徳授業に相応しくないとして批判されたのは，解決を急ぎ，方法論に陥ってしまうことであった。しかし，よりよい解決を教材のなかで描き，それを模範として学ばせる学習では，きれい事や他人事で終わってしまう可能性がある。自分の問題として考えるには，子どもが「解決したい」という切実な問題意識を持つことが重要である。

　私たちが実生活で道徳的な問題に直面する時のことを考えてみよう。最初から「思いやりを実現しよう」と思うことはまれで，先ず，その問題状況をどう切り抜けるかを考えるのではないだろうか。困難な状況に出会った時，解決策をあれこれ考えるのは，ごく自然なことである。

　教材に描かれた問題について，子どもたちが解決方法を思い巡らすのは，その状況を切実なものとして捉えているからこそである。この時，子どものなかには道徳的問題への「問い」が生まれている。問題解決的な学習で重要なのは，個別の事例をどう解決するかという結論ではない。この切実な問題意識を原動力に，協同探究のプロセスを豊かにすることなのである。

　子どもたちの第一次の解決案を持ち寄って，「何がよりよい解決か」を吟味する。この吟味や検討の過程で，なぜその解決を選んだか，自分はどんな価値をどう実現しようとしているか，という本質的な問いが生まれる。その選択で何を大事にしたいのか，その選択は，自分の将来や回りの人にどんな影響を与えるか，本当に自分が大切にしたいものを実現できるか。行為選択の理由や根拠をめぐって多面的・多角的に考察する

探究プロセスのなかで，道徳的思考が深まる。

このプロセスを，教材「手品師」を例に検討してみよう。

「手品師」は，『道徳の指導資料とその利用1』（文部省，1976）に掲載され，長く活用されてきた小学校高学年の教材である。小学校道徳科の最初の検定教科書では，全社に掲載されており，いわば定番の教材である。しかし，同時に，様々な批判を喚起してきた教材でもある。

教材はこんな内容である。ある売れない手品師が公園で偶然出会った母子家庭の子どもに手品を見せて喜ばれる。翌日も同じ場所で手品を見せる約束をして帰宅した手品師に，友人から「明日，大劇場に代役として出演してほしい」と連絡が入る。手品師は迷うが，友人の誘いを断る。

この教材が主題とする価値は「誠実」である。主人公は，大劇場で活躍する手品師になりたいという夢の実現を前にして，一人の少年との約束を優先させる。その手品師の選択が「誠実」として描かれている。

一般によく見られるのは，次のような学習過程である。

	学習活動・主な発問
導入	約束が守れなかったことはありませんか。
展開1	教材「手品師」を読んで考える。 ○友人の連絡を聞いて，手品師はどう思ったでしょう。
展開2	○きっぱりと断った時，手品師はどう思ったでしょう。
展開3	○翌日，男の子の前で手品をしている時，手品師はどんな気持ちだったでしょう。
終末	○よいと思ったことを行動に移せたことがありますか。

この学習過程は，本章冒頭で示した，一般的な型に沿った展開である。授業のねらいは，大劇場出演を断ってまで子どもとの約束を果たそうとする手品師の心情に共感させることで，誠実に生きようとする心情を育成することである。手品師を誠実な生き方のロールモデルとすることで，誠実という価値の内面化が目指されている。

しかし，子どもにとって，この手品師の選択を理解するのは難しい。手品師は，自分の大切な夢を捨てているようにみえる。もっと違う解決

方法があるのではないか。そう考える子どももいるだろう。

　では，この教材を問題解決的に扱うとどうなるだろうか。たとえば，以下のような発問で構成する展開が考えられる。

	学習活動・主な発問
導入	「誠実」とはどんなことだと思いますか。
展開1	教材「手品師」を読んで考える。 ○手品師はなぜ（何と何で）迷っていますか。
展開2	○あなただったら，どうしますか。なぜですか。 ○手品師はどうすべきか。グループで話し合って発表しましょう。
展開3	○手品師はなぜ，この選択をしたのでしょう。
まとめ	○自分の選択で何を大事にすべきかを考えてみましょう。

　展開2のような問いを前にすると，子どもたちの思考は，「どうすればこの困難な状況を逃れられるか」に集中しがちである。そのため，話し合いをすると，「公園に男の子へのメッセージを残しておく」，「友だちに相談して代わりに公園に行って伝えてもらう」など，子どもなりに考えた様々なアイデアが出てくることになる。

　これでは，かつて問題解決学習が批判された，解決策に終始して価値理解が深まらない授業になってしまうのではないか。そんな批判も生まれるだろう。しかしここで重要なのは，子どもたちがそれほど真剣にこの葛藤状況を体験していることである。手品師の悩みを共有し，自ら葛藤して出した結論や解決策には，子ども自身の今の価値理解や問題解決に用いる思考方法が現れているのである。

　その価値理解や問題解決的な思考を出し合って，それが本当によい解決策といえるのか，自分が（手品師が）大切にしたい価値を実現することになるのか，などと，より本質的な問いを吟味するのが問題解決的な学習の目的である。それによって，行為選択の根拠となる価値の意味に気付き，その価値を生活や人生で実現するにはどうすべきなのか，よりよい選択とはどうすることなのかについて考えを深めていく学習につなげることができる。

　たった一人のお客様の前で手品を披露する手品師は，自らの選択を後悔していない。その選択は，子どもたちにとって，悩みながら解決策を考え，議論したからこそ，理解しがたいものにもみえる。だからこそ，「なぜ，手品師はこの選択をしたのか」という問いが切実な問いとなる。ここではじめて，子どもたちは，手品師の生き方に向き合うことになる。その学習体験は，「では，自分は何を大切にして，どう生きるか」という問いへとつながるだろう。

　道徳科における問題解決的な学習では，自分の解決策を決定することや，よりよい解決策について合意形成すること自体が目的ではない。結論に至るプロセスで，価値理解や道徳的な見方・考え方がどれだけ深まったか，新たな気付きがあったかが問題なのである。

　道徳科では，価値の内面化と同時に，内面を現実生活でいかに表現するかという実践につながる力の育成が目指されている。そこで育まれる思考には，諸価値の理解⇒内面化と，価値の実現⇒実践化という二つのベクトルがある。

　伝統的な道徳授業では，内面化，すなわち内面に向かうベクトルのみが道徳授業の特質とされ，内面をいかに表現するか，いわば"how"に関わる問題は，実践的な課題であるとされてきた。しかし，具体的な状況で「いかに行為すべきか」という選択に関わる問いは，価値を内面化する方向だけでは答えられない。手品師のように誠実に生きたいという願いを持つという内面化が授業の役割で，その願いをどう実現するかは各自が実践で学べ，といわんばかりに，思考と実践を分離するのは，価値理解としても十分な学習とはならない。誠実に生きるとはどうすることなのかを具体的な状況で考え，議論することで，誠実という価値に向き合い，価値理解を深めることができるのである。

　価値理解を深めるとは，ある価値の大切さを理解することだけではない。その価値を現実世界で実現することの難しさに気付き，悩むこと，そして，その価値をどう実現するかについては，自分とは異なる様々な見方・考え方があることに出会うこと，こうした一連の学習経験が，価値理解を深め，状況や問題を道徳的に考える力を育み，実生活で行為を

選択する道徳的な実践力を養うのである。

　結論を出すことではなく，問いを持ち，悩み，考え，議論するプロセスを充実した問題解決的な学習には，価値主義と生活主義を統合し，実生活で生きて働く道徳的実践力を養う可能性がある。問題解決のステップや型に固執することなく，多面的・多角的な思考の進展を生みだす学習活動をデザインしていくことで，その可能性が開かれるだろう。

🎸 研究課題

1．道徳における「主体的・対話的で深い学び」の意義をまとめよう。
2．思考や議論を可視化する様々な思考ツールの特徴を調べよう。
3．『私たちの道徳』（文部科学省）の読み物教材を使って，問題解決的な学習の指導案を作成してみよう。

参考文献

安西祐一郎（1985）．『問題解決の心理学』中央公論社．
　問題解決とはどういうことかを問いながら，問題解決者としての人間像を描き出している。
ジェーン・ハリー（1996）．『よみがえれ思考力』（西村弁作・原幸一（訳））大修館書店．
　子どもの思考力を伸ばすために，「答えが一つでない問題」を考えたり共同で学習したりすることがなぜ大切なのかを明らかにしている。
R.リチャート／M.チャーチ／K.モリソン（2015）．『子どもの思考が見える21のルーチン』（黒上晴夫・小島亜華里（訳））北大路書房．
　思考を可視化する様々なツールとその活用法を示している。
D.ロススタイン／L.サンタナ（2015）．『たった一つを変えるだけ　クラスも教師も自立する「質問づくり」』（吉田新一郎（訳））新評論．
　子どもの質問づくりから出発する授業を事例とともに紹介する。
A.プリチャード／J.ウーラード（2017）．『アクティブラーニングのための心理学』（田中俊也（訳））北大路書房．
　構成主義に基づく授業づくりを具体的に学べる。

引用文献

中央教育審議会（1998）.『新しい時代を拓く心を育てるために―次世代を育てる心を失う危機―（答申）』.

中央教育審議会（2014）.『道徳に係る教育課程の改善等について（答申）』.

中央教育審議会（2016）.『幼稚園，小学校，中学校，高等学校及び特別支援学校の学習指導要領等の改善及び必要な方策等について（答申）』.

道徳教育の充実に関する懇談会（2013）.『今後の道徳教育の改善・充実方策について（報告）』.

道徳教育に係る評価等の在り方に関する専門家会議（2016）.『「特別の教科　道徳」の指導方法・評価等について（報告）』文部科学省.

文部省（1964）.『読み物資料とその活用 3 』.

文部省（1967）.『小学校道徳指導の諸問題』.

日本教育文化研究所（2006）.『道徳教育に関するアンケート調査』.

12 | 道徳性を育成するソーシャルスキルトレーニング

渡辺　弥生

　学校における道徳教育は，自己の生き方を考え主体的な判断の下に行動し，自立した一人の人間として他者と共によりよく生きるための道徳性を養うことを目標としている。生き方についての深い思考や内省を導くためには，子どもたちの興味や関心を喚起し，卑近な具体的行動を通しつつ抽象度の高い概念を理解できるように，足場かけの取り組みが必要である。本章では，その一助となるソーシャルスキルトレーニングについて紹介する。

1．ソーシャルスキルトレーニングの背景

　英語の Social Skills Training をそのままソーシャルスキルトレーニング（以下 SST）とカタカナ書きして使われることが多くなっている。これほど，様々な名前でよばれた用語はないほど，時代や専門領域の違いによって多くの呼称が用いられてきている。たとえば，英語の頭文字をとった SST，生活技能訓練，社会（的）技能訓練，社会的スキル訓練，ソーシャルスキル教育，ソーシャル・スキル（ズ）・トレーニングなどである。

　こうした名称が国内外で使われるようになっておおよそ50年以上が経とうとしているが，日本の教育においてはようやく活用されるようになったと感じられる。このトレーニングの実践内容には，行動分析，モデルの呈示，ロールプレイによるリハーサル，実生活に応用できるモジュール（Module：人間の行動上で，まとまった機能として認められる単位）の開発などが多様に組み合わされてきた。当初からおおよそアイデンティティを確立し技法や有用性の成果を示しつつ，その装いを時代に合わせるように打ち出してきたと考えられる（渡辺，1996）。

　このSSTの今後の道徳教育における有効活用を考えるために，まずは多領域の専門分野にどのように導入され展開してきたかを振り返る必要があると考えられる。SSTに着目してきた領域は多岐にわたり，大きく精神医療領域，更正・矯正領域，そして発達・教育領域に分けられる。

　いずれの領域においても，人が社会性や道徳性をどのように学ぶのか，そのプロセスを説明できる明確な理論をもとに築かれてきた。ベースになる理論がシンプルであることが，時空を越えてこれまで普及されてきた所以であろう。同時に，変更を許さないトップダウンによる実践ではなく，ボトムアップの流れを許してきた，すなわち，ローカルに，実際の細かなやり方などについて，カスタマイズすることが寛容に受け入れられてきた背景が，これまで維持し普及されてきた所以であろう。さらには，手軽でいろいろな場所で行えると言う利点，すなわち「ポータブル」であることから，個別，家庭，多様なグループなどの何処においても実施できることが大きなメリットである（前田，2013）。精神論が中心で，教員の力量が名人芸になりがちであった風土のなかで，ようやくエビデンスを基にした「教える」アプローチや技術が認められたと考えられる。

　次に，こうした背景をおさえたうえで，この理論及び実践が，道徳教育においてどのように意義あるものになるのか今後の在り方について考えてみよう。いじめ，不登校，不審者侵入，災害といったあらゆる危機がふりかかりうる「学校」という場所で，子ども達が健やかに生き生きと成長していく居場所になることは，学校教育に携わる者全てにとっての共通の願いである。そのため，常に支援のための努力が求められる。その具体的な努力の一つとして，このSSTが授業に積極的に活用されることが期待される。

　子ども達の問題の万能薬とまではいかないにしても，むしろ予防薬として貢献できるポテンシャルがあるのではないかと考えられている。「学習」のメカニズムをもとに，認知，行動，そして近年では感情までも組み入れて構成されてきた実践は，具体的でわかりやすい（渡辺，2015）。

同時に，SST は，その他の考え方や理論と決して対立するものではなく基本になる考え方である。メインのプログラムでなくても補完的に利用できるメリットもあるうえ，問題行動の予防だけではなく，より高い人格の成長を促す教育的，開発的な役割をしっかりと果たすことが期待される。

2．ソーシャルスキルトレーニングの理論

　ソーシャルスキルトレーニングの理論は，時代に求められて来たいくつかの理論をうまく引き寄せながら統合して構築されてきている。つまり，理論と理論の対立のなかで，葛藤しながら生まれたのではなく，むしろ，古い理論がより精錬された理論となり，他分野との境界線を乗り越えながらどの領域でも受け入れられる考え方として成立してきたと考えられる。

　この SST の流れの源流は，まさに心理学の源流でもあるパブロフ（Ivan Petrovich Pavlov, 1849–1936）やワトソン（John, B. Watson）の古典的条件づけやスキナー（Burrhus Frederic Skinner）のオペラント条件づけの流れといった学習理論に行き着く。心理療法の観点からいえば，学習理論に基づいた行動療法が基盤にある。行動療法は，その人の悩みや問題が具体的にどのような行動からなっているのかという捉え方をし，行動変容を目的とするアプローチであった。その後，外界からの刺激と行動との関係を重視する視点から，しだいに，人の内面というブラックボックスのプロセスに着目されるようになる。人と環境と行動との相互作用に関して画期的な理論を打ち立てたのは，バンデューラ（Bandura, 1997）であり，社会的学習（認知）理論と呼ばれている。この理論では，モデリングやセルフコントロールなどのモデル，思考修正法や自己教示訓練などの技法が加味された認知行動モデルなど，さらに分岐して考えられる場合もある。

　認知心理学の発展とともに，外界からの刺激と行動の媒介変数であるスキーマや認知といった人間の内的な思考プロセスや情報処理の仕組みが注目されるようになる。その影響ともいえる大波を受け，しだいに行

動から認知に焦点を当てたアプローチに衣替えをしていくことになる。特に，観察学習やモデリング，さらに，自己指示法など，内的な指示による行動変容の考え方は，認知プロセスによって説明可能なものとして注目されるようになった。その後は，認知行動理論と呼ばれるまでに進化し，対極的とも思われていた力動精神医学の影響も取り入れて，自分をとりまく世界の認知の仕方が感情や行動に影響を与えることが強調されるようになった。こうして発展した認知行動理論を基本にした戦略として，たとえば認知的戦略（気晴らしの仕方，など），行動的戦略（活動スケジュールの作成），認知行動的戦略（行動による試み，ロールプレイなど），予防戦略（将来への対応を準備など）といったカテゴリーが，実践方法として紹介されている。

　こうした洗練化によって，時代や国，さらには専門領域を越えて活用され続けてきたソーシャルスキルトレーニングは，大きく四つの見解を提唱するまでとなった。

　一つは，問題をもっている人たちでも，新しいスキルを獲得し，維持できるというエビデンスを示してきたこと，二つ目は，問題の程度や有る無しに関係なく，社会的機能を高め，対人関係の構築に成果があること，三つ目は，日常生活に応用できること，最後は，認知能力に問題がある場合でも，時間はかかるがスキルを獲得できることが明らかにされたことである。さらには，近年，健康モデルから，予防的な成果ももたらすことも明らかにされている。この健康モデルは，単純に，健康を維持するだけでなく，よりよく生きるために必要な，自分らしさを見出し，人と関わる意欲を育て，そして，どのような価値のもとに生きていけば良いのかと言う，道徳教育にも活用されうることが示唆されている。

3. 各分野におけるソーシャルスキルトレーニング

　道徳教育は広義に考えると，学校だけに限られるものではなく社会全体を対象として考えられるものであろう。社会を構成するメンバー全てがより良く生きるためには，学校以外での取り組みについても広く理解しておくことが有意義である。

（1）精神医療領域

　精神医療領域でのソーシャルワークの学問に役立てようと SST が日本に紹介された背景がある（前田，2013）。1988年のリバーマン（Robert Liberman）の来日を契機に広がりをみせ，1994年には「入院生活技能訓練療法」として精神科の診療報酬にも組み込まれるようになる。このとき，日本で先駆け的な役割を果たしたのが，東京大学の医師達のグループとルーテル神学大学の前田ケイ教授によるものであった。リバーマンは，当時 UCLA の医学部の教授であり，精神障害の支援の仕方に，社会生活を送るうえで実際に有益かつ誰でも理解しやすいモジュールを開発し，社会的リハビリテーションに役立てようとしていた。

　1970年にカリフォルニアのオックスナード精神保健センターで最初の実践が行われたことが翻訳書で明らかにされている。その後も，さらに綿密な実践が蓄積されている。特に，統合失調症の患者は，対人関係において社会的情報を「受信」し「処理」するスキルに認知的な欠陥があるとし，評価方法と治療方法が新たに改善されている。

　たとえば，社会復帰をするために，病院を出て親戚の家に一時的に住む際に，自分の感謝の気持ちをどのように伝えたら良いかわからないという訴えがある場合，ソーシャルスキルトレーニングが用いられる。「ただ，感謝しなさい」とか「心があれば通い合える」といった言葉かけや抽象論ではうまく行かないのである。どのようなスキルが不足しているのか，どういった行動を獲得する必要があるのかを，後に述べる一連の方法で，身に付けられるようにし，実際の生活に応用できるよう支援していく必要がある。

　精神医学の領域では，比較的早くに，「Social Skills Training」を論文のタイトルにして，大規模な実践研究が紹介されている。1990年代の後半においては，psychosocial skills training, psychosocial rehabilitation, psychiatric rehabilitation, など様々な名称がつけられていた。こうした実践は，イギリス，アメリカ，カナダ，オーストラリアにまたたくまに普及していったが，行動は環境との相互作用であるという原理に基づいており，社会的また役割的な機能がどのようにして導かれるかが主要な

考えであった。

　わが国では医療といっても，SST は精神科デイケアで活用されており，実際は精神保健福祉士のソーシャルワークの仕事として考えられてきた。1998年に精神保健福祉士法が施行された当初は，医療分野における精神科デイケアで期待される治療・リハビリテーションの内容と精神保健福祉士に期待されるソーシャルワークの内容が相容れないという問題があった。ソーシャルワークが依拠する理論が，システム理論やエコシステムモデルであり，SST のベースにある学習理論や認知行動理論とは異なっていることが指摘されている。しかし，今日では，精神科デイケアでの SST（社会生活技能訓練）として次のようなポイントが留意点として実施されたりしている。（1）ヘルパー・セラピー原則を意識して SST に応用する，（2）堅固な連携・ネットワークを通して，参加者に多くの成功体験の場を提供する，（3）計画された途切れのない SST を実施する，（4）本人にとって適切で役に立つ課題を選ぶ，（5）簡易で利用者の必要を評価できる SST 評価を実施する。

（2）更正・矯正領域

　2014年に改正少年院法及び少年鑑別所法が成立し，少年院における教育は「在院者犯罪的傾向を矯正し，並びに在院者に対し，健全な心身を培わせ，社会生活に適応するのに必要な知識及び能力を習得させること」と規定された。犯罪的な傾向を矯正することだけではなく，健全な心身を培うことが盛り込まれた。矯正教育においては出院後に想定されるリスクのある場面への対応能力を育成することを目的として SST が導入されてきたが，2000年以降急速に普及し「更正」が強調されてきており，道徳教育といっても過言ではない。

　ここでの SST は，少年院に入る前から抱えている問題や，出院後の生活で直面する問題をテーマとして選ぶ場合が一般的である。少年から問題を聞き出し，ターゲットスキルを取り上げながら，ロールプレイを中心に皆で考えるような形がとられている。ここでの難しさは，たとえば親と喧嘩をしないスキルとか万引きに誘われたときに上手に断るスキ

ルなど，更生を求める少年たちのニーズが一般の少年と異なる場合があることである。また，少年達が相手として想定される家族や友人自体が必ずしも適切なスキルを遂行してくれると期待できない相手であることが少なくないことである。

たとえば，外出するときの普段の様子を少年たちにロールプレイを活用して行ってもらう。

少年：「行ってくる」

親：「また悪さするんじゃないだろうね」

少年：「うるさい！」

といった状況が再現されたりする。そこで，なぜ，2，3言で喧嘩になってしまうのか，どうすれば解決できるのか考えさせる。ロールプレイを見ていた少年たちからも意見が出るが，最初は途方にくれている場合が少なくない。なかには，親は喧嘩を売ることしか考えていないという捉え方をしている場合もある。SST を進行していくと，そのプロセスにおいて，次第に，親の過干渉は心配する気持ちが背景にあることに気づくようになり，親の心配を緩和するためには十分な情報を外出する際に伝えた方が良いのではないかと考えられるようになる。そのうえで，具体的な行動をイメージさせ，何度もリハーサルを重ねると，

少年：「行ってくるよ。友達とそこのコンビニに。1時間ほどで戻ってくる」

親：「そうか，気をつけてね」

といった会話ができるようになる。自分の行動変容に応じて，親の態度も「気をつけてね」と緩和する方向に変容することを実感することを可能にする。ただし，概して少年は対人関係が不慣れで，他者に関心が持てなかったり感情が鈍化していたりといった問題が背景にある。また信頼できる人とのかかわりが少ないことから毅然とした態度がとれないなどの特徴を理解しておく必要がある。また，更正施設入所者は ADL（activities of daily living）は自立しているので，仕事や地域で生活するために必要なスキル，対人的な相互作用に必要なスキルを中心に考えられることが多い。

（3） 発達・教育領域

　精神医学領域で，SST が先駆け的に取入れられたようにその分野では書かれていることが多いが，実際には，この領域でも様々な取り組みが1970年代からすでに行われてきている。幼児期や児童期における対人関係の問題として，引っ込み思案や，攻撃性が高いなどの問題が注目されていた。仲間関係において孤立した子ども達が仲間から受容されるためにはどうすればよいかという関心が高まり，様々な介入方法が試されてきていた。先に指摘したように行動変容を目的とした行動療法が普及していたがしだいに，強化と観察学習などが組み合わされたトレーニングが行われるようになった (Oden & Asher, 1977 ; Mize & Ladd, 1990)。さらに，スキルの概念を明確にし，モデルを観察しリハーサルやフィードバックなども取入れられるようになり，コーチングとして組み入れられるようになった。セルフモニタリングなどメタ認知の視点も取り入れられ，SST がパッケージ化されて活用されるようになる。2000年代以降は，我が国においても多くの実践の成果や課題が報告されるようになった（渡辺，2017）。

　特別支援教育が重視されるようになり，SST が急速に普及していると考えられる。特別支援学校，特別支援学級，通級指導教室に通う子ども達の社会機能の開発及びインクルーシブ教育の推進に伴う様々な問題の予防のためにもニーズが高まっている（文部科学省，2012；太田・太田，2016）。3段階の援助サービスが想定され，個別や小集団，通級指導教室など様々な場面で子ども達のアセスメントに応じた教材や指導案が考え出されている。幼児から成人につながるような広範囲を見渡したプログラムも考えられてきており，発達障害に対しては，適応行動の形成，過敏さや不安への対処，固執や依存への対処，二次障害への教育的対応が考えられている。

　他方，青年期から成人期を対象にしては，社会心理学の領域でソーシャルスキルの知識が検討され，SST の実践が試みられてきている。社会心理学では，ソーシャルスキルの定義や概念について様々な研究に注目し，特に情報化社会における対人コミュニケーションに焦点が当てられ

ている。アメリカにおいては主張性訓練などの対人不安や非主張性の改善を目標に発展してきたが，他方イギリスでは，運動スキルモデルを援用したモデルをもとに開発されている（Argyle, 1967）。コミュニケーションを成立させる動機や目標，状況にふさわしい行動の判断をする翻訳などの認知的側面が重視されてきた。ここでのトレーニング方法としては，反復による訓練，役割演技，モデルの模倣，感受性訓練（映画の活用，文章の朗読，相互作用記録等），講義，討論，事例研究，読書といった多様な方式が採用されている。こうした取り組みは，企業での新人教育，就労支援などでも取入れられるようになっている。

4．道徳教育での今後

　ここまで多領域における SST の普及を振り返ってきたが，どの領域においても，対人関係に悩みをもつ子ども達や精神疾患をもった人たち，適応できない社会人たちが対象とされてきていることがわかる。すなわち，孤立して悩む人たちの支援が目標として掲げられてきた。

　それでは，「学校」という領域で，この SST は今後どのような役割を果たしていけるだろうか。ここでは，道徳授業の実践の一つとしてデフォルトとなる考え方や実践方法を整理するとともに，問題の予防薬としてだけではなく，むしろ健全な人格や健康を開発促進する役割を果たせるように提言できればと考える。よりよく生きる，円滑な対人関係を築き，維持するというスキルを教えることは，まさに道徳教育の根幹でもあり，SST を最大限に活用できると考えられる。

（1）ソーシャルスキルとは

　学校で考えられるソーシャルスキルは，「他の人との関係を円滑に築きそして維持するための考え方，感じ方，ふるまい方」として捉えることができる。「スベやコツ」という捉え方もできるだろうが，決して要領のよさではない。社会という他人との共同体において自律して生きて行くために，どうしても必要な社会の考え方や期待されるものがある。より良く，より善く，より健康に生きるために必要なことを，抽象的に

捉えるのではなく，少し可視化したイメージとして落し込んだものをスキルとして捉えるのである。「スキル」という日本語はどうしても，上っ面の要領の良さや，どこか薄っぺらな感覚を与えてしまうばかりに，教育への導入に抵抗感があったが，目標とし習得するためには，抽象概念を「見える化」し，子どもが理解できるフォームに落し込むことが必要である。同時にそれを習得するためには，教師の力量にかかわらず誰もがマスターできる技法が必要である。その際，科学的にエビデンスのある技法を明らかにし，基本として身に付けることが大切である。

たとえば，「粘り強く考える，行動する」ことを教えようとしても，昨今の子ども達には，まずロールモデルとして描けるようなイメージが持てない場合が多い。そのため，『私はできる』といったイメージをもてるモデル（ビデオ）を見せたり，毎日3回はノートに「できる」ことを書き出す，といった具体的な考え方や行動をまず教えていくことから行うことが多い。そして，「粘り強い」とか「レジリエンス」という言葉との関連が腑に落ちるようにし，抽象的な言葉から，具体的な考え方や感じ方，そして振る舞い方とつながるプロセスを理解させるのである。ただ，「頑張れ」「根性だ」「昔は…」といった精神論を繰り返して述べるだけでは授業として成り立たない。

SSTは，どの教科にも結びつく万能薬である。目標をその時間のねらいとしておさえていれば，道徳の時間，特別活動，ホームルーム，生活科，さらには各教科にさえも取入れられることが強みである。その際，ある行動がうまくできない子ども達の問題を「気が弱い」とか「話し下手」という性格に帰属しないことが肝要である。教師が，子どもの問題を性格のせいにすればするほど，子どもは負のレッテルを貼られたことで自尊心をなくしがちとなる。問題行動をエスカレートさせる方向に背中を押す場合が少なくない。それでも，子どもの性格のせいにしやすいのは，教師自身が自分の教育力に原因を帰属したくないという無意識の責任転嫁であると心理的には考えられている。子どもを伸ばしていくためには，こうしたレッテルを貼らずに，うまくいかないのは，「スキルやコツが未熟，不足」だからだと説明することは，子どもにとっては救

いであり，トレーニング次第で自分を変えることができるという希望を
与えることにつながるのである。

（2）ソーシャルスキルトレーニングの実際

　学校現場における SST は，特別新しいアプローチと構える必要はな
い。教師は，ソーシャルスキルトレーニングというと，新しい欧米の技
法で，習得するために勉強を要すると構えることが少なくないが，実は，
ここで活用されている技法や考え方は，すでに教員が活用してきた指導
方法に組み入れられていることが少なくない。すなわち，SST と格別
意識していなくても技法を無意識に取り入れてきていることから，一つ
一つの技法の意味と効力を意識化し，授業でうまく構造化することがで
きれば自由に授業案を提案することが可能となる。

　ソーシャルスキルトレーニングとして組み入れられている技法は，次
の五つが主に挙げられる。すなわち，必要な知識をわかりやすく教える
（インストラクション），お手本を見せる（モデリング），実際にやらせ
る（ロールプレイングを代表としたリハーサル），細かいことをアドバ
イスする（フィードバック），他の場面でも試す（チャレンジ，ホーム
ワーク）といったステップである。こうした技法がなぜ効果があるかと
いうことを強く意識し，効果を得るために理論や実践の有用性を強く認
識することが必要である。

　授業では，まずはターゲットスキルを設定することから始める。ター
ゲットスキルの内容はスキルの定義や理論背景によって異なるが，医療
福祉領域では，服薬の量を減らしてもらうよう医者にお願いする，といっ
たような具体的なシチュエーションが設定される。更正領域の少年院で
は，先述したように万引きの誘いの状況で「上手に断るスキル」などが
選ばれる。教育場面においては，話すスキルや聴くスキルといった具体
的なターゲットスキルが基本的に全員に必要なスキルとしてトレーニン
グされる。道徳の授業では，「あたたかい言葉をかける」「優しく頼む」
「心のこもった挨拶をする」「互いに知り合う自己紹介をする」「他人の
気持ちを理解する」「自分の気持ちを伝える」など，意図される価値が

日常生活で，互いにその価値を感じることのできる行動，あるいはモデュールにブレークダウンすることが求められる。

　次に，先に述べた「インストラクション」「モデリング」「リハーサル（ロールプレイなどを含む）」「フィードバック」「チャレンジ（ホームワーク）」のステップの内容についてそれぞれ考えていく。

　インストラクション：たとえば，どうして「聴く」ことが大切なのかを，対象となる子ども達の発達（理解する力，ボキャブラリー，現在の状況など）をふまえて，わかりやすく伝える。**モデリング**：「聴くスキル」が具体的にどのような態度や行動，ときには考え方や感じ方なのか，そのイメージを与えられるモデルを考える。ライブモデルにするのかビデオを活用するのか工夫する。良いモデルだけを呈示するか，悪いモデルも呈示するかを決め観察学習の効果を考える。**リハーサル（ロールプレイ）**：たとえば，相手に身体を向ける，相手の顔をみる，話しを聴きながら頷く，といった三つのポイントがあることに気づかせる。ペアワークやロールプレイを用いて身につけさせる。**フィードバック**：どこが良いのか，あるいはどうすれば改善するかを適切に伝える。フィードバックには強化理論に基づいて効果的な強化子を考える必要がある。**チャレンジ（ホームワーク）**：お家の人と話すときに試してみよう，といった課題を出し他の場面でも応用できるようにする。一般化や維持の理論に基づくと様々な課題の出し方に工夫が必要である。

5．授業案づくりと活用の在り方

（1）心理教育的援助の3段階モデル

　道徳は，学校全体の時間を通してだけでなく，道徳という教科を通して教えられることになるが，これはすでにソーシャルスキルトレーニングがスクールワイド，クラスワイド，個別ワイドの3段階で考えられてきていることから，すぐに応用できる。個別の際には，スクールカウンセラーや養護教諭，特別支援コーディネーター，クラスワイドでは担任教員，スクールワイドでは生徒指導や管理職の教員によって活用することができるであろう。互いに連携ができれば，チーム学校の考え方に求

められているシステムに格好のアプローチである。

（2）ソーシャルエモーショナルラーニング（**SEL**）としての **SST**

　ノーベル経済学賞を受賞したヘックマン（James Joseph Heckman）は，教育の効率性を高めるためには，特に，自制心，粘り強さ，学習意欲など非認知的能力が重要であると示唆している。また，経済協力開発機構（OECD）は，この非認知能力を社会情緒（動）的スキル（Social and Emotional Skills）と分類し，身体の健康度，メンタルヘルス，ウェルビーイング（well-being），さらには，問題行動の少なさを予測できると分析している。さらに，感情コンピテンスは「心の知能指数」「感情知能」「感情知性」という言葉が使われ，今日 IQ に対比される概念として，Emotion Intelligence Quotient（EQ）としてその概念が定着しつつある。

　EQ 理論では四つのコンピテンスが挙げられており，自分がどのように感じているかを知覚して識別する「感情の識別能力」，状況判断や課題達成を促すために自分の感情を活用する「感情の利用能力」，感情がなぜ生じてどのように変化するのかを理解する「感情の理解能力」，そして，他者に働きかけるため自分の感情をコントロールする「感情の調整能力」が挙げられている。

　こうした背景の影響を受けて，欧米の学校での心理教育では，ソーシャルスキルのなかに，これまで取り上げにくかった感情に関わる能力もスキルとして育てる取り組みが重視されている。仲間と協力する力や感情をコントロールする力を育てることが，学力の向上とつながることが明らかにされ，SEL のフレームワークが提唱されるようになった（渡辺，2014）。ペア活動やグループ活動といったアクティブラーニングが授業に積極的に活用されるよう求められているが，こうした授業に適応し効率よく学ぶためには，仲間との関係を構築，維持し，感情をマネジメントするソーシャル，エモーショナル，といった双方のスキルが前提とされているところがあるからである。

　アメリカでは，信頼できるプログラムを紹介しようという非営利団体 CASEL（the Collaborative for Academic, Social, and Emotional Learning）が1994年に立ち上げられ，1997年，米国の歴史ある教育者団体 ASCD（the Association for Supervision and Curriculum Development）とパートナーシップを結びガイドライン（Promoting Social and Emotional Learning: Guidelines for Educators.）も刊行している。道徳教育を効果あるものとするための，ポジティブな学校風土への改善や，環境への取り組み等あらゆる支援の在り方を含めたフレームワークとして考えることができるであろう。

（3）授業案づくり

　今後，SST を有効活用していくためには，**表12-1** のようなモデル授業の構造をまず理解することが必要である。道徳的目標や教えたい価値を考えたうえで，具体的にどのような考え方，気持ちの持ち方，さらには態度や行動として獲得させたいかを考え，ターゲットとするスキルを決めることが求められる。

　そのうえで，どのようなインストラクションを与え，モデルを提示し，どういったロールプレイを設定するかを考える。ペアやグループを活用して，フィードバックすることによって，互いに認め合うことも大切である。子ども達が孤立せず，仲間の存在を受容し，また受容されることは，健康な人格形成において大切な体験であり，学びの喜びもそこから生まれることを考えると大切なプロセスである。そして，授業で学んだことが日常生活で応用されるようにつなげていくためにも，ホームワークの設定は不可欠であり，時には，他の教員や保護者との連携が学びを深化させる。家庭の教育力につながるソーシャルスキルを間接的に保護者に伝えることにもなり，PTA や家庭と連携することができればさらに効果的である。

　留意点として，スキルやトレーニングの意図するところを，ただの行動の獲得や要領の良さといったうわべのものとして浅薄に解釈せず，誤解のないように理論から理解することである。道徳的な価値目標を子どもたちの心に内在化させることは，発達的に未熟な子どもたちにとって容易なことではない。学びの意欲を高め，日常生活における身近で具体

表12-1　感謝するソーシャルスキルの指導案

	学習活動・主な発問と予想される子どもの発言	指導上の留意点
導入	■前回の授業のふり返りと授業のルールの確認を行う。 ■『好きな言葉』アンケートで1位に選ばれたのは何でしょう？」 　・おはよう　・なんとかなる　・ありがとう ■「1位は『ありがとう』です。その理由は？」 　・言われると、うれしくなる言葉だから。	○授業の基本を確認する。 ○クイズを出し、本時の学習に興味をもたせる。ワークシートに記入させる。 ○「ありがとう」があたたかい言葉であることを確認する。
展開	【インストラクション】 ■「この1週間で誰かから何かをしてもらった時、その人に『ありがとう』と言って、感謝の気持ちを伝えた人はいますか？」 ■「では、心の中では『ありがとう』と思ったけれども、言葉にして伝えることはできなかったという人はいますか？　どうして言えない時があるんでしょうか？」 ■「後で、後悔するのは嫌ですね。『ありがとう』を言えれば、自分も相手もすっきりして、よい気持ちになれます」 【モデリング】 ■「今から2つの劇を見せます。場面は音楽の授業が終わり、音楽室から教室に戻ってきたところです。AさんがBさんの筆箱を届けてあげる場面です。劇を見た後で、『どこが違っていたか』『よかったところ、直した方がよいと思ったところ』を発表してもらいます。Bさんの言葉や表情に注目して見てください」 〈悪い例〉 Aさん：「これBさんの筆箱でしょ。音楽室にあったよ」 Bさん：（黙って受け取る） 〈よい例〉 Aさん：「これBさんの筆箱でしょ。音楽室にあったよ」 Bさん：（顔を見て、笑顔で）「持ってきてくれて、ありがとう」 ■「では、気がついたことを発表してください」 　・黙って受け取るのは感じが悪い。笑顔で言った方がよい。 ■「『ありがとう』を言う時のポイントは、①相手を見て、②はっきりと、③笑顔で、④届く大きさの声で、です」 【リハーサル】＆【仲間からのフィードバック】 ■2人組になり、モデリングで見た場面を演じてみる。 ■お互いに感想や気持ちを伝え合う。 ■相手のよかったところを伝える。	○ワークシートに記入させる。それぞれの場面での気持ちも書かせる。 ○感謝の気持ちを持つことはできても、言葉で伝えることは難しいことに気づかせる。 ○「ありがとう」は人と人をつなぐ、大切な言葉であることに気づかせる。 ○場面は事前に説明する。 ○観察するポイントは事前に伝える。 ○劇のはじまりと終わりをはっきりさせるために「はい」と言い、子どもが集中して見るよう工夫する。 ○子どもの発表した内容を板書する。 ○感謝するスキルのポイントを黒板に書く。 ○Aさん役とBさん役を決めてからはじめ、終わったら、役を交替して、もう一度させる。 ○感想をワークシートに記入させる。
終末	【教師からのフィードバック】 ■子どものよかったところをあげて、感謝を伝える時のポイントを確認する。 ■感想を発表させる。 【チャレンジ】 ■家でも、家族が何かをしてくれた時には、感謝を伝える時のポイントを使って感謝の気持ちを伝えるように促す。	○時間があれば、ペアにみんなの前で演じさせてもよい。 ○「笑顔がよかった」など、具体的に指摘する。 ○今後の生活のなかで、ごはんを食べる前、塾まで送ってもらった時など具体的な場面をあげて、自分から「ありがとう」を伝えるように促す。

的な状況を通して，そこでの体験が「具象から抽象的思考へ」「現在を基軸として，過去や未来への繋がりを意識（時間軸）」，「自分とは異なる他者の理解（対人関係軸）」を見据えて，メタ的に認知できるような工夫が必要なのである。

　今では多くの授業案も提案されており，模倣することから初めても良いが，対象とする子どもたちの特徴をよく理解し，取り上げる発問や教材，場面の設定やモデルについてさらなるアイデアを加えて，より積極的に活用されることが期待される。

🎸 研究課題

1．ソーシャルスキルトレーニングでは，子どもの問題を性格のせいにしないのはなぜか。また，何に帰属するか。
2．ソーシャルスキルトレーニングの技法には，どのような技法があるか。行動だけではなく考え方や気持ちの持ち方まで深化させるためにはどうすれば良いか。
3．「あたたかい言葉をかける」意義や具体的な態度を学べるよう，小学4年生を対象にSSTを活用した授業案を作成してみよう。

参考文献

押谷由夫・諸富祥彦・柳沼良太（2015）.『新教科・道徳はこうしたら面白い』図書文化.

渡辺弥生（監修）（2019）.『イラスト版子どもの感情力をアップする本　自己肯定感を高める気持ちマネジメント50』合同出版.

渡辺弥生・原田恵理子（2015）.『中高生のためのソーシャルスキルトレーニング』明治図書.

渡辺弥生・藤枝静暁・飯田順子（2019）.『小学生のためのソーシャルスキルトレーニング』明治図書.

山崎勝之・戸田有一・渡辺弥生（2013）.『世界の学校予防教育　心身の健康と適応を守る国の取り組み』金子書房.

引用文献

Argyle, M.（1967）. *The psychology of interpersonal behavior.* Penguin books. アージル，M.（著）　辻正三・中村陽吉（訳）　1972.『対人行動の心理』誠心書房.

Bandura, A.（1997）. *Self-efficacy. The exercise of control.* New York：W. H. Freeman and Company.

前田ケイ（2013）.『基本から学ぶ SST―精神の病からの回復を支援する―』星和書店.

Mize, J. & Ladd, G. W.（1990）. A cognitive-social learning approach to social skill training with low-status preschool children. *Developmental Psychology,* 26, 388-397.

文部科学省（2012）.「通常の学級に在籍する発達障害の可能性のある特別な教育的支援を必要とする児童生徒に関する調査結果について」.

Oden, S. & Asher, S. P.（1977）. Coaching children in social skills for friendship. *Child Development*, 48, 495-506.

太田仁・太田綾（2016）.『インクルーシブ教育システムとソーシャル・スキル・エジュケーション―小学校での通級指導における SSE の実践過程―』梅花女子大学「心理こども学部紀要　6」43-55.

渡辺弥生（2014）.『学校予防教育に必要な「道徳性・向社会的行動」の育成』「発達心理学研究　25(4)」422-431.

渡辺弥生（2015）.『健全な学校風土をめざすユニヴァーサルな学校予防教育―免疫力を高めるソーシャル・スキル・トレーニングとソーシャル・エモーショナル・ラーニング』「教育心理学年報　54」126-141.

220

13 | 現代的課題に向き合う道徳教育

西野　真由美

　現代社会には，定まった答えがみえない様々な課題（持続可能な開発，多文化共生，情報社会など）が山積している。こうした現代的な諸課題やいじめを始めとする現代社会が抱える様々な問題に，道徳教育はどのような役割を果たすことができるだろうか。本章では，現代的課題と道徳教育の関係を確認し，具体的な課題を例に，道徳授業を構想しよう。

はじめに

　「世界は急激に今までと違う場所へ変わりつつある」。

　これは，OECD が21世紀の学校教育改革に向け，「鍵となる能力（キー・コンピテンシー）」を提起した報告書（Rychen & Salganik, 2003）の冒頭言である。

　21世紀の社会は，グローバル化や知識基盤社会が進展するなか，大きな変貌を遂げてきた。グローバル化は，いわゆるヒト・モノ・資本・情報などの交流を活発化させ，生活や文化に国境を越えた多様なつながりや協働を生みだす一方で，ローカルな文化の継承や国民としてのアイデンティティ形成という課題も浮き彫りにした。知識基盤社会を支える情報通信技術（ICT）や人工知能（AI）の発展は，今後も社会や私たちの生活を大きく変えていくだろうと予測されている。

　この新しい時代を生きる子どもたちに，学校の道徳教育は何ができるだろうか。予測できない変化に流されたり自分を見失ったりすることなく，困難な社会の課題に向き合い，自らの幸福な人生とよりよい社会の創り手として，多様な人々と協働で未来を切り拓いていく力を育てるために，現代的な諸課題に積極的に取り組む道徳教育を構想しよう。

1．なぜ道徳教育で現代的諸課題を扱うか

（1）現代的な課題とカリキュラム・マネジメント

　グローバル化は，社会の様々な問題を一つの国や地域で解決可能なものから，国境を越え，地球規模で取り組むべき課題に変えた。これらの問題に対する世界的な取組として，「持続可能な開発目標」がある。

　「持続可能な開発目標（Sustainable Development Goals：SDGs）」とは，2015年9月に開催された「国連持続可能な開発サミット」で採択された，先進国を含む国際社会全体の包括的な開発目標である。国連では全会一致で採択されており，国際社会における合意形成といってよかろう。

　SDGsは，様々な分野における17の目標で構成されている（**図13-1**）。具体的には，①貧困，②飢餓，③保健，④教育，⑤ジェンダー，⑥水・衛生，⑦エネルギー，⑧成長・雇用，⑨イノベーション，⑩不平等，⑪都市，⑫生産・消費，⑬気候変動，⑭海洋資源，⑮陸上資源，⑯平和，⑰実施手段（パートナーシップ），である。いずれの分野も，目標の実現には，様々な文化に属する人々の協働による問題解決が要請される。

図13-1　世界を変えるための17の目標（国連広報センター）

　今日の学校教育には，地球規模かつ地域の課題でもあるこれら現代的な諸課題を子ども自身が自らの課題として受けとめ，協働で解決を目指し，持続可能な社会の担い手となる力を育むことが求められている。

　中央教育審議会（2016）は，こうした課題に対応して求められる資質・能力として，「健康・安全・食に関する力」，「主権者として求められる力」，「新たな価値を生み出す豊かな創造性」，「グローバル化の中で多様性を尊重するとともに，現在まで受け継がれてきた我が国固有の領土や歴史について理解し，伝統や文化を尊重しつつ，多様な他者と協働しながら目標に向かって挑戦する力」，「地域や社会における産業の役割を理解し地域創生等に生かす力」，「自然環境や資源の有限性等の中で持続可能な社会をつくる力」，「豊かなスポーツライフを実現する力」を挙げた。

　これらの資質・能力は，一教科だけで育まれるものではない。現代的な諸課題に応える資質・能力の育成には，教科の枠組みを超えた教科等横断的な取組が要請されるのである。とはいえ，学校が多様な課題すべてに取り組むことは現実的ではない。無理に試みても，総花的で中身の薄い学習になってしまう恐れがある。では，学校に何ができるだろうか。

　確かに，現代的な諸課題は多岐に渡り，学習内容も異なる。しかし，実は，それらには共通性がある。一つは，これらの課題が社会の一員としての私達の生き方や価値観に関わっていること，そして，学習を通して，多様な人々と協働して一律の正解がない問題に創造的な解決を目指す資質・能力の育成が求められていることである。すべての課題を網羅的に学習することよりも，一つの現代的課題を主体的・対話的に，深く学習することを通して，様々な課題の解決に主体的・協働的に取り組む力を育てることが大切なのである。

　そのためには，各学校が，地域の実態や特色に応じて重点的な課題を設定し，学校主体のカリキュラムを展開するのが有効である。2017年版学習指導要領は，その必要性を次のように示している。「各学校においては，児童や学校，地域の実態及び児童の発達の段階を考慮し，豊かな人生の実現や災害等を乗り越えて次代の社会を形成することに向けた現代的な諸課題に対応して求められる資質・能力を，教科横断的な視点で

育成していくことができるよう，各学校の特色を生かした教育課程の編成を図るものとする」（小学校総則第1章第2の2の(2)）。

　知識と価値，そして行動をつなぐ現代的な諸課題の学習は，道徳教育の目標に重なるものである。道徳教育には，道徳科を要として学校の様々な教育活動を横断的につなぐカリキュラム・マネジメントを充実して，現代的な諸課題の学習を積極的に推進する役割が期待されている。

（2）道徳科における現代的課題

　道徳科は，学校における道徳教育の要として，教科横断的な学習が求められる現代的課題の学習をつなぐ役割を担う。

　道徳科の学習指導要領は，現代的課題の学習を次のように示している。

　　生徒の発達段階や特性等を考慮し，第2に示す内容との関連を踏まえつつ，情報モラルに関する指導を充実すること。また，たとえば，科学技術の発展と生命倫理との関係や社会の持続可能な発展などの現代的な課題の扱いにも留意し，身近な社会的課題を自分との関係において考え，その解決に向けて取り組もうとする意欲や態度を育てるよう努めること。なお，多様な見方や考え方のある事柄について，特定の見方や考え方に偏って指導を行うことのないようにすること。

（中学校　第3章第3の2(6)）

　ここで例示された「社会の持続可能な発展」は，「持続可能な開発のための教育（ESD: Education for Sustainable Development）の要請である。持続可能な社会とは，「将来世代のニーズを満たしつつ，現在の世代のニーズも満たすような社会」であり，環境保全，世代間や地域間の公平，多文化共生，公正で平和な社会などSDGsと重なり合う。

　ESDもSDGsも「世界を変える」という実践的な目標を掲げている。いずれも学習をもとに自らや社会の価値観・倫理観を見直し，よりよい社会を創造する行動につなぐことを求めているといえよう。

　この現代的な諸課題の要請に応えることは，道徳科の学習自体にとっても大きな意義がある。それは，次のようなことである。

　第一に，実践的な問題解決に必要な資質・能力を育てられることである。現代社会の様々な課題には，多様な価値の葛藤が含まれている。たとえば，科学技術の発展に伴う生命倫理の問題や社会の持続可能な発展を巡っては，生命や人権，自律，環境保護，公正公平や社会正義などの複数の価値の葛藤がある。複雑な現実的問題の学習は，現実の文脈で道徳的問題を考え，選択決定し，実践していく力を育てる場となりうる。

　現実の文脈で問題を考える現代的課題の学習は，内容を個別に主題とすることで徳目主義に陥りやすい道徳授業の課題を克服し，子ども自身が諸価値を統合して考える授業を実現する可能性を開くのである。

　第二に，学校の特色を生かしたカリキュラム開発によって，道徳科を要として学校の様々な教育活動をつなぐ道徳教育を実効性のあるものにすることができることである。現代的課題の学習は，一時間の授業で完結するものではないからこそ，テーマを掲げて教科等と関連付けるカリキュラム・マネジメントが要請されることになる。

　第三に，知識理解と思考力，実践をつなぐ学習を構想できることである。現代的課題で議論するには，内容に関する一定の学習が必要であり，知識がないまま議論しても深まらない。必要な知識を身に付けたり，体験活動を生かしたりしながら，知識・思考・実践を統合的に学ぶ道徳授業の構想が求められることになる。

　第四に，道徳授業の受け止めに課題があった小学校高学年や中学校段階の子どもたちに相応しい学習を展開できることである。多面的・多角的に考える思考力が育ってきている子どもたちに，葛藤や対立のある問題を協同で探求する場を与えることで，問題解決に向けて共に考え続ける意欲や態度を育てられると期待できる。

　こうした現代的課題の学習の意義を十分に引き出すには，学習過程の構想にあたって，次のような配慮や工夫が求められる。

　まず，よりよい解決を共同で探求する議論を柱とすることである。道徳科における議論は合意形成を目的としておらず，合意を強制してはならないが，現代的課題の学習では，解決に向けた社会的合意形成の意義を学ぶことが大切である。異なる意見を尊重しあえる学級づくりのなか

で，相互理解と合意を求めた学びが展開されなければならない。

また，困難な課題に取り組み，成果を挙げてきた先人の生き方に学ぶ教材も，問題解決への意欲を育てるうえで有意義である。

最も大切なことは，授業で結論を出すことではない。現代的な諸課題には多様な意見や立場があり，一面的な理解では解決できないことに気付き，諦めず解決に努力した人々の思いを知り，問題に取り組もうとする意欲を育むことが目標である。

以下では，いじめ，情報社会，生命倫理を例に，道徳科における現代的諸課題の授業構想を検討しよう。

2．いじめ問題に立ち向かう

（1）道徳授業に何ができるか

道徳が特別教科化された背景には，過酷ないじめ問題があった。実効性のある道徳教育の実現に向けて，いじめ問題に取り組むことは，道徳教育にとって最も喫緊の現代的課題といってよい。

子どもたちからみれば，いじめは，現代的課題である前に，最も身近な生活上の問題である。それを社会問題として扱うことは，いじめに悩み苦しんでいるのが自分たちだけではないと理解するとともに，多様性の尊重や寛容などの道徳的価値の実現が身近な一人ひとりの課題であると気付くことにつながる。また，身近すぎる問題だからこそ，少し離れて見つめることで，同調圧力や閉鎖性などの問題を批判的に考えられる。

「いじめ防止対策推進法」は，道徳教育におけるいじめへの対応について，「児童等の豊かな情操と道徳心を培い，心の通う対人交流の能力の素地を養うことがいじめの防止に資することを踏まえ，全ての教育活動を通じた道徳教育及び体験活動等の充実を図らなければならない」（第15条）として，いじめ防止を道徳教育の責務と位置付けている。学校には，これを踏まえて，いじめ問題に計画的・継続的に取り組むための「いじめ防止基本方針」策定が義務づけられている。

その際に重要なのは，「未然防止」，「早期対応」，「いじめ事案への対応」のそれぞれに異なる取組が求められることである。いじめが起きて

いる場合，その深刻度によって対応は異なる。特に，暴力を伴ういじめの場合は，学校だけで抱え込まず，関係機関と連携しなければならない。

他方，いじめが起こりにくい学校づくりに取り組む「未然防止」は，見えにくいいじめの早期発見にも有効となる。その鍵は，子どもたちが自他の多様性を認め合い，いじめを許さない学校文化を創ることである。

では，そのために道徳授業には何ができるだろうか。

森田洋司は，「意識調査の結果では，ほとんどの子どもたちが，いじめは良くないことだと認識している」（森田，2010，p.123）と分析する。森田の調査によれば，「持ち物かくし」や「友達をからかう」ことについて，90％以上が悪いことだと認識しているにもかかわらず，こうした行為がほとんどの学級で発生していたという。このような認識と行動の不一致は，内面的自覚を促す授業だけでは現実の行為選択につながっていかない可能性を示唆している。

また，別の調査研究では，いじめを行う子どもたちが，いじめをごく普通の現象ととらえたり，しばしば「相手にルールをわからせるため」などといじめを正当化したりする傾向があること，「いじめられる側に原因があることもある」，「みんなと違うからいじめられる」などと考えていることが指摘されている（Hymel et al., 2010）。

国内外におけるいじめ防止の取組では，いじめられる側への共感，行為の善悪を判断する道徳的思考力や判断力を高める学習，そして，ソーシャルスキルの育成が有効であるとされ，成果の報告もある。しかし，こうした授業の限界は，「いじめる側にも理由がある」「いじめる側といじめられる側，両方の気持ちがわかる」などといじめる理由に共感したり，いじめも許されると判断したりすると，いじめの正当化につながってしまうことである。いじめ問題を解決するには，一人ひとりの内面的自覚にとどまらず，いじめを許さないという集団の合意形成が必要なのである。

そのために有効なのは，子どもたち自身がいじめを解決する自治的活動に取り組めるようにすることである。他方で，道徳授業では，「それでもいじめが起こってしまうのはなぜか」という難しい問いに向き合っ

て本音で議論できるようにしたい。いじめが起こる原因を考え，なぜいじめが正当化できないのかを議論し，共に探求するプロセスを経ることで，現実のいじめを自分の問題として考え，議論し，協力して解決していく力を育てることが道徳授業の役割である。

（2）いじめ問題に取り組む授業の構想

　いじめの防止に特効薬はない。一つの取組に頼らず，多様な取組を同時並行で進めていくことが必要である。授業でも同様で，心情に訴える教材だけでなく，客観的なデータを活用したり，読み物教材を「ケーススタディ」として分析的に扱ったりと，多様な取組が求められる。

　「いじめ問題では，学級に似たような体験があると意見を出しにくい」と指摘されることがある。学級に深刻な「いじめ」が発生している場合には，予防的な授業は有効ではなく，学校や教師の直接的な介入が必要である。そこまで明確でなくても，いじめの芽が潜在している場合には，話しづらい雰囲気が生まれてしまう。そのような場合には，まず話合いのできる学級づくりが優先される。話合いのルールを指導するとともに，道徳科における話合いが，異なる意見と出会いながら相互理解を深め，ともに探求して解決をめざすものであることを子どもたち自身が実感できる体験を重ねたい。

　いじめ問題の解決には，集団の問題を子どもたち自身が発見し，集団で解決していく協働が鍵となる。授業のなかで問題を友人と話し合って解決してみる体験はその協働の実現へのステップである。自分たちで話し合えば問題を解決できるという自己有用感は，実生活におけるいじめ問題解決への積極的参加へつながると期待できる。

　いじめの原因には複雑な要因が絡んでいる。直接いじめ問題を取り上げるだけでなく，弱者への共感や差異への寛容，他者の受容や人間関係づくりなど，様々な価値やテーマを多様な手法で学習する授業を開発し，いじめに立ち向う力を育てたい。

いじめ問題に取り組む道徳授業指導案

1．主題名：「いじめを解決しよう」（「相互理解，寛容」・「友情，信頼」）
　　　　　　関連する内容：自律，集団生活の充実，よりよく生きる喜び
2．ねらい：いじめが起こる原因を考え，解決する方法を提案する活動を通して，
　　　　　　協力していじめを解決しようとする実践意欲を育てる。
3．教材：「いつも一緒に」出典：『中学校　読み物資料とその利用―「主として他
　　の人とのかかわりに関すること」―』（文部省，1999）
4．展開（学習指導過程）

	学習活動（●教師の主な発問）	指導上の留意点
導入	1　いじめに関する統計資料等を活用して，本時で考えたい問題を共有する。 　いじめをなくすにはどうすればよいか考えよう	様々な資料を基に，いじめについて自分が考えたい問いを表現してみるように促す。
展開	2　教材を読み，問題状況を確認し，解決方法をグループで話し合って提案する。 ①全体討議1 　●主人公の置かれた状況は「いじめ」にあたるか （補助発問）「いじめとからかいやけんかのちがいは何だろう」 　●なぜ「いじめ」が起こったのだろう。本当の原因はどこにあるのだろう。 ②グループワーク 　●いじめを止めるにはどうすればよいだろう。 付箋やホワイトボードを活用して話し合う。 ③全体討議2 　各グループの解決策を紹介し，よい点や問題点を評価しあう。	「いじめ」とそうでない行為の違いを区別することで，いじめと判断できる理由を考えられるようにする。 誰でもいじめの対象になりうることを示唆して，いじめの原因を深く考えられるようにする。 本事例の解決策をグループや学級で協力して提案することで，協働で問題を解決できる実感を育む。
まとめ	本時の学習を振り返り，いじめを止めるのはなぜ難しいかを考え，自分の学級でいじめが起こりそうな時にはどうすればよいかをまとめる。	個人，グループワーク，全体討議のいずれで実施してもよい。

3．情報社会を生きる

（1）情報モラルから情報コミュニケーション力へ

　科学技術に関わる現代的諸課題は，医療分野に顕著にみられるように，新たな技術開発に伴って，既存の常識や法律，道徳・倫理では対応，制御できない様々な問題を生み出している。情報社会もその一つである。情報通信技術の革新やロボット，AIの登場は，コミュニケーションの在り方やライフスタイルを劇的に変え，新たな社会を創造しつつある。その社会は，新たな社会規範の形成に向けた議論を必要としている。

　子どもたちの日常に目を向けてみると，携帯電話等の情報メディアの普及により，情報の収集や表現，発信などが容易にできるようになった一方で，情報化の影の部分も深刻な社会問題となってきた。そこで提起されたのが「情報モラル教育」である。

　情報モラルは，和製の造語で，初出は「臨時教育審議会第三次答申」（1987年）である。前年の第二次答申における「情報活用能力（情報リテラシー——情報および情報手段を主体的に選択し活用していくための個人の基本的な資質）」への注目に続き，情報の在り方に対する基本的な認識を育成する必要性が「情報モラル教育」として提起されたのである。

　この情報モラルは，同答申で「交通道徳や自動車のブレーキに相当」と例えられたことからもわかるように，当初，情報ツールの使い方や個人情報や著作権の保護，危険回避など基本的なルールの学習が想定されていた。これらはトラブルや危険を回避するうえで重要な知識だが，守るべきマナーやルールの一方的な学習に終わってしまいがちであった。

　本格的な情報社会を迎えた今日では，情報をどう受け取って活用するか，という一方通行的な能力を超え，情報を介在したコミュニケーションが注目されるようになっている。国際的な学力調査を実施している国際教育到達度評価学会（IEA）では，ICTスキルを「家庭，学校，職場，地域に効果的に参画するために，コンピュータを調査，創出，コミュニケーションするために用いる個人の能力」（IEA, 2013）と定義した。また，コンピュータ教育推進センターは，情報社会に求められる力を「21

世紀型コミュニケーション力」と位置付け,「主体的に情報にアクセスし,収集した情報から課題解決に必要な情報を取り出し,自分の考えや意見を付け加えながらまとめ,メディアを適切に活用して伝え合うことにより深めていくことができる能力」(CEC, 2012) と定義している。

　情報社会で求められる資質・能力は,情報の受け手側としての情報の解釈や評価,発信者としての活用や表現の能力などを含みつつ,多方向なコミュニケーションのなかで情報を仕事や生活に活かし,情報社会に参画する能動的な市民としての資質・能力へと変化しているのである。

(2) 情報コミュニケーション力を育成する授業の構想

　道徳科では,単に知識としてネット社会のルールやマナーを学習するのではなく,ネット社会のコミュニケーションをめぐる様々な事象を価値の視点で多面的・多角的に捉え,よりよいネット社会の在り方を考え,その構成員としての自らの行為を主体的に判断して実生活に生かしていく学習が求められる。情報社会の影の部分への対応(個人情報の保護,人権侵害,危険回避などネットワーク上のルールやマナーの指導,ネット依存など生活への影響に配慮した健康教育など)だけでなく,メディアを介したコミュニケーションを通して,ネットワーク社会を公正で豊かなものにしていこうとする態度を育てることが課題となる。

　授業の構想にあたっては,情報社会や情報メディアの特質に留意した教材活用が求められる。たとえば,インターネットを介した顔の見えないコミュニケーションでは,対面のコミュニケーションとは異なる配慮が求められる。そうした違いに気付き,情報メディアを活用したコミュニケーションのよりよい在り方を考え,議論できる教材が望ましい。

　また,生徒の日常生活における体験や新聞記事,インターネット上の情報などを積極的に活用し,子どもが身近な現実の問題を具体的に考えられるような工夫が求められる。情報社会に積極的に参画する意欲を育てるため,情報メディアによる発信が社会づくりに果たす役割について考えられるような教材の活用も考えられる。

情報コミュニケーション力を育てる学習指導案

1. 主題名：ネット社会におけるコミュニケーション（「相互理解，寛容」）
　　　　　関連する内容：「自由と責任」「社会参画，公共の精神」
2. ねらい：ネット上のトラブルの解決方法を考えることを通して，情報メディア
　　　　　を介したコミュニケーションの特性を理解し，よりよいコミュニケー
　　　　　ションを実践しようとする意欲を育てる。
3. 教材：「言葉の向こうに」出典：『私たちの道徳　中学校』
4. 展開（学習指導過程）

	学習活動（●教師の主な発問）	指導上の留意点
導入	1　インターネットやSNSでトラブルになったことはないか，事前のアンケートをもとに共有する。 　どうすれば，ネット社会でトラブルのないコミュニケーションができるだろう。	インターネットの魅力を共有したうえで，身近でもトラブルが起こっていることを確認し，課題意識を持てるようにする。
展開	2　教材を読み，問題状況を確認し，解決方法をグループで話し合って提案する。 ①全体討議1 ●自分だったら，誰の意見や立場に共感できるか。それぞれの立場の主張の理由を考えてみよう。 ●掲示板での論争が加速したのはなぜだろう。 （補助発問）顔をあわせた議論との違いは何だろう。 ②グループワーク ●どうしたらトラブルを回避できるだろうか。 解決策を考え，ロールプレイで確認してみる。 ③全体討議2 各グループが提案した解決策について，よい点や問題点を出し合って，ネット社会におけるよりよいコミュニケーションがどうすれば実現するかを考える。	言葉のやりとりを通してヒートアップしてしまう気持ちが自分にもあると実感できるようにする。 インターネットの匿名性が言葉の使い方をきつくする原因になっていることに気付けるようにする。 様々な解決策の共通点やそれらを支えている考え方や価値観に注目できるようにする。
まとめ	●ネット上におけるコミュニケーションで大切なことは何かをまとめよう。	ネット上のコミュニケーションが閉鎖的になりがちなことを示唆する。

4．生命をめぐる現実に向き合う

（1）道徳教育の重点としての「生命」

　1989（平成元）年改訂版学習指導要領以降，道徳教育の目標には，「人間尊重の精神」と並んで「生命に対する畏敬の念」が示されてきた。道徳科の内容では，「D　主として生命や自然，崇高なものとの関わりに関すること」の一つとして，「生命の尊さ」が全学年を通して示されている。

　また，「総則」では，各学校が道徳教育の指導内容の重点化を図るよう求めているが，そのなかで「生命を尊重する心」は，「自立心や自律心」，「他者を思いやる心」などとともに，各学年を通じて指導に留意することとされている。

　さらに，「総則」は，家庭や地域と連携した体験活動についても，「生命」に関する学習を挙げて，次のようにその充実を求めている。

　　児童（生徒）が生命の有限性や自然の大切さ，主体的に挑戦してみることや多様な他者と協働することの重要性などを実感しながら理解することができるよう，各教科等の特質に応じた体験活動を重視し，家庭や地域社会と連携しつつ体験的・継続的に実施できるよう工夫すること（小学校学習指導要領，括弧内は中学校）。

　このように，道徳教育において「生命」に関する教育が重点として位置付けられていることが，日本の学校教育の特徴の一つである。

　いじめや暴力，自殺など青少年の問題行動や犯罪行為が注目されるたびに，「いのちの大切さ」を子どもたちに教える教育が提唱されてきた。また，阪神淡路大震災や東日本大震災の大きな犠牲は，〈いのち〉を守り育む教育を次世代につなぐ取組の意義を私たちに深く実感させた。子どものいのちを守る取組の一環として，道徳授業でも生命に関わる様々な教材が開発され，実践も重ねられてきている。

　それらの教材や実践は，身近な人の誕生や死，病気などを取り上げて，生命の有限性，偶然性，連続性など，生命を多様な面から考えられるものとなっている。だが，果たしてこれらの授業だけで「生命の大切さ」

を教えられるか，他人事に終わってしまうのではないか，という疑問は残る。また，「生命は大切だ」という揺るぎない価値を教えることが授業のねらいとなるため，多面的・多角的な議論がしにくく，教え込みのような展開になってしまう可能性がある。他方，道徳科の学習指導要領で示された「科学技術の発展と生命倫理との関係」など現代的な課題の視点で生命を扱った教材や実践は，この課題が中学校でのみ例示されていることもあって，それほど多くない。

　臓器移植や出生前診断，クローン技術，遺伝子検査など生命倫理をめぐる様々な問題は，メディアでは取り上げられるものの，子どもたちの日常生活には縁遠いようにみえる。しかし，実は，これらの問題は，病気や出産などを通して誰もが直面しうる問題であり，普通に生活している私たちに，突然，困難な選択や決断を迫る問題でもある。

　また，現代的な諸課題の学習を構想する視点に立ってみると，「生命尊重」という価値は，生命倫理だけでなく様々な課題の学習に関わっていることに気付く。たとえば，学習指導要領に例示されている「環境」，「福祉」，「健康」は，いずれも生命の問題を内包している。防災・安全教育や食育，薬物防止教育，人権教育などの教育課題は，「生命尊重」が学習の根底にある。これらの諸課題を見据えるなら，道徳教育における生命尊重の学習とは，抽象的に「生命は大切だ」という価値を理解させることに留まるものではない。現代社会の様々な問題のなかで，自他の大切な生命をどう守り，大切な生命を社会のなかでどう生かすかという実践につながる学習が求められるといえよう。

　以上を踏まえると，生命を主題とした道徳教育として，次のようなテーマで体験活動や教科等の学習を生かした横断的な学習単元を構想することができる。これらの学習は，道徳科単独の授業で完結するものではない。道徳科を要として，教科等の学習や学校内外での活動とのつながりを作り，知識・体験・思考・価値をつなぐ学習単元の開発が求められる。

①生命をめぐる横断的な教育課題

　主題：防災，安全，心身の健康，食育，環境，福祉など

　「生命」を大切にするために必要な「知識・技能」を教科等で学習し，

学校内外での体験活動に取り組み，それらを通して学んだことを道徳科の学習で振り返りながら，「生命の尊さ」という価値を実生活で実現していくための資質・能力を育てる。

②生命をめぐる現代的な諸課題

　主題：生命倫理，動物との共生，環境と開発など葛藤のある課題

　誰もが合意可能な最善な答えが見えないなかで選択が求められる現代的課題について，何が問題になっているかを教科等や調べ学習を通して学び，当事者の葛藤や様々な立場の人々の見方・考え方に出会って，責任ある選択をするために，問題を考え続けようとする姿勢を育てる。

③生命をめぐる問いの探求

　主題：「生きること」・「人間の弱さに向き合うこと」への問い

　先人や様々な困難を克服した多様な人々の生き方や人生の選択に学びながら，かけがえのない自分の命を使ってどう生きるかという問いを学級の仲間と共に協同で探究し，自分の答えを見出していけるようにする。

（2）科学技術と生命をめぐる授業の構想

　答えが一つでない現代的な諸課題の学習が，道徳科の授業で敬遠されがちなのは，「ある立場に賛成か，反対か」という議論（ディベート）になってしまい，互いに譲らず対立するだけに終わってしまう可能性があるからである。こうした議論では，最初の自分の見解に固執するだけで，互いの意見から学びあうことがなく，終わってみれば，「何も学ばなかった」となってしまうことがしばしば起こる。

　生命倫理の問題は，個々人に決断を迫るものであるだけに，授業でも，ドナーカードに意思表示させたり，自分だったらどうするかという立場を決定させたりする活動がみられる。しかし，道徳授業の目的は，ある問題に対する自分の立場を最終決定させることではない。

　正解のみえない問いに悩み続けることや自分と異なる意見を聴くことの大切さを子どもたちに伝え，子どもたちが，結論に飛びつかず，自分の選択や決定を見つめ直せるような協働学習を実現したい。

生命倫理に向き合う道徳授業指導案

1．**主題名**：「臓器移植について考えよう」（「生命の尊さ」）
　　　　　　　関連する内容：「家族愛，家庭生活の充実」
2．**ねらい**：臓器移植をめぐる様々な人の思いや悩み，決断を共感的に理解することを通して，生命の尊さについて考えを深める。
3．**教材**：映像教材「いのちの判断」『道徳ドキュメント　キミならどうする？』
　　　　　　（NHK エンタープライズ）＊同様のテーマの新聞記事等でもよい
4．**展開（学習指導過程）**

	学習活動（●教師の主な発問）	指導上の留意点
導入	1　「臓器移植」をめぐる問題について，調べてきたことを発表する。 かけがえのない生命を大切にするには，どんな選択をしたらよいのだろう。	十分な知識を持って学習できるよう，事前に調べ学習を行う。（社会科を活用してもよい）。
展開	2　教材を途中まで視聴し，脳死した子どもが臓器提供を望んでいたことを知った両親の苦悩を考える。 ①全体討議1 ●両親はどんな思いで迷っているのだろう。 　臓器移植を受けた人，子どもの臓器移植に反対の人など，多様な意見を紹介して，両親の悩みや移植を望んだ子どもの思いに共感しながら考えを深める。 ②グループワーク ●臓器提供を認める立場と認めない立場のそれぞれの思いや考えを聞き合おう。 　ホワイトボードを活用して，賛成・反対の理由をグループで可視化して共有できるようにする。 3　教材を最後まで視聴し，両親の決断とその後の思いを知り，自分たちの考えを見直す。 ③全体討議2 ●同じような状況で決断しなければならないとき，どんなことを大切にして考えたらよいだろうか。	移植を望む側，認めない側など，様々な立場の人の思いを示すことで，正解が一つではない難しい問題であることを示唆する。 立場が変われば見方・考え方も変わること，どちらの立場を選択しても問題が残る可能性があることに気付けるようにする。 簡単に結論を出さずに，考え続けることが大切であることを示唆する。
まとめ	本時の学習を振り返って，「生命を大切にすること」について気付いたこと，考えたこと，もっと考えてみたいことをまとめよう。	各自でワークシートに記入する。

　現代的課題に向き合う道徳授業の役割は，自分の選択や決定を多様な見方・考え方と出会いながら吟味し，考えを深めていくことにある。「多様な価値観の，時に対立がある場合も含めて，誠実にそれらの価値に向き合い，道徳としての問題を考え続ける姿勢こそ道徳教育で養うべき基本的資質である」（中教審，2014）という指摘を思い出そう。答えを出すことではなく，悩み，迷うプロセスを充実した授業を構想しよう。

🎸 研究課題

1．道徳教育で現代的課題を取り上げる意義は何か。道徳の授業に何が期待されているかを考えよう。
2．いじめ問題が起こる原因を考えたうえで，いじめ防止に向けて学校の教育活動全体で取り組むカリキュラムを構想してみよう。
3．現代的諸課題から，一つを取り上げ，その課題で育成を目指す資質・能力を明らかにして，道徳の学習指導案を構想してみよう。

参考文献

土井隆義（2008）．『友だち地獄―「空気を読む」世代のサバイバル』筑摩書房.
　人間関係の維持に苦しむ子どもたちの生きづらさに共感しつつ，「生きる力」を重視する教育政策の問題点を指摘する。
藤川大祐（2018）．『道徳教育は「いじめ」をなくせるのか』NHK 出版.
　従来の道徳教育の問題点を指摘し，いじめを防ぐ学校と道徳授業を提案する。
森達也（2019）．『フェイクニュースがあふれる世界に生きる君たちへ：増補版　世界を信じるためのメソッド』ミツイパブリッシング.
　メディアが伝える"真実"に私たちはどう向き合うべきかを考えられる。
久木田水生，神崎宣次，佐々木拓（2017）．『ロボットからの倫理学入門』名古屋大学出版会.
　ロボットや AI をめぐる様々な倫理的問題の検討を通して，人間の道徳の在り方を考えることができる。

雨宮処凛（2014）．『14歳からわかる生命倫理（14歳の世渡り術）』河出書房新社．
　生命倫理をめぐる様々な問題の専門家への平易なインタビューで構成されてお
　り，子どもと一緒に問題意識を持って考えられる。

引用文献

中央教育審議会（2014）．『道徳に係る教育課程の改善等について（答申）』文部科
　学省．

中央教育審議会（2016）．『幼稚園，小学校，中学校及び特別支援学校の学習指導要
　領等の改善及び必要な方策について（答申）』文部科学省．

CEC（一般財団法人コンピュータ教育推進センター）（2012）．『21世紀型コミュニ
　ケーション力育成に関する調査研究』．

IEA. (2013). *ICILS (The IEA International Computer and Information Literacy Study)*.

森田洋司（2010）．『いじめとは何か』中央公論新社．

臨時教育審議会（1987）．『第三次答申』．

Rychen, D. S., & Salganik, L. H. (Eds.). (2003). *Key Competencies for a successful life
　and a well-functioning society*. Cambridge, MA : Hogrefe & Huber.［立田慶裕（監
　訳）（2006）．『キー・コンピテンシー　―国際標準の学力をめざして』明石書店］．

Hymel, S., Schonert-Reichl, K. A., Bonanno, R. A., Vaillancourt, T., & Henderson, N. R.
　(2010). Bullying and morality : Understanding how good kids can behave badly.
　In S. R. Jimerson, S. M. Swearer, & D. L. Espelage (Eds.). *Handbook of bullying in
　schools : An international perspective* (pp.101-118). New York : Routledge.

14 | 道徳科における評価

西野　真由美

　学校の教育活動は，設定された目標を実現するために計画された実践であり，その成果に対する評価は欠かせない。ところが，道徳教育では，評価という行為自体に困難がつきまとう。本章では，道徳科における教育評価の考え方と具体的な評価方法を検討し，評価をめぐる課題と可能性を考えよう。

はじめに

　「心を評価できるのか」。「内心の自由を侵害するのではないか」。

　道徳の特別教科化が中教審答申（2014）で示された際，社会から発せられた不安や疑問，批判の多くは，評価の導入をめぐるものであった。

　当時，新聞などのメディアや教員研修などに寄せられた声には，「心の問題に成績を付けるのか」，「道徳性を評価できるのか」，「なぜ評価しなければならないのか」など，評価すること自体に対する不信や疑問が示されていた。特別教科化にあたって文部科学省が実施したパブリックコメントにも，価値観や規範意識の押し付けにつながる，心情を評価すべきでない，教師の求める発言をする子供が増える，といった意見が寄せられた。

　では，道徳科に評価は不要なのだろうか。評価には，計画した授業がどう実施されたかを検証し，授業改善につなぐ役割がある。この検証がなければ，授業が形骸化したり，教師の主観だけで成果があったと判断してしまったりして，有効な授業改善につながらないと懸念される。

　授業の成果を測りつつ，子どもの内心の自由への介入にならないような教育評価を，道徳科で実現することができるだろうか。

1．道徳科における評価の考え方

（1）学習指導要領における道徳科の評価

　「評価」と聞いて私達がまず思い浮かべるのは，成績や順位付けではないだろうか。道徳科に評価を導入することに対する反対意見でも，心に「成績を付ける」といった表現が散見された。

　しかし学習指導要領で示された道徳科の評価は，そうした一般的な評価のイメージとは異なる。そこでまず，学習指導要領とその解説を参照して，道徳科における評価の考え方を理解することから始めよう。

　学習指導要領は，道徳科の評価について次のように規定している。

　　児童（生徒）の学習状況や道徳性に係る成長の様子を継続的に把握し，指導に生かすよう努める必要がある。ただし，数値などによる評価は行わないものとする（学習指導要領「第3章　特別の教科　道徳」括弧内は中学校）。

　ここに示された評価の考え方は，教科化以前からほぼ踏襲されてきたものである。「道徳の時間」が特設された1957（昭和33）年告示の小学校学習指導要領を確認してみよう。評価については，こう示されている。「児童の道徳性について評価することは，指導上たいせつなことである。しかし道徳の時間だけについての児童の態度や理解などを，教科における評定と同様に評定することは適当ではない」。

　「道徳の時間」の評価については，①評価が指導上大切であること（1988［平成元］年告示版以降は，「指導に生かすよう努める必要があること」），②評定（1998［平成10］年告示版以降は，「数値などによる評価」）を行わないこと，の二点が学習指導要領で示されてきた。

　では，特別教科化によって何が変わったのだろうか。

　大きく変更されたのは，指導要録に道徳科に関する記載欄が設けられたことである。指導要録は，学校教育法施行規則により各学校において作成が義務づけられている公簿（第24条）であり，5年間の保存が定められている。戦後はじめて，道徳の授業に関わる評価が正式の記録に残されることとなったのである。

　道徳科の設置に伴う指導要録の改訂は，文部科学省から都道府県教育委員会等に出された通知「学習指導要領の一部改正に伴う小学校，中学校及び特別支援学校小学部・中学部における児童生徒の学習評価及び指導要録の改善等について」（2016［平成28］年7月29日・28文科初第604号，以下「通知」と略記）により示された。この通知には，指導要録の参考様式も附されている（**図14-1**）。なお，指導要録の様式を制定するのは，市町村等の教育委員会であり，実際の様式は自治体によって異なる。また，保護者や子どもが受け取る通信簿（通知表）の作成は，法律で定められておらず，様式も各学校の裁量に委ねられている。ただ，実際の運用では，項目や記述を指導要録に連動させることが多い。

　通知では，道徳科の学習評価に関する基本的な考え方について，「数値などによる評価を行わない」（学習指導要領），「児童生徒が自らの成長を実感し，更に意欲的に取り組もうとするきっかけとなるような評価を目指すべき」（中教審，2014）との考え方を踏まえ，学習活動における児童生徒の「学習状況や道徳性に係る成長の様子」を，観点別評価で

様式2（指導に関する記録）

児童氏名		学校名		区分 / 学年	1	2	3	4	5	6
				学級						
				整理番号						

各教科の学習の記録										特別の教科　道徳				
教科	観点　　学年		1	2	3	4	5	6	学年	学習状況及び道徳性に係る成長の様子				
国語	知識・技能								1					
	思考・判断・表現													
	主体的に学習に取り組む態度								2					
	評定													
社会	知識・技能								3					
	思考・判断・表現													
	主体的に学習に取り組む態度								4					
	評定													
算数	知識・技能								5					
	思考・判断・表現													
	主体的に学習に取り組む態度								6					
	評定													
理科	知識・技能								外国語活動の記録					
	思考・判断・表現								学年	知識・技能	思考・判断・表現	主体的に学習に取り組む態度		
	主体的に学習に取り組む態度								3					
	評定													

図14-1　小学校児童指導要録（参考様式）
※2019［平成31］年3月29日付通知で示された改訂版を掲載する。

はなく個人内評価として丁寧に見取り，記述で表現することが適切である，と示されている。そのうえで，道徳科における評価の方針が具体的に示されている。少し長いが，原文を確認しよう。

①児童生徒の人格そのものに働きかけ，道徳性を養うことを目標とする道徳科の評価としては，育むべき資質・能力を観点別に分節し，学習状況を分析的に捉えることは妥当ではないこと。

②このため，道徳科については，「道徳的諸価値についての理解を基に，自己を見つめ，物事を（広い視野から）多面的・多角的に考え，自己（人間として）の生き方についての考えを深める」という学習活動における児童生徒の具体的な取組状況を，一定のまとまりのなかで，児童生徒が学習の見通しをもって振り返る場面を適切に設定しつつ見取ることが求められること。

③他の児童生徒との比較による評価ではなく，児童生徒がいかに成長したかを積極的に受け止めて認め，励ます個人内評価として記述式で行うこと。

④個々の内容項目ごとではなく，大くくりなまとまりを踏まえた評価とすること。

⑤その際，特に道徳教育の質的転換を図るという今回の道徳の特別教科化の趣旨を踏まえれば，特に，学習活動において児童生徒がより多面的・多角的な見方へと発展しているか，道徳的価値の理解を自分自身との関わりのなかで深めているかといった点を重視することが求められること。

通知では，この基本的な考え方を踏まえて，「道徳科については，児童生徒の学習状況や道徳性に係る成長の様子について，特に顕著と認められる具体的な状況等について記述による評価を行うこと」と示された。

また，この評価を「調査書に記載せず，入学者選抜の合否判定に活用することのないようにすること」も明示されている。その理由として，道徳科における評価は，「道徳性を養うという道徳科の目標に照らし，その児童生徒がいかに成長したかを積極的に受けとめ，励ます観点から行うものであり，個人内評価であるとの趣旨がより強く要請されること」，

「児童生徒自身が，入学者選抜や調査書などを気にすることなく，真正面から自分のこととして道徳的価値に多面的・多角的に向き合うことこそ道徳教育の質的転換の目的であること」が挙げられ，「各教科の評定」や「行動の記録」，「総合所見及び指導上参考となる諸事項」など指導要録の他の項目とは基本的な性格が異なる，とされた。

さらに，「発達障害等のある児童生徒への必要な配慮」については，評価だけでなく，指導に当たっても障害特性による学習の困難さの状況を踏まえて必要な配慮を行い，成長を丁寧に見取る必要があるとしている。

なお，この通知は，「道徳教育に係る評価等の在り方に関する専門家会議」の報告（『「特別の教科　道徳」の指導方法・評価等について（報告）』2016［平成28］年7月22日：以下「専門家会議報告」と略記）を受けて発行されており，報告で示された方針を踏襲している。

以下では，これらに示された道徳科の評価の特徴を二つのキーワード—①記述式の個人内評価であること，②指導に生かす評価（指導と評価の一体化）—を手掛かりに整理しよう。

（2）道徳科における個人内評価

「個人内評価」とはどのような評価なのだろう。それを明らかにするために，まず，「評定」や「観点別評価」との違いを確認しよう。

私たちが学校で体験した教科の評価は，ほとんどが「数値などによる評価」，すなわち，5段階やABC，優良可などの記号，あるいは評語（おおむね満足，努力を要するなど）を使った評価だろう。これらはすべて「数値等による評価」である（「おおむね満足」など文章（評語）を用いた評価であっても，それらの評語は，実質的にA，B，Cなど各段階に対応しているため，数値による評価と同等である）。

「数値等による評価」を行うには，評価の対象である子どもを段階別に分ける基準が必要となる。その際，どのような基準で判定するかによって，「数値等による評価」は，相対評価と絶対評価に区別される。

相対評価とは，評価対象である集団の成員をテストの点数など一定の基準で順位付けする評価である。集団内での個人の序列を決定するため，

「集団準拠評価」ともいう。相対評価は，評点などで個人の順位が明白になるため，わかりやすく，一見，公平にみえるが，実は，どんな集団に属しているかで個人の順位も変わってしまう。そのため，本当に個人の力を正しく評価しているといえるか（評価の妥当性）が問題となる。

　他方，集団に依拠せず，設定された目標の到達度を評価するのが，絶対評価，ないし，「目標に準拠した評価」（目標準拠評価）である。設定した目標への到達度を評価するため，集団全員が「おおむね満足」など同じ評価になることもありうる。個人の力を集団に拠らずに正しく見取ろうとする評価だが，基準の設定と到達度の判断に評価者の主観が入る余地が大きいため，評価の信頼性をどう担保するかという難しさがある。そこで，目標準拠評価では，評価の尺度として「ルーブリック」と呼ばれる評価指標を具体的に設定し，それらを参照して評価することが多い。

　戦後，文部省（文部科学省）は，指導要録の参考様式の改訂を通じて，学習評価の考え方を示してきた。当初は各教科の「評定」を相対評価で実施していたが，変遷を重ね，2001［平成13］年の改訂以降は，「評定」，「観点別学習状況」ともに「目標準拠評価」を行うこととされている。他方，「総合所見」については，「児童の成長の状況を総合的にとらえ，文章で記入する」と示されている。この「総合所見」で示されているのが「個人内評価」である。

　道徳科で「数値等による評価を行わない」とは，相対評価も目標準拠評価も行わない，つまり，集団内で順位を付けたり，目標の到達度を段階別に判定したりしないということである。では，道徳科で求められている「個人内評価」とは具体的にどのような評価なのだろうか。

　個人内評価とは，子ども一人ひとりのよい点や進歩，成長を見取る評価である。集団内で比較したり，共通の到達目標の実現状況を判定したりするのではなく，その子どもが以前の状況に比べてどう変わったかに注目する。子どもの「外」に規準や尺度を設定せず，本人の姿に着目し，その子どもの過去の姿に照らして何が成長したか，その子ども自身のなかで特に優れた点は何かなど，成長やよさを捉える評価である。

　2017年告示版学習指導要領は，各教科等の目標及び内容を資質・能力

の三つの柱―「知識及び技能」,「思考力，判断力，表現力等」,「学びに向かう力，人間性等」―で整理した。学習評価についても，この三観点で学習状況を見取ることとなったが,「学びに向かう力，人間性等」については,「主体的に学習に取り組む態度」として目標準拠評価を行う部分と,「観点別学習状況の評価にはなじまず，個人内評価等を通じて見取る部分がある」と示されている（「小学校，中学校，高等学校及び特別支援学校等における児童生徒の学習評価及び指導要録の改善等について（通知）」（2019［平成31］年3月29日・30文科初第1845号）。

さて，道徳科における個人内評価について,「専門家会議報告」は,「道徳性の評価の基盤には，教師と児童生徒との人格的な触れ合いによる共感的な理解が存在することが重要である」と指摘し，子ども理解を基盤として，子どものよさや進歩を「認め励ます」よう求めている。

この指摘にみるように，個人内評価は，評価者（教師）に，主観を排除して評価対象を観察するような客観的な姿勢を求めてはいない。むしろ，評価者による共感的な理解を求める，主観を前提とした評価である。しかしそれは，信頼性や妥当性の認められない恣意的な評価でよい，ということではない。主観に依りながら，評価の信頼性や妥当性をどう担保するか。そしてそれをいかに持続可能な取組にしていくか。それが道徳科における個人内評価を実現するうえでの大きな課題といえよう。

（3）指導と評価の一体化

学習評価には，子どもの学習状況を把握することによって，指導方法を改善し，さらにその改善の成果を検証して今後の指導方針に生かす役割がある。評価を単に学習の最後に成果を把握する営みと捉えず，学習の過程で子どもの学びの様子を見取りながら，学習指導に生かしていくことを「指導と評価の一体化」という。

学習指導に生かす評価は，学期や学年の終わりに学習の成果を測定する学習評価（assessment of learning），すなわち「総括的評価（summative assessment）」）との対比で,「学習のための評価（assessment for learning）」ないし「形成的評価（formative assessment）」とも呼ばれ

る。総括的評価が学習の成果を到達“点”で捉えるのに対し，形成的評価は，子どもが何をどのように学んでいるかに注目して学びの姿を“線”で捉える。この評価から，教師は，子どもがさらに成長するために何が必要かを考え，指導に役立てる。道徳科で求められるのは，一人ひとりの学びに寄り添う「学習のための評価」の充実である。

　OECD（2005）は，世界各国における学習評価の事例研究に基づき，「形成的評価」を充実するための鍵となる要素を分析した。道徳科における評価を考えるうえで注目したいのは，「相互交流を促す教室文化の確立」や「一人ひとりの子どもの学習へのフィードバック」，「学習過程への子どものアクティブな参加」など，教師と子どもとの対話的（双方向的）な実践が重視されていることである。

　「指導と評価の一体化」は，教師から見れば，子どもの学びを見取って次の指導に生かすことであるが，それを双方向的に実現することによって，子どもからみれば，子ども自身が教師からのフィードバックをもとに自らの学びの進歩やよさを捉え，自ら課題を見出していく学習となる。このように，「学習のための評価」における子どもの役割に注目すると，評価を子ども自身の学習活動として学習過程に位置付け，子ども自身の自己評価力を育てる学習活動，すなわち「学習としての評価（assessment as learning）」（Earl, 2013）を充実することが，教師による評価にとって重要な役割を担うことがわかる。「指導と評価の一体化」は，評価に対する見方を変えるだけでなく，学習過程や授業づくりに対する見方を変えることでもあるといえよう。

　「指導と評価の一体化」は，評価を日々の授業づくりと分断した特別の取組ではなく，教室の日常的な活動として実践していくことでもある。もちろんそれは，授業における子どもの態度や発言を教師が細かくチェックするという意味ではない。授業における子どもの学びを支援するために，子ども自身が見通しを持って学び，学習を振り返って何を学んだかを意識できるようにすることである。日々の授業で子ども自身の「学習としての評価」を充実することで，子ども自身が自らのよさや成長を評価できるように支援し，そうした活動を重ねていくことで，教師

は子ども理解を深め，子どものニーズや課題を把握して指導や授業の改善につなぐ。学びを見取り，子どもが何を学んだかを把握して次の授業を構想していく指導と評価の一体化は，教師自身が授業に対する効力感や達成感を得るうえでも意義があるといえよう。

2. 学習過程を評価する

　道徳科における評価は，子どもの学びの変容を見取る評価である。そのためには，毎時間の授業の成果を早急に求めるのではなく，学習の過程を「おおくくりなまとまり」で見取る長期的な取組が求められる。

　『学習指導要領解説　特別の教科道徳編』（以下『解説』）は，前掲の「通知」に示された評価の基本的な考え方について，「何をすべきでないか」に焦点を当てて説明している。まずそれを確認しよう。

①道徳性を分節化して評価しない

　学習指導要領は，育成を目指す道徳性を「道徳的な判断力，心情，実践意欲と態度」として示しているが，『解説』では，それらを分節し，学習状況を分析的に捉える観点別評価を通じて見取ろうとすることは妥当ではない，としている。なぜ分節化すべきでないのだろうか。

　道徳性の諸様相のうち，たとえば，コールバーグ（第3章参照）は，道徳的判断力の発達段階を提唱し，子どもの道徳性を測定しようとした。発達段階論には諸説あるにせよ，それらに鑑みれば，測定が不可能とは言い切れまい。それに比べ，道徳的心情や実践意欲を評価するのはより困難であろうが，ルーブリックの開発は不可能ではなかろう。

　問題は，分節化した評価が可能かどうかではない。分節化することで，子どもの学びを総体として捉える視点を持ちにくくなることである。

　道徳性を諸様相に分析することと，子どもの成長の全体を総合的に捉えることとは異なる。部分をどれだけ細かく捉えても，子どもを理解することにはならない。「木を見て森を見ない」評価を行うことは，こと道徳性については危険の方が大きいという判断である。

　さらに，道徳性の評価について，『解説』では，「道徳性が養われたか否かは，容易に判断できるものではない」として，道徳性そのものを安

易に評価しようとすることに対しても注意を促している。道徳科では，子どもの内面そのものを直接評価することを求めていないのである。

②個々の内容項目ごとに評価しない

　道徳科で扱う内容は，学習指導要領に18～22の内容項目として示されている。この内容は，個々の授業の主題となり，授業のねらいもこの内容に即して設定されている。しかし，評価は，個々の内容項目ごとには行わないとされている。さらに，「どれだけ道徳的価値を理解したかなどの基準を設定することはふさわしくない」として，価値の理解度を測るような評価を慎むよう強調されている。

　個々の内容の理解度を測ることは可能だろう。だが，それを評価の対象とすることは，授業の質に大きな影響を与える。具体的には，『解説』で指摘されているように，「内容項目について単に知識として観念的に理解させるだけの指導や，特定の考え方に無批判に従わせるような指導」に陥ることが懸念される。内容項目は，「道徳性を養う手掛かり」（『解説』）ではあるが，内容項目そのものが授業の目標となるわけではない。

　道徳科の目標は道徳性を育むことであり，その学習は，様々な道徳的諸価値を内容とした教材を使って行われる。ところが，道徳科の評価は，目標である道徳性を観点別に評価したり，個々の内容の理解度を測ったりすべきではない，とされる。では，何を評価するのだろうか。

　ここで道徳科の目標を今一度確認しよう。そこには，「道徳的諸価値についての理解を基に，自己を見つめ，物事を（広い視野から）多面的・多角的に考え，自己の（人間としての）生き方についての考えを深める」（括弧内は中学校）という学習活動が盛り込まれている。『解説』は，この「目標に掲げる学習活動における児童（生徒）の具体的な取組状況を，一定のまとまりのなかで，児童（生徒）が学習の見通しを立てたり学習したことを振り返ったりする活動を適切に設定しつつ，学習活動全体を通して見取ることが求められている」として，道徳科における評価は，目標に盛り込まれた学習活動の取組状況が中心となると示している。

　一連の学習活動が目標に示されているのは，それらの学習活動が道徳性を養うことを目的とする道徳科の本質的な学習活動とみなされている

からである。道徳科では，これらの学習活動が実現しているかという視点で，学習活動の充実と変容を評価するのである。

とはいえ，学習活動の全体を見取る，というだけでは漠然としている。ただ漫然と子どもの姿を眺めていても変容は捉えられない。そこで，子どもの学びを見取る視点として『解説』には次のような例示がある。

　　特に，学習活動において児童が道徳的価値やそれらに関わる諸事
　　象について他者の考え方や議論に触れ，自律的に思考するなかで，
　　一面的な見方から多面的・多角的な見方へと発展しているか，道徳
　　的価値の理解を自分自身との関わりのなかで深めているかといった
　　点を重視することが重要である。

道徳科における評価は，目標に示された学習活動に注目し，子どもが自己を見つめ，「多面的・多角的に考える」学習活動において，「道徳的諸価値の理解」と「自己の生き方についての考え」を相互に関連付けながら深い学びを実現していく姿を記述することが求められているのである。この学習と評価のイメージは**図14-2**のように整理される。

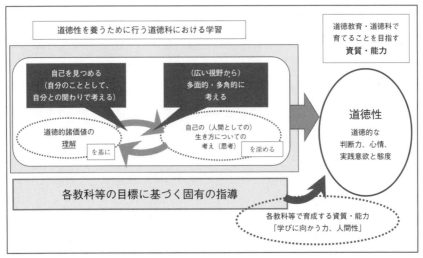

図14-2　道徳科の学習活動と評価
中教審（2016）別添資料16-2等をもとに筆者作成

3．多面的・多角的な評価を実現する

　第1節（2）では，個人内評価において信頼性と妥当性の担保が課題であることを確認した。「認め励ます評価」という響きは美しいが，教師一人の主観による評価には，思い込みや誤りの危険がつきまとう。

　評価方法の設計は，信頼性と妥当性の両方を実現することが望ましい。しかし，現実には，信頼性を高めようとすれば個々の子どもの評価の妥当性を欠き，個々の子どもの姿を描き出そうとすれば，信頼性が低くなってしまうなど，両者が相反してしまうこともある。また，信頼性と妥当性を高めるために多大な労力を費やさねばならないような評価では，学校における実現可能性や持続可能性を欠くことになってしまう。

　近年，学習評価の改善に向けて，「真正の評価（authentic assessment）」という考え方が注目されている。「真正の評価」とは，1980年代のアメリカで，標準テストによる学力評価への批判から提起された，新しい評価へのアプローチである。実生活に近い「真正な課題」を設定し，学んだ知識を活用する思考力やスキルを評価しようとするのが特徴である。真正の評価では，信頼性や妥当性を担保するため，教師らが協同で評価を検討するモデレーション（moderation：調整）が重要な役割を担う。

　この取組に学ぶなら，一つの方法に頼った評価や教師一人の判断で行う評価では不十分なことがわかる。道徳科における評価では，複数の方法を活用するとともに，担任教師による評価を複数の目で検討し，補整できるような，学校としての組織的な取組が求められることになる。

　以下では，道徳科の個人内評価に活用できる評価手法とそれらの信頼性や妥当性，そして持続可能性を高めるための取組を紹介しよう。

①ポートフォリオ評価

　進歩や変容を捉えるには，継続的な評価資料の蓄積が必要となる。ポートフォリオ評価は，目的に従って収集され，まとめられた資料（ポートフォリオ：原語は，書類などを収納する「紙ばさみ」や「書類かばん」を意味する）に基づいて，学びの過程を評価する手法である。授業で使用したワークシートをファイルなどに綴っておくことで，学びの軌跡を

振り返って成長を捉えることができる。

　ワークシートなど学習記録の蓄積は貴重な評価資料となるが，膨大な記録の分析は時間を要する。教師が進歩や変容を見取るには，単元などひとまとまりの学習を一覧できるようにした一枚ポートフォリオ（OPP：one page portfolio）が活用しやすい（堀，2013）。

　子どもによるポートフォリオ作成は，「学習としての評価」の柱となる。作成から振り返りまでの一連の活動を教師の声かけや他の子どもと対話しながら取り組むことで，子どもの自己評価力を育てることができる。このポートフォリオを活用した振り返り学習を単元や学期末に位置付け，子ども自身が自らのよさや成長を実感できるようにしたい。

②エピソード記述による評価

　エピソード記述による評価は，教師が授業で気付いた印象的な出来事や教師自身の感想を記録していき，それらを振り返って行う評価である。幼児教育や保育の現場で広く活用されており，自己表現が十分でない子ども理解に有効であるとされる。

　教師目線での記録には偏りがありそうだが，その時々の印象を記録しておくことで，読み返した時に子どもの学びの姿を想起しやすくなる。保育や障害児教育におけるエピソード記述を指導してきた鯨岡は，客観的に観察しようとする姿勢で記録するのではなく，その時の授業者の思いやその場の「生き生き感」や「息遣い」を描き出すことが大切だと指摘している（鯨岡，2005）。

③パフォーマンス評価

　パフォーマンス評価は，学習した知識や技能が生きた力として身に付いているかを評価する評価方法である。教科教育で用いられるパフォーマンス評価は，レポートやプレゼンテーションなどによる学習成果を評価基準となるルーブリックを作成して評価することが多いが，ルーブリックによる成果の評価は，道徳科では行わない。参考にしたいのは，パフォーマンス評価の考え方である。

　パフォーマンス評価では，教師が意図的に「パフォーマンス課題」を設定して評価を行う。その課題は，子どもの生活や現実で出会う状況に

近いリアルなものであることが求められる。道徳科では，現実の道徳的問題を取り上げ，多面的・多角的に考え議論する学習を充実することによって，学びの深まりを捉えることができる。

④対話的評価

個人内評価の信頼性・妥当性を高めるには，評価者が担任教師一人という評価の在り方を変える必要がある。最終的に評価を記述するのは担任教師であるが，その過程で，授業研究を活用して抽出児の学びの様子を評価しあう校内研修を活用したり，子ども同士の相互評価を学習活動に取り入れたりするなど，評価を教師個人の営みとせずに，様々な対話のなかで教師の子ども理解を深めていく取組が求められる。

対話のなかで評価の信頼性を高めていく取組の一つが，モデレーションである。モデレーションとは，複数の評価者が同一対象の評価を行い，互いの見方をすり合わせ，評価の一貫性を確保する調整作業である。主観による評価について，複数の目で捉え，評価に至ったそれぞれの解釈を話し合うことで，主観的な評価を間主観的な評価にして信頼性・妥当性を担保しようとする取組である。もちろん，すべての評価をモデレーションを介して行うのは現実的ではない。大切なのは，授業研究や校内研修によって，子どもの学びの姿を見取る視点を共有し，協働で子ども理解を深めていく学校文化を築くことである。

道徳科における評価では，教師が最も対話すべき相手は子ども自身である。子どもは，教師から一方的に評価される対象ではない。子どもを「認め，励ます」には，ワークシートなど書かれたものだけで理解しようとするのではなく，実際に子どもの思いや願いを尋ねてみることが必要である。評価は子ども理解であり支援であるという道徳科における評価の理念に立ち返れば，教師と子どもの対話こそが評価の充実につながるといえるだろう。

⑤ナラティヴな評価（自己評価）

道徳科の目標にある「自己をみつめる」という学習活動は，それ自体が自己評価である。評価が，子どもが自ら道徳性を養う力を育てるためのものであることからすれば，自己評価は，道徳科にとって本質的な学

習活動であるといえよう。

　自己評価で大切なことは，チェックリストにチェックさせるなどで子どもにまかせっきりにするのではなく，自己評価力，すなわち，自己をみつめる力を育てる学習活動を充実することである。

　自己評価を充実するための学習活動に，「ナラティヴ・アプローチ（narrative approach）」がある。ナラティヴとは，「語り」や「物語」を意味する。語るという行為は，語る主体とその語りの聴き手の双方が必要な相互行為である。教育におけるナラティヴ・アプローチでは，子どもが教師や仲間に語ることを通して，学びに関わる一連の体験を言語化して意味付与し，自己理解を深めていけるよう，自分の学びを語り，聴き手と共に学びの物語を創っていく活動を重視する。

　このように，道徳科では，自己評価や相互評価に取り組むこと自体が，子どもにとって意義ある学習活動となりうる。道徳科における評価は，教師にとっては子ども理解と子どもへの支援であり，子どもにとっては，自分のよさや目標をみつける「自己をみつめる」学習活動なのである。

4. 評価の危険性を乗り越える

　道徳科における評価の基本的な考え方は，「よさを認め，励ます」評価である。それは子ども自身が主体的に成長していこうとする努力を支援する営みで，一方的な価値観を押し付ける評価の対極にあるはずである。しかし，「評価する」という行為には，常に，評価される側をコントロールし，望ましいとされる方向へ方向づける働きがある。

　こうした働きについて，梶田（2010）は，評価には，どの程度の水準に達したかなどを子どもに伝える認知的コミュニケーションの他に，「ある種の行為を力づけ，またある種の行為の出現を抑制するといった選択的強化の側面，ある方向への意欲を喚起したり，その方向へよりいっそうの意欲を持たせるといった意欲の方向づけの側面，さらに子どもの行為や成果によって教師が感じた満足感や不快感などの感情を伝えるといった感情的コミュニケーションの側面が，同時に存在している可能性」（梶田，2010，p.207）がある，と指摘する。

　道徳の授業は，望ましいとされる諸価値を扱っているだけに，この方向づけや強化が起こりやすい。そうなれば，授業は，これまで批判されてきた「望ましいと思われることを言わせたり書かせたりすることに終始する指導」（中教審，2016）に陥ってしまう。教師の求める答えを子どもに推測させる授業が，評価の導入によって加速し，「こう答えれば評価してもらえるだろう」と子どもたちに考えさせてしまうなら，道徳科が目指した「考え，議論する」道徳への転換は，挫折するだろう。

　方向付けは，自己をみつめる自己評価にも働く。教師が提示した視点で自己評価させることで，教師の〈目〉が子どもに内面化されれば，教師が望む方向での自己管理が強化される危険が大きくなる。

　ケア倫理に基づく道徳教育を提唱するノディングズ（第5章参照）は，教師と子どもの対話において，正解を追求しすぎることを危惧し，ケアする関係の構築にとって最も大きな難問の一つが「成績付け」としての評価である，という（Noddings, 1984）。たとえば，グループワークは，ケアし合う関係を育てるよい機会になりうるが，その成果物が評価の対象となった途端に，グループの弱者を攻撃したり，競争的になったりして，互いにケアしあう関係を作りにくくなってしまう。

　本章では，道徳科における評価は「成績付け」ではないと確認した。しかし，だからノディングズの指摘は当たらない，と考えるのは楽観的にすぎるだろう。道徳科の評価には評価観そのものの転換が求められるのに，評価といえば成績のことという固定観念を払拭するのは決して簡単ではない。その困難さと評価に潜在する危険を自覚することが，評価者としての教師に求められる姿勢であろう。

　ノディングズは，「子どもはXを学んだか」という内容ありきの評価ではなく，「この子どもは何を学んだか」と，子どもの学びに寄り添って評価すべきだとする。一人ひとりの生活体験や人格特性が反映される道徳の学びでは，学びのプロセスも目指すゴールも子どもによって異なる。子どもと教師が協働で，共に学んできた過程を振り返り，子ども自身が自らの成長に気付き，自分らしい新たな目標を見出していけるような評価活動が，道徳科に求められる評価なのである。

🎸 研究課題

1. 道徳科における評価の基本的な考え方をまとめてみよう。
2. 道徳科で活用したい多様な評価方法の特徴を整理してみよう。
3. 道徳科における子どもの自己評価活動の意義を考えよう。

参考文献

文献を手掛かりに，様々な評価手法について理解を深めよう。

ダイアン・ハート（2012）．田中耕治（監訳）『パフォーマンス評価入門―「真正の評価」論からの提案―』ミネルヴァ書房．

西岡加名恵・石井英真・田中耕治（編）（2015）．『新しい教育評価入門―人を育てる評価のために』有斐閣．

クラーク（2010）．立田慶裕，岩崎久美子他（訳）『成人のナラティヴ学習―人生の可能性を開くアプローチ』福村出版．

引用文献

中央教育審議会（2014）．『道徳に係る教育課程の改善等について（答申）』．

中央教育審議会（2016）．『幼稚園，小学校，中学校，高等学校及び特別支援学校の学習指導要領等の改善及び必要な方策等について（答申）』．

道徳教育に係る評価等の在り方に関する専門家会議（2016）．『「特別の教科　道徳」の指導方法・評価等について（報告）』．

Earl, L. M. (2013). *Assessment as Learning : Using classroom assessment to maximize student learning* (2nd ed.). Thousand Oaks, Calif : Corwin.

堀哲夫（2013）．『教育評価の本質を問う　一枚ポートフォリオ評価 OPPA』東洋館出版社．

梶田叡一（2010）．『教育評価（第 2 版補訂 2 版）』有斐閣．

鯨岡峻（2005）．『エピソード記述入門：実践と質的研究のために』東京大学出版会．

Noddings, N. (1984). *Caring : A feminine approach to ethics and moral education.* Berkeley, CA : University of California Press.［立山善康・林泰成他（訳）（1997）．『ケアリング　倫理と道徳の教育―女性の観点から』晃洋書房］．

OECD. (2005). *Formative assessment : Improving learning in secondary classroom.* Paris.［有本昌弘（監訳）（2008）．『形成的アセスメントと学力　人格形成のための対話型学習をめざして』明石書店］．

15 | 課題と展望
−21世紀を生きる力を育てる道徳教育−

西野　真由美

本講義では，グローバル化や情報化，科学技術の進展など社会の急激な変化に伴い，世界各国の教育改革において，21世紀を生きるために必要な資質・能力を身に付けさせる新たな学びへの模索が続いていることを学んできた。日本の学校教育が目指す「生きる力」を育むという理念の実現に向け，これからの学校における道徳教育の課題と方向を展望しよう。

はじめに

人類の歴史のなかで，道徳は，人々の心という目に見えない世界で育まれ，生活や文化，宗教，伝統に根差しながら継承され，発展してきた。

だが，道徳の歴史を「発展」と呼んでよいだろうか。道徳は文化によって異なるが，それらに優劣はないという立場に立てば，多様性の共存こそが道徳の歴史である。他方で，道徳には，文化や伝統の継承とともに人間や社会の"よりよい"在り方への希求，理想への志向がある。道徳への問いが生まれた古代ギリシア時代には，奴隷制が肯定されていた。階級や集団，性差を超えて，弱者に連帯しようとする人間の内なる道徳性が，異なる立場や考えを持つ人々の対話や議論につながり，その社会で共有されていた道徳を進歩させてきたのではないか。

人生や社会の様々な問題に一律の答えが見出されない困難な時代において，次代を担う子どもたちにどのような道徳教育を行うべきか。この問いも多様な議論に開かれている。私たちは，理念的な探究を続けながら，実践的な意思決定をしなければならない。この課題に応えることを目指して，今後の道徳教育の在り方を展望することにしよう。

1.「生きる力」を育む道徳教育

（1）日本の学校教育が目指す「生きる力」

　「生きる力」が日本の学習指導要領の理念として提起されたのは，1996（平成8）年，中央教育審議会第一次答申（『21世紀を展望した我が国の教育の在り方について』）である。この理念は，以後に続く学習指導要領改訂でも継承され，2017（平成29）年告示版学習指導要領では，児童（生徒）に「生きる力を育むことを目指す」（総則）と示されている。

　この「生きる力」について，中央教育審議会は，21世紀の学校教育改革を先導してきたOECDのキー・コンピテンシーに言及しつつ，「社会において子どもたちに必要となる力をまず明確にし，そこから教育の在り方を改善するという考え方において，この主要能力（キー・コンピテンシー）という考え方を先取りしていた」と指摘した（中央教育審議会［以下，「中教審」と略記］，2008，pp.9-10）。

　「生きる力」という考え方は，さらに遡って1971（昭和46）年の中教審答申（46答申）に登場している。そこでは，生きる力は，「さまざまな資質・能力を統合する主体としての人格の育成にまたなければならない」（中教審，1971，p.8）と示され，「生きる力」が統合的な人格形成の教育を要請することが示唆されている。

　「生きる力」は日本の学校教育のなかで培われてきた理念であるが，その目指す方向は世界各国の教育改革と軌を一にしていたといえよう。そこでの主導的な問いは，変化の激しい社会を生きる次世代の子どもたちに，学校教育はどんな力を身に付けさせるべきか，であった。

　20世紀後半から続いてきた新たな教育への模索は，度重なる議論を経て，これからの学校教育の進路へと結実しつつある。2017年版学習指導要領には，初めて「前文」が設けられた。その前文にはこうある。

　　一人一人の児童が，自分のよさや可能性を認識するとともに，あらゆる他者を価値のある存在として尊重し，多様な人々と協働しながら様々な社会的変化を乗り越え，豊かな人生を切り拓き，持続可能な社会の創り手となることができるようにすることが求められる。

　この前文を読み解くキーワードは「多様性」である。20世紀に顕在化した価値観の多様化は，調停不能な対立を相対化につながるとして否定的に捉え，社会が共有する価値を学校でいかに教えるかという課題を浮きぼりにした。21世紀の社会は，その課題を受け止めつつも，社会における多様性をむしろ前提として捉え，多様性を承認するだけでなく，それを原動力として社会を構築しようとするアプローチを展開しつつある。「前文」に表現されているのも，よりよい社会を創る鍵が多様な人々の協働にあるということである。

　この前文の下，学習指導要領は，日本の学校教育が伝統的に目指してきた「知・徳・体」の調和を，「育成を目指す資質・能力の三つの柱」として再構成した。三つの柱とは，「知識・技能」，「思考力・判断力・表現力等」，「学びに向かう力・人間性等」である。

　日本の学校教育は，「確かな学力」，「豊かな人間性」，「たくましく生きるための健康・体力」（いわゆる知・徳・体）の調和のとれた全人的な資質・能力の育成を重視してきた。情操教育や体育，教科外の様々な体験活動を充実した教育課程は，日本の学校教育の大きな特徴であり，また強みでもある。しかし，その反面，知・徳・体の教育が分業的に捉えられてしまうという課題があった。

　このような分業は，子どもが統合的な人格を形成するうえで弊害となる。個別の学習領域を充実しても，それらを統合する力自体を育てる機会がないからである。道徳教育についていえば，道徳は〈心〉を育てる教育であるという理解が，道徳教育における知識理解や思考力の育成を軽視することにつながり，逆に，教科教育では，それぞれの特質を生かした道徳教育を行うこととされながら，十分に展開されてこなかった。

　今回の改訂で，育成を目指す資質・能力の三本柱は，各教科等の学習指導要領の目標に盛り込まれた。これは，学校の教育活動全体を通した道徳教育を実質化するとともに，道徳科には，それらの道徳教育の「要」としての役割をこれまで以上に果たすことが求められることを意味する。学習指導要領が目指す「生きる力」に向け，道徳教育には，様々な学びを統合する主体としての人格の育成が求められているのである。

（2） 道徳教育の課題

　では，この理念を実現するには，どのような道徳教育が求められるのだろうか。ここまでの学習を振り返って，課題を整理してみよう。

①倫理学・道徳哲学の視点から

　「私はどのような人になりたいか」。「人生をどう生きるべきか」。

　こうした生きることへの問いを伝統的に担ってきたのは倫理学・道徳哲学である。その理論の枠組みは，「善とは何か」に関する義務論と帰結主義（功利主義）の対立軸で語られてきたが，20世紀以降の徳倫理学の提唱は，この対立に新たな地平を提供するものとなった。その端緒を拓いたのは，義務論も帰結主義も，一つ一つの行為についての善悪は問題にしうるが，「よりよい人生をおくりたい」という根本的な願いに応えるものとなりえない，という批判である。

　日本の道徳教育は，徳目を教えるがゆえに，徳倫理学と親和的であるようにみえるが，問題はそれほど単純ではない。むしろ，広く普及している，一つ一つの価値を独立して扱う道徳授業は，徳倫理学が提起した「ある道徳的な問題状況で有徳な人ならどう行為するか」という統合的な問いに応える学習になっていないというべきだろう。

　道徳科の目標に示された学習活動は，小学校では「自己の生き方についての考えを深める学習」，中学校では「人間としての生き方についての考えを深める学習」である。道徳科は，特別活動や総合的な学習とともに，「生き方」を考える学習の場と位置付けられている。ところが，実際の授業は，学習内容である一つ一つの価値の理解が主題となり，「どう生きるか」へのつながりが見えにくい。内容を一つ一つ学習しても，それらの学びを統合して，「自分はどう生きるか」，「人としてどう生きるべきか」という問いが生まれにくい構造となっているのである。

②歴史的視点から

　道徳教育の実践史を概観すると，戦前・戦後を通じて展開された様々な論争の多くが政治的色彩を帯び，イデオロギー論争となっていたことがわかる。このことが，学校における道徳教育が拠って立つべき理念についての合意形成を困難にするとともに，道徳教育を強化する政策が，

かえって道徳教育に対する自由で多様な議論の可能性を阻んできた。

　道徳授業の時数確保を目的とした様々な施策，指導の型や教材の提供が，必ずしも豊かで質の高い実践につながらず，固定化・形骸化を招いてきたことは，今後，検定教科書の下での道徳授業の普及定着を考えるうえで示唆的である。

　他方で，学校の教育活動全体を通した道徳教育の実践史は，戦後道徳教育の資産の一つである。これらの取り組みにおいて，実質的に学校主体のカリキュラム・マネジメントが実現してきたことは，特別教科化によって授業だけに注目されがちな道徳教育を，学校文化を育む営みとして位置付けていくうえで，生かしていきたい視点である。

③教育社会学の視点から

　いじめ問題や問題行動に対する研究は，あらためて，学校だけで子どもの道徳性を育てることの限界を示した。子どもにとって，学校は，生活の大きな柱であるが，実は，人の生涯という長い時間でとらえるなら，学校生活はその始まりのごく一部にすぎない。生涯学習という視点で捉えるなら，学校で育てなければならないのは，子ども自身が多様な関わりのなかで自ら学ぶ力であると示唆される。学校と社会が連携し，学校完結型の道徳教育からの転換を図ることが求められている。

④心理学の視点から

　心の成長と思考の発達や知識学習が不可分に結びついていることが学習科学や発達心理学の研究成果によって示唆されている。「答えが一つでない道徳的な問題」を考え，議論する学びを通して，多様な見方を知ること，批判的に考えること，共同的に学ぶことが，子どもの全人的な成長につながる新しい道徳教育の構築への手掛かりとなるだろう。

　子どもの成長にとって，自己肯定感が鍵となることも重要な示唆である。これまでの道徳教育は，自己実現への視点が弱かった。生き方教育として道徳教育を構築するということは，生きるという全体像をとらえることである。学校教育の様々な場で，子どもの自己肯定感・有用感を育むことが生き方を育てる道徳教育の柱の一つとして位置付けられねばならないといえよう。

⑤教育学・カリキュラム論の視点から

　学習が，一人ひとりの孤独な営みではなく，環境や他者との絶えざる相互作用のなかで生まれることは，20世紀の諸科学の大きな発見であった。環境や他者との相互作用，言い換えれば，それらとの絶えざる交渉・関わりのなかで自己の物語（ライフ・ヒストリー）を展開していくことが，人間の学びの本来の姿であるという学習論の展開は，学校における学びを大きく転換したといえよう。大人社会の規範を教える道徳教育は，「教え込み」や「押しつけ」との批判にさらされてきた。子ども自身が学びの主体であるという学習論に基づいて道徳教育における学びを再構築していくことが求められている。

⑥授業デザイン・教育評価論の視点から

　子どもが自ら動く，いわゆるアクティブな学習活動が，子どもの考えを深め，新しい見方や考え方を生みだす学びに繋がるようにするためには，従来の道徳授業では積極的に取り入れられてこなかったペアやグループワークを積極的に取り入れる工夫も必要だが，これらの活動を充実すれば十分というわけではない。道徳授業のねらいに即して，活動を通して諸価値が探求され，相互交流を通して思考が深まるような学習プロセスが実現されねばならない。たとえば，子ども自身が問題を切実な課題と捉え，目標や見通しを持って学べるようにすること，多様な考えや異なる意見と出会いながら自分の考えを表現する過程があること，自らの生活や価値観を振り返って考え，将来の生き方について新たな問いや課題を見いだせるようにすることなど，主体的・協働的な価値探求を実現する授業デザインが必要である。また，学習活動を通した子どもの学びの深まりや変容を可視化するための評価の仕組みも課題である。

2．新しい時代の人格形成に向けて

（1）非認知能力への世界的な注目

　キー・コンピテンシーをはじめ世界の教育改革を牽引している資質・能力モデルは，複雑で不透明なグローバル社会のなかで「学校教育は何を教えるべきか」を問い，内容知が中心であった学校カリキュラムに見

直しを迫ってきた。

　この潮流の端緒となったOECDのDeSeCo（Definition and Selection of Competencies）プロジェクトは，「人生の成功とよく機能する社会」の実現を目標に定め，学校が育成すべきキー・コンピテンシーを三つのカテゴリー（相互作用的に道具を用いる・異質な集団で交流する・自律的に活動する）に構成して提起した（Rychen & Salganik, 2003）。

　このプロジェクトでは，これらの資質・能力の基盤となる諸価値が意識はされていたものの，それらを具体的に示すことには抑制的であった。しかし，「自律」や「多様な人々との協働」を学校で育成する学力として提起したコンピテンシー概念は，その後，それらの実現に求められる価値観や人格特性への研究を活性化させていくこととなった。

　たとえば，ハーバード大学カリキュラム・リデザイン・センター（CCR）のC. ファデルらは，世界各国における人格形成教育や資質・能力モデルを比較分析したうえで，「教育の四つの次元」（知識・スキル・キャラクター・メタ認知）を新たな枠組みとして提起した。その一つである「キャラクター（人格）の次元」は，徳（資質）や価値観，能力を含めて次のように定義されている。「キャラクター・エデュケーション（人格教育）は，豊かな人生と社会の繁栄に向けて賢い選択をするための様々な徳（資質），価値観（信念と理想）そして能力を獲得し，伸ばすことである」（Fadel et al., 2015, p.123［邦訳 p.113］翻訳は筆者による）。このモデルでは，Characterとして，行為主体性（agency），態度，振る舞い，心性，心構え（mindset），パーソナリティ，気質，価値，信念，社会・情動的スキル，非認知的スキル，ソフトスキルなど広範な概念が包含されている。

　これらは，従来の学校教育が学力として育成してきた認知スキル（思考力）に対して，非認知能力とも称される。キー・コンピテンシーの提起は，非認知能力を広義の学力として位置付けたことによって，人格形成を目標に掲げてきた道徳教育の枠組みにも変革を迫ることになっているのである。

　2015年以降，OECDは，新たなプロジェクト，Education 2030を発足

し，キー・コンピテンシーの新たな枠組みの構築に着手している。2018年には，その中間成果として「2030年に向けた学習の枠組み（OECD Learning Framework 2030)」が提起された（OECD, 2018）。

　この枠組みは，世界の現状を「不安定，不確実，複雑，曖昧（VUCA）」というキーワードで捉えたうえで，教育の目標を個人と社会の「幸福（ウェルビーイング，Well-being）」に置く。そして，その実現に向けて世界が共有したい教育のビジョンを次のように示している。

　　これからの教育では，明確で目的のはっきりした目標を立てること，様々な異なる考え方を持つ人々と協働すること，まだ活用されていない機会を見つけること，重大な課題に対する複数の解決策を見出すこと，こうしたことを学ぶことが決定的に重要となるだろう。教育の目的は，若者が社会で働けるよう準備することだけではない。子どもが，アクティブで，責任感を持って社会参画する市民となるために必要なスキルを身に付けられるようにしなければならない。

　Education 2030では，コンピテンシーを「知識」「スキル（思考力）」「態度と諸価値」の三者の結び付きで捉える。DeSeCo プロジェクトにおけるキー・コンピテンシーと比較すると，「知識」や「価値」がコンピテンシーとして明示されているのが特徴である。以前のような，知識ベースから資質・能力ベースへの移行ではなく，知識，思考力，価値を統合するモデルが検討されていることがわかる。Education2030が目指すのは，これらのコンピテンシーを統合し，"agency"，すなわち，この世界の様々な人や事象に関わって行為する力を発揮できるようになるための学びを，学校や社会の協働で実現することなのである。

　多様な資質・能力を統合的につながりのなかで捉える枠組みの構築は，OECD が最初にキー・コンピテンシーを提起した2000年段階から腐心し続けてきた課題であった。人がある具体的な状況で問題を解決しようとする時，多様な資質・能力はバラバラに働くのではなく，相互に関係しながら発揮される。実生活で働くこの統合的な力をどうすれば学校教育で育成できるか。それこそがコンピテンシー・モデルの中心的な問いなのである。

（2）資質・能力論の批判的検討

　OECD が提起したコンピテンシー・モデルは，世界的な潮流となって21世紀の学校教育改革を牽引してきた。学習科学や心理学の知見を根拠として，伝統的な学校教育モデルを批判し，「学校は何を教えるべきか」に見直しを迫ったこのモデルは，世界各国の教育政策に多大な影響を与える一方で，様々な批判や論争を惹起してきた。

　まず，教育界から最も大きく批判されてきたのは，コンピテンシー・モデルが就業能力に焦点を当てていることである。このモデルが目指すのは，社会の変化に柔軟に対応できる多様なスキルを備えた人材であり，そこには，社会で活躍できる強い個人の育成という教育理念が見え隠れする。個人の幸福とよりよい社会を共に実現するという理想を標榜しながら，その方向は，かえって不平等を加速する能力主義に陥る危険を潜在させているのではないか。未来社会が柔軟で多様な創造的な資質・能力を備えた労働者を必要とするという要請に，学校は積極的に応えるべきなのか。そこでは学校教育の理念自体が問われている。

　批判は，コンピテンシーが，非認知能力や情動など，人間性の全体を含む学力観を提起したことにも向けられた。

　コンピテンシーは日本語では「資質・能力」と訳されている。中教審の審議では，資質と能力は別物ではないか，という議論を考慮しつつも，「資質・能力」を一体的に捉える立場を採った。

　それに対し，資質と能力を区別する論者は，資質は個人の内面的なもの，生得的なものないしは環境要因によって決定づけられるものと捉える。そのうえで，内面的な資質を育成するのは学校教育の課題ではない（安彦，2014），あるいは，知識と異なり学校教育では育成できない（本田，2005）として，資質を学校で育成する学力に含めることを批判する。

　非認知能力を学校教育は育てることができるか。OECD の取組は，非認知能力（資質）も能力と同様に，学校教育で育成することができる，という立場に立つ。その背景には，「学ぶ」という営みの捉え方への変化がある。学校教育には，教師が子どもたちに一方的に知識を教授するスタイルから，子どもが自ら資質・能力を成長させていく生涯にわたる

学びを支援する存在へと変革することが求められている。

　では，非認知や情動を含めた人間性を学校教育の目標に包含してよいのか，という批判はどうだろう。

　生涯学習社会は，学校が多様な学びの場の一つであり，一つにすぎないことを明らかにした。確かに，人間性を育むのに相応しい場は学校だけではない。だが，学校で価値を教えないという選択は可能だろうか。「教えない」という一見，中立的にみえる立場は，実際には，学校という場が暗黙の前提としている様々な価値観を吟味することなく肯定し，強化することにつながるのではないか。

　では，コンピテンシー・モデルが，仕事を中心に社会における“成功”を目指した資質・能力で構成されている，という指摘はどうだろう。

　非認知として注目されている能力のなかには，レジリエンス（折れない心）やグリット（やり抜く力）のように，道徳教育の内容である「希望と勇気，克己と強い意志」や「向上心，個性の尊重」などと重なり合うものがある。これらの非認知能力は，道徳教育が掲げる諸価値を生活や人生で実現するための人格特性であり，むしろ，道徳教育で引き受けるべき課題といえるのではないか。

　また，Education 2030にみられるように，新たなコンピテンシー・モデルでは，職業人としてのみならず，責任ある市民として社会に参画し，よりよい社会を創造する資質・能力が強く意識されている。

　しかし他方で，これらのモデルでは見えにくい価値もある。たとえば，日本の道徳教育が重視してきた〈生命〉や〈自然〉の視点は，持続可能な開発を実現する責任ある市民性という資質・能力に包含されてしまっている。だが，これらの視点は，自律と協働という人間の営みに還元されえない，生命や存在の尊厳に私たちの目を開かせる。

　これらの価値は，互いの利益を主張して合意を求める人々の討議の眼前からは隠れてしまう。だからこそ，ハーバーマスは，討議に参加できない弱者の視点を討議に反映する道徳的観点を，教育によって育成しようとし，コールバーグは，有限で誤りやすい人間の合議を越えた，理念としての普遍的道徳を第六段階として堅持し続けた。

　こうしてみると，資質・能力論への批判は，人格のもつ豊かな多様性を〈資質・能力〉として一元化するな，という批判ではないだろうか。資質・能力がどれほど人間の多様な現実を捉えようとしても，そこから隠れていく深みが人格にはある。資質・能力を細分化し，それぞれの資質・能力の育成を分業化すれば，それらを統合する人格の力を育てる道はまたしても途絶してしまうだろう。では，どうすれば，統合的な学びを実現することができるだろうか。

（3）知識・思考・価値をつなぐ学びの創造

　コンピテンシー（資質・能力）に焦点が当てられた背景には，現実生活で出会う様々な問題に，既習の知識やそれを活用した思考力，そして自身の価値観を総動員し，多様な人々と協働して取り組み，解決する，そんな統合的な力を育成したい，という社会からの要請があった。

　20世紀以降，学習科学や心理学，脳科学等の諸科学は，感情と認知の結び付き，心と身体のつながり，他者や環境など回りの世界との関わりのなかに置かれた自己存在など，これまで分断されてきた諸要素のつながりや統合に注目し，人の学びの実像に迫ってきた。

　このことは，学びという営みが，全体的，総合的なものであり，部分を強調するだけでは有効に機能しないということを示唆している。翻って日本の学校教育の歩みを見てみると，道徳教育の側からは「知育偏重」が批判される一方で，「道徳教育の強化」や情意面を学力に含める「態度主義的」な学力観も批判の対象となってきた。

　1960年代に起こったいわゆる学力論争において，「態度主義」と批判されたのが広岡亮蔵である。広岡は，情意と認識という二つの異なる能力をつなぐには，もう一つの別の「能力」が必要であるとみなし，その主体の働きを「態度」と呼んだ（広岡，1970）。そして，この態度によって統合される総体を「人格」とみなし，様々な能力を統合する主体と位置付けた。そのうえで，つながりを生みだす人格は，探究的態度，合理的態度，実証的態度，柔軟な思考，批判的態度，創作的態度など，教科を越えて汎用的に育まれる態度から育まれるとしたのである。

広岡が「態度」と呼んだものは，知識・技能と感情をつなぐ人格の核心にある高次な資質・能力であったといえるだろう。

今日の道徳教育に求められているのは，この統合的な力を育てる学びを実現することではないだろうか。バラバラな要素につながりや関わりをもたらし，それらを統合する学びを実現すること。それは，戦後の道徳教育が，道徳の時間を特設して以来，一貫して志向してきた，学校の道徳教育を「補充・深化・統合」する「要」としての道徳授業の実現に他ならない。この「要」を足場として，社会に開かれた多様な教育活動を展開していく学校主体の「カリキュラム・マネジメント」によって，知識・思考・価値をつなぎ，子どもが多様な関わりのなかで自らの生き方を創造していく人格形成としての道徳教育への道が開けるのである。

3. 生き方を創造する力を育む道徳教育

学習指導要領の中心的な理念は，変化の激しい社会のなかで，「どのような未来を創っていくのか，どのように社会や人生をよりよいものにしていくのかを考え，主体的に学び続けて自ら能力を引き出し，自分なりに試行錯誤したり，多様な他者と協働したりして，新たな価値を生み出していくために必要な力を身に付け，子供たち一人一人が，予測できない変化に受け身で対処するのではなく，主体的に向き合って関わり合い，その過程を通して，自らの可能性を発揮し，よりよい社会と幸福な人生の創り手となっていけるようにすること」（中教審，2016，pp.10-11）であった。

ここに示された「新たな価値を生みだしていく」ことについて，同答申には，次のように注記がある。「新たな価値とは，グローバルな規模でのイノベーションのような大規模なものに限られるものではなく，地域課題や身近な生活上の課題を自分なりに解決し，自他の人生や生活を豊かなものにしていくという様々な工夫なども含むものである」。

自他の幸福を実現し，人生を豊かにしていくための価値創造という視点が示唆するのは，学校におけるキャリア教育の充実である。

キャリア教育とは，「一人一人の社会的・職業的自立に向け，必要な

基盤となる能力や態度を育てることを通して，キャリア発達を促す教育」（文部科学省，2011）と定義されている。キャリア教育で言う「キャリア」とは，「人が，生涯の中で様々な役割を果たす過程で，自らの役割の価値や自分と役割との関係を見出していく連なりや積み重ね」であり，そのようにして社会のなかで自分の役割を果たしながら，自分らしい生き方を実現していく過程を「キャリア発達」と言う。

　キャリア教育は，日本では，フリーターなど若年層の職業観が問題となった2000年代から推進されてきたが，2017年版学習指導要領では，小・中学校において「特別活動を要としつつ各教科等の特質に応じて」，充実を図るよう位置付けられた。

　道徳教育とキャリア教育のめざす理念は，共に，社会のなかで自らの生き方を実現していくための学習であるという点で重なりあう。キャリア教育の特徴は，「社会的・職業的な自立」に焦点を当てている点にあるが，狭い意味での「職業観・勤労観」に限定されるものでなく，「自分らしい生き方」を目指す学習である。

　道徳教育の視点でみれば，キャリアは，人生の進路を自律的に選択していくことである。この自らの人生を創造していくことこそ，人格的自律の本質であることを現代の道徳哲学者ラズ（Joseph Raz, 1939- ）は次のように描く。「人格的自律という理想の背後にあってそれを支配している観念は，人は自分自身の生を形作るべきだというものである。自律的な人間は，自分自身の生の（部分的な）創造者である。人格的自律という理想は，ある程度まで自分自身の運命をコントロールし，生涯に渡って続く様々な決断によってそれを形成していくという人間像である」（Raz, 1987, p.314［邦訳 p.247］翻訳は筆者による）

　特別活動を要として行うキャリア教育と，道徳科を要とする道徳教育が，それぞれ別個の教育活動として分断されてしまうなら，「つながり」を創るという統合的な人格教育への道はまたしても途絶するだろう。キャリア教育が主題とする主体的な進路選択や将来設計が，道徳教育で育む価値や生き方に関する思考と統合されることで，自らの生き方を主体的に創造していく資質・能力を育てる人格教育を実現したい。

おわりに

　本講義では，様々な論争や議論を通して，道徳や道徳教育について様々な立場や主張があることを学んできた。異なる見方や立場があるなかで，前に進むための答えを見出していくためには，立場を越えた対話，コミュニケーションが求められる。互いの立場の背景にある相違点を知り，かつそれを尊重することで，相互理解が可能となる。異なる立場がそれぞれ目指しているものは何か，互いに共通点はないか，異なる見解をもたらした背後にある経験は何か。そうしたことを時間をかけて吟味しながら，自分自身の見方・考え方を形成していこう。

　唯一の正解を求めて展開される科学的論争と異なり，実践をめぐる論争や意見の対立は，一つの解決策に収斂することが必ずしもよいとは限らない。むしろ，多様な立場や見方が相互に補い合い，支え合うことが，全体として人間が現実に直面する様々な場面での実際の問題解決を支えている。考え，議論するという道徳的実践には，結論を出すこと以上に，プロセスを豊かに充実していくことが求められているのである。

　善き生や人生の幸福が何であるか。その答えは，多様である。そして，この問いがいっそう多様な可能性に開かれた時代を私たちの子どもたちは生きていくだろう。多様性を前提にどのような教育を創造していくか。その問いを吟味するには，インドの経済学・哲学者，セン（Amartya Sen, 1933- ）が学校教育における評価の信頼性を高めるために要請した「絶え間ない精査と公共的討議」（Sen, 2009, pp.240-241［邦訳 p.349]）が有効となるだろう。

　アメリカの政治哲学者，ガットマン（Amy Gutmann, 1949- ）は，公共的討議による意思決定を「熟議（deliberation）」と呼び，その目的は，可能な限り正当な解決をめざしつつ，しかし，解決できない合理的な不一致に敬意を払ってこれを受け入れることである，と示した（Gutmann, 2000）。道徳教育をめぐる熟議も，様々な不一致と共存しつつ，合意を求める取組を重ねていくことが求められよう。答えが一つでない問いを共に考え続けようとする姿勢は，道徳教育を構想する側にこそ求められ

る道徳性なのである。

🎸 研究課題

1．21世紀の社会を生きる力として，どんな資質・能力が求められるだろうか。道徳教育の視点で考えてみよう。
2．生き方についての学習が求められている道徳科，総合的な学習の時間，特別活動について，それぞれの役割を明らかにしながら，学校における道徳教育の全体計画を作成してみよう。
3．学習してきたことを踏まえて，学校における道徳教育をどう進めるべきかについてあなたの考えをまとめよう。

参考文献

デューイ（1998）．『学校と社会・子どもとカリキュラム』講談社.
　コミュニティに立脚した学校教育論は現代の学校にも示唆を与える。
宇野重規（2010）．『〈私〉時代のデモクラシー』岩波書店.
　〈私〉らしく生きることと他人とつながって生きることの持つジレンマを乗り越えて〈私たち〉の問題を解決する力をどう育てるかを問う。
大黒岳彦（2016）．『情報社会の〈哲学〉』勁草書房.
　新たな情報社会における倫理／道徳をどう創るかを理論的に検討する。
国立教育政策研究所（2016）．『資質・能力［理論編］』東洋館出版社.
　21世紀に求められる資質・能力とその育成を支える学習理論とカリキュラムを検討する。
ポール・タフ（2017）．『私たちは子どもに何ができるのか　非認知能力を育み，格差に挑む』英治出版.
　非認知能力を環境の産物と捉え，子どもの貧困がその発達を阻むことを検証して，学びの環境の改革を提案する。

270

引用文献

安彦忠彦（2014）．『「コンピテンシー・ベース」を超える授業づくり：人格形成を見すえた能力育成をめざして』図書文化社．

中央教育審議会（1971）．『今後における学校教育の総合的な拡充整備のための基本的施策について（答申）』．

中央教育審議会（1996）．『21世紀を展望した我が国の教育のあり方について（第一次答申）』．

中央教育審議会（2008）．『幼稚園，小学校，中学校，高等学校及び特別支援学校の学習指導要領等の改善について（答申）』．

Fadel, C., Bialik, M., & Trilling, B.（2015）．*Four-dimensional education*. Boston, MA：CCR：Center for Curriculum Redesign. ［東京学芸大学次世代教育推進機構（訳）（2016）．『21世紀の学習者と教育の4つの次元—知識，スキル，人間性そしてメタ学習』北大路書房］．

Gutmann（2000）. Why should schools care about civic education? In L. M. McDonnell, P. M. Timpane, & R. M. Benjamin（Eds.）, *Rediscovering the Democratic Purposes of Education : Studies in Government and Public Policy*（pp.73-90）. Lawrence, Kan.：University Press of Kansas.

広岡亮藏（1970）．『学力論』明治図書出版．

本田由紀（2005）．『多元化する「能力」と日本社会』NTT出版．

文部科学省（2011）．『キャリア教育の手引き』．

OECD（2018）．*The future of education and skills : Education 2030*.
http://www.oecd.org/education/2030/［本報告については，文部科学省により仮訳（案）が作成されている。なお，仮訳のため，訳出は今後変更の可能性がある。文部科学省初等中等教育局教育課程課教育課程企画室（2019）．「教育とスキルの未来：Education 2030」］
http://www.oecd.org/education/2030/OECD-Education-2030-Position-Paper_Japanese.pdf（2019年9月25日）

Raz, J.（1987）. Autonomy, toleration, and the harm principle. In Ruth Gavison（Ed.）, *Issues in contemporary legal philosophy : The influence of H. L. A. Hart*（pp.313-333）. Oxford：Clarendon Press. ［森際康友（編）（1996）．「自律・寛容・加害原理」『自由と権利』（pp.245-278）．勁草書房］．

Rychen, D. S., & Salganik, L. H.（eds.）.（2003）. *Key competencies for a successful life and a well-functioning society*. Cambridge, MA：Hogrefe & Huber. ［立田慶裕（監訳）（2006）．『キー・コンピテンシー　—国際標準の学力をめざして』明石書店］．

Sen, A. (2009). *The idea of justice*. London, England : Penguin Books. ［池本幸生（訳）(2011).『正義のアイデア』明石書店］.

索 引

●配列は五十音順，＊は人名を示す。

分担執筆者紹介

（執筆の章順）

渡辺　弥生 (わたなべ・やよい)

・執筆章→4・12

1960年	大阪府に生まれる
1990年	筑波大学第二学群人間学類卒業
1995年	筑波大学大学院博士課程心理学研究科単位取得退学
現在	法政大学教授，教育学博士
専攻	発達心理学，発達臨床心理学，学校心理学
主な著書	幼児・児童における分配の公正さに関する研究（風間書房，1992）
	子どもの「10歳の壁」とは何か？─乗り越えるための発達心理学（光文社，2011）
	中学生・高校生のためのソーシャルスキルトレーニング（明治図書，2015）
	感情の正体─発達心理学で気持ちをマネジメントする（筑摩書房，2019）
	小学生のためのソーシャルスキルトレーニング（明治図書，2019）

貝塚　茂樹（かいづか・しげき）

・執筆章→8

1963年	茨城県に生まれる
1993年	筑波大学大学院博士課程教育学研究科単位取得退学
現在	武蔵野大学教授，博士（教育学）
専攻	日本教育史，道徳教育論
主な著書	戦後教育改革と道徳教育問題（日本図書センター，2001年） 教えることのすすめ—教師・道徳・愛国心—（明治図書，2010年） 天野貞祐—道理を信じ，道理に生きる—（ミネルヴァ書房，2017年） 戦後日本と道徳教育—教科化・教育勅語・愛国心—（教育出版，2019年）

押谷　由夫（おしたに・よしお）

・執筆章→9・10

1952年	滋賀県に生まれる
1974年	滋賀大学教育学部卒業
1976年	広島大学大学院教育学研究科博士課程前期修了（教育学修士）
1977年	広島大学大学院教育学研究科博士課程後期中退，博士（教育学）
	（広島大学助手，高松短期大学講師，高知女子大学助教授，文部省初等中等教育局教科調査官，国立教育政策研究所教育課程調査官を経て）
2001年	昭和女子大学教授
2017年	武庫川女子大学大学院教授
現在	武庫川女子大学大学院教授
専攻	道徳教育学，教育社会学，教育学
主な著書	総合単元的道徳学習論の提唱（文溪堂，1995） 「道徳の時間」成立過程に関する研究（東洋館出版社，2001）など
主な編著	アクティブ・ラーニングを位置付けて小学校「特別の教科　道徳」の授業プラン（明治図書，2017） 平成29年改訂　小学校教育課程実践講座　特別の教科　道徳（ぎょうせい，2018） 平成29年改訂　中学校教育課程実践講座　特別の教科　道徳（ぎょうせい，2018） 道徳の評価（図書文化社，2019）など
DVDビデオ	「特別の教科　道徳」考え方と進め方（1〜4巻）（総監修　丸善　映像メディア部，2018）
道徳教育調査	道徳教育アセスメント（図書文化，2019）

編著者紹介

西野　真由美（にしの・まゆみ）

・執筆章 → 1・2・3・5・6・7・11・13・14・15

1961年	富山県に生まれる
1984年	お茶の水女子大学文教育学部哲学科卒業
1986年	お茶の水女子大学人文科学研究科（修士課程）修了（文学修士）
1989年	お茶の水女子大学人間文化研究科（博士課程）単位取得退学
1989年	お茶の水女子大学人間文化研究科助手
1990年	国立教育研究所研究員
	＊2001年1月の改組により名称変更し，国立教育政策研究所
現在	国立教育政策研究所総括研究官
専攻	道徳教育論・特別活動論
主な共著書	現代文明と人間（理想社，1994年）
	国際理解教育における教材の問題（図書教材センター，1996年）
	国際化・情報化社会における心の教育（共編著　日本図書センター，1999年）
	日本人の心の教育（官公庁資料編纂会，2008年）
	道徳教育論（培風社，2011年）
	道徳の時代がきた（教育出版，2013年）
	道徳の時代をつくる（教育出版，2014年）
	新教科道徳はこうしたら面白い（図書文化，2015年）
	特別の教科　道徳 Q&A（共編著　ミネルヴァ書房，2016年）
	「考え，議論する道徳」の指導法と評価（共編著　教育出版，2014年）
	「考え，議論する道徳」を実現する（共編著　図書文化社，2017年）

放送大学大学院教材　8920796-1-2011（ラジオ）

新訂　道徳教育の理念と実践

発　行　　2020 年 3 月 20 日　第 1 刷
編著者　　西野真由美
発行所　　一般財団法人　放送大学教育振興会
　　　　　〒 105-0001　東京都港区虎ノ門 1-14-1　郵政福祉琴平ビル
　　　　　電話　03（3502）2750

Printed in Japan　ISBN978-4-595-14133-1　C1337